ADAC Reiseführer

Südtirol

Bozen Brixen Meran

Städte · Burgen · Kirchen · Museen · Feste
Wanderungen · Weinstuben · Hotels · Restaurants

Die Top Tipps führen Sie zu den Highlights

von Werner A. Widmann

Intro

Unterwegs

Leserforum

Die Meinung unserer Leserinnen und Leser ist wichtig, daher freuen wir uns von Ihnen zu hören. Wenn Ihnen dieser Reiseführer gefällt, wenn Sie Hinweise zu den Inhalten haben – Ergänzungs- und Verbesserungsvorschläge, Tipps und Korrekturen –, dann kontaktieren Sie uns bitte:

Redaktion ADAC Reiseführer
ADAC Verlag GmbH
Hansastraße 19, 80686 München
Tel. 089/76 76 41 59
reisefuehrer@adac.de
www.adac.de/reisefuehrer

Südtirol – die schönsten Wander- und Radtouren

Südtirol Kaleidoskop

Karten und Pläne

Service

Südtirol multimedial erleben

Mit Ihrem Smartphone, Tablet-PC oder Computer können Sie viele der in diesem Reiseführer beschriebenen Sehenswürdigkeiten Südtirols nun auch in bewegten Bildern erleben.

1

Im Buch finden Sie bei ausgewählten Sehenswürdigkeiten QR Codes sowie Internet-Adressen.

Reisefilm: Südtirol
QR Code scannen oder dem Link folgen:
www.adac.de/rfo026

2

Öffnen Sie den QR Code-Scanner auf Ihrem Handy und scannen Sie den Code. Gut geeignet sind Apps wie barcoo oder Scanlife.

3

Die meisten Apps schlagen Ihnen nun ein Programm zum Öffnen des Films vor. Das iPhone startet sie automatisch. Am flüssigsten laufen die Filme bei einer WLAN- oder 3G-Verbindung.

4

Sollten Sie kein Smartphone besitzen, dann nutzen Sie bitte die neben dem QR Code stehende Internet-Adresse.

Bitte beachten Sie, dass beim Aufruf der Filme und Audio-Features über das Handy Kosten bei Ihrem Mobilfunkanbieter entstehen können. Im Ausland fallen Roaming-Gebühren an.

Südtirol Impressionen

Seit 2000 Jahren auf Gäste eingestellt

Im Wettstreit europäischer Urlaubsregionen um die längste Gastgebertradition hat Südtirol gute Karten in der Hand. Seit mehr als 2000 Jahren ist man hier auf Gäste eingestellt. Manche von ihnen waren eher unerwünscht, die zahlreichen Burgen Südtirols zeugen noch heute von der Verteidigungsfähigkeit der Einwohner. Friedlichen Besuchern aber wurde auf ihrem Weg über die Alpen gegeben, was sie nötig hatten: Verpflegung, Transporthilfe durch Vorspann, Quartier und auch Betreuung im Fall von Krankheit oder Unfall. Wer die stattliche Reihe historischer Gasthöfe an der Brenner- und Reschenpassroute sieht oder die Stadtbilder von Sterzing, Klausen, Bozen oder Meran betrachtet, wird darin unschwer historische Konturen dessen erkennen, was heute ›touristische Infrastruktur‹ genannt wird. ›Parkplätze‹ auf geräumigen Straßenplätzen, ›Garagen‹ in Form von Höfen und Stallungen, geräumige Gaststuben, Kutschertische in der Toreinfahrt und meist mehrere Stockwerke mit Zimmern verschiedener Kategorie, das alles gab es bereits vor 500 Jahren in Südtirol reichlich.

Bildungsreisende und frühe Sommerfrischler

Zugegeben, es kamen damals keine vergnügungssuchenden Urlauber, höchstens Bildungsreisende wie Herr von Goethe, den es, wie so viele in seiner Zeit, nach Italien trieb. Die meisten aber waren in Geschäften unterwegs, befanden sich auf Pilgerschaft oder zogen zu Kriegsschauplätzen. Da war schon etwas zu verdienen, wenn zum Beispiel der Bozner Kaufmann Heinrich Kunter 1314 den nach ihm benannten Saumpfad durch die En-

Links oben: *Auf Mountainbiketour im Naturpark Fannes-Sennes-Prags*
Links unten: *Tiefschneefreuden am Großen Jaufen hoch über dem Pustertal*
Rechts oben: *Abendstimmung in Sterzings mittelalterlicher Neustadt*
Rechts unten: *Eine grandiose Berglandschaft umgreift Wengen im Alta Badia*

ge des Eisacktals zwischen Kollmann und Bozen baute und dafür Zoll verlangen durfte. Ganz zu schweigen von den Märkten, von denen derjenige in Bozen der größte und lukrativste gewesen ist.

Wer aber möchte glauben, dass der Begriff der ›**Sommerfrische**‹ auch in Südtirol aufgekommen ist? Nein, nicht erst im 19. Jh., sondern 200 Jahre früher. An einem heißen Sommertag ritt damals der Bozner Bürgermeister von Eberschlager auf den Ritten. Der Unterschied zwischen der drückenden Hitze in Bozen und der frischen Rittner Luft faszinierte ihn derart,

Links oben: *Allenthalben wachen Burgen wie Schloss Karneid bei Bozen über die Täler*
Links Mitte: *Die Kassiansprozession feiert den Patron des Bistums Brixen-Bozen*
Links unten: *Die Dolomiten bilden die erhabene Kulisse für ausgedehnte Wandertouren*
Rechts oben: *Die Klosterkirche Neustift ist in schwelgerischem Barock ausgestattet*
Rechts unten: *Extravagant präsentiert sich das Seebad Lido am Kalterer See*

dass er sich dort oben ein ›Frischhaus‹ baute. Andere Patrizier folgten seinem Beispiel, und bald begaben sich auch einfachere Leute aus Bozen hinauf in die ›Sommerfrische‹. Und wenn sich auch nicht jeder gleich eine Villa bauen konnte, so fand man ein Mietquartier. ›Urlaub auf dem Bauernhof‹, alles schon einmal dagewesen, in Südtirol.

Wenn der Brenner auch als sanfter Pass nach Südtirol hineinführt, so werden Reisende früherer Tage gehörigen Respekt vor der **Alpenwelt** gehabt haben, die sie auf dem Weg nach Italien durchqueren mussten. Noch Goethe fühlte sich auf dem Brenner ›eingeklemmt‹. Im 19. Jh. änderte sich das rasch. Die Romantik erkannte die Schönheit selbst in der wildesten Landschaft, ein Schwärmen für die Natur hob an, aus Durchreisenden wurden Sommerfrischler, Urlauber, Kurgäste oder gar solche, die in Südtirol eine Wahlheimat fanden.

Schönheiten und Gegensätze

Südtirol ist ein Land der Gegensätze. Das macht auch seine Anziehungskraft aus. Firn und **Ewiges Eis** der Zillertaler und Ötztaler Alpen, in der Texel-, Geisler-, Kreuzkofel- und Sellagruppe, vom ›König‹ Ortler gar nicht zu reden, und dann die **Rebhügel**, die schon nördlich von Brixen beginnen und ab Bozen zu einem einzigen Weinparadies werden. Die **Obstgärten** im Etschtal liefern europaweit jeden zehnten Apfel, und wenn ein Frühjahrsgast im Skigebiet ›Meran 2000‹ am

Vormittag auf den Pisten schwingt, umgibt ihn am Nachmittag auf den Promenaden der Kurstadt mediterrane Blütenpracht. Und selbst spät im Herbst, wenn das letzte Obst heimgeholt wird und die meisten Gipfel weiß glänzen, gibt es noch leuchtende Tage.

Über Provinzen, Talschaften und Sprachgruppen

In und um Bozen und Meran, den beiden größten Städten, lebt fast die Hälfte der Bevölkerung. Politisch gesehen ist Südtirol die Autonome Provinz Bozen, die mit der Autonomen Provinz Trient die italienische Region Trentino-Südtirol bildet. Der italienische Name Südtirols ist **Alto Adige** (Oberetsch). Und in der Tat sind die Grenzen Südtirols fast genau mit dem Einzugsgebiet der oberen Etsch von deren Quelle bis zur historischen Sprachgrenze an der Salurner Klause identisch. 116 Gemeinden bilden die sieben **Talschaften** Südtirols: Burggrafenamt, Eisacktal, Pustertal, Salten-Schlern, Überetsch-Südtiroler Unterland, Vinschgau und Wipptal. An diese Einteilung hält sich auch weitgehend dieser Führer, wenn nicht zur besseren Orientierung des Lesers davon abgegangen werden muss.

In Südtirol leben drei **Sprachgruppen**. Zuletzt 2001 musste jeder Einwohner seine ›Sprachgruppenzugehörigkeit‹ festlegen. Danach sind 69 % deutscher, 26 % italienischer und 4 % ladinischer Sprachzuge-hörigkeit. *Italienisch* wird in erster Linie in und um Bozen gesprochen, die *ladinische Sprache* ist unter den Dolomitengipfeln beheimatet, im Grödner-, Gader- und Fassatal, dazu noch in Cortina d'Ampezzo. Das Ladinische ist mit dem in Teilen Graubündens noch lebendigen Rätoromanischen vergleichbar, einem vom Italienischen unbeeinflussten Volkslatein, das sich die rätischen Urbewohner nach der Besetzung des Landes durch die Römer angeeignet haben. Die öffentlichen Stellen werden in Südtirol übrigens nach dem oben genannten Sprachschlüssel besetzt. Es gibt heute in Südtirol kaum noch ethnische oder sprachliche Probleme. Zweisprachigkeit gilt aber auch in vorwiegend deutschsprachigen Gebieten. So nennt auch dieser Führer die Ortsnamen in beiden Sprachen.

Kunstkammer im Alpenraum

Vom **Brauchtum** sollte man unbedingt wissen, dass da keinesfalls dem Tourismus zuliebe das Jahr über ein folkloristisches Programm abrollt. Die Südtiroler sind traditionsbewusst, lieben Tracht, Umzüge, Prozessionen und viele uralte Brauchhandlungen. Als Gast im Land kann man durch Zurückhaltung dazu beitragen, dass dies alles nicht am Ende doch zur Schau verkommen muss.

Südtirol war schon immer ein Land der Begegnungen, auch in der **Kunst**, wo nördliche Traditionen auf Ideen des Südens trafen und sich oft vermischten. Ein Sprung durch die Jahrhunderte beginnt beim römischen Mithrasstein in Sterzing. Aus dem Süden kommende Bauleute müssen auch die als Ruine erhaltene Kirche St. Peter (6. Jh.) in Altenburg bei Kaltern geschaffen haben. Aus *karolingischer Zeit* besitzt Südtirol mit den Fresken von St. Prokulus bei Naturns im Vinschgau die ältesten erhaltenen **Wandmalereien** im deutschsprachigen Raum. Die *Romanik* ist vor allem mit der Stiftskirche von Innichen vertreten, im frühen 13. Jh. von lombardischen Bauleuten geschaffen. Ihnen werden auch die berühmten Reliefs am Rundbogenportal (um 1170) auf Schloss Tirol zugeschrieben. Damals entstanden auch die grandiosen romanischen Fresken in Kloster Marienberg im Vinschgau, die zu den besten Europas gerechnet werden.

Die *Gotik* hat Südtirols Kunst am deutlichsten geprägt. In der Baukunst verdrängten süddeutsche Meister allmählich die lombardischen Bauhütten (Boz-

ner Pfarrkirche), während sich in der Freskomalerei mit der Bozner Schule eine letztlich von Giotto beeinflusste Kunstrichtung etablierte, die um 1400 im höfischen Bilderzyklus auf Schloss Runkelstein wieder ihr Ende fand. Ein wahrer Augenschmaus ist der Brixner Domkreuzgang mit seinem reichen Bilderbogen Südtiroler Wandmalerei der Zeit von 1390 bis 1509. Hans Multscher aus Ulm und der einheimische, in Italien gebildete Michael Pacher brachten die Kunst der Schnitzaltäre im Land zur höchsten Blüte. Eine Glanzleistung der *Renaissance* ist der prachtvolle Arkadenhof der Churburg, der Innenraum der Stiftskirche von Neustift aber eine *barocke* Symphonie aus Licht, Stuck und Fresken. Den kunsthistorischen Schlusspunkt mögen Merans Jugendstilbauten, vor allem das 1899 bis 1900 entstandene Stadttheater, setzen.

Südtirol hält zu allen Jahreszeiten die Großartigkeit und Vielfalt von **Natur** und **Landschaft**, deren Schutz den Südtirolern sehr am Herzen liegt. So entstand schon 1935 der Nationalpark Stilfser Joch. Sieben Naturparks in den verschiedensten Landschaften schützen die Bergwelt. Und mit großem Stolz weisen die Südtiroler darauf hin, dass die Dolomiten zum Weltnaturerbe der UNESCO gehört.

Reisefilm: Südtirol
QR Code scannen [s.S.5] oder dem Link folgen: www.adac.de/rf0001

Links oben: *Im Bozener Museion fand die moderne Kunst eine Heimat in Südtirol*
Links Mitte: *Nahrhaft und köstlich: Südtiroler Speckknödel*
Links unten: *Das Grödnertal kann mit famosen Skipisten aufwarten*
Rechts oben: *Kühe auf einer Weide bei Wengen im Alta Badia*

Geschichte, Kunst, Kultur im Überblick

Von durchziehenden Kaisern und gefangenen Königen, Sprachenstreit und Autonomie

um 15 000 v. Chr. Erste Spuren durchziehender Jäger der späten Altsteinzeit sind auf den Höhen der Seiser Alm, des Pustertals und bei Naturns nachweisbar.

um 8000 v. Chr. Siedlungsspuren von Menschen der Mittelsteinzeit finden sich in Höhenlagen um 2000 m, vor allem im Bereich der Dolomiten.

um 3300 v. Chr. Im Schnalstal lebt jener Mann, der heute als Ötzi berühmt ist und im Bozener Archäolgiemuseum ausgestellt wird.

um 3000 v. Chr. Menschen einer Megalithkultur hinterlassen Menhire, aufgerichtete hohe Steine, zum Teil mit eingeritzten figürlichen Darstellungen.

um 750–450 v. Chr. Beiderseits des Brenners existiert eine einheitliche keltische Hallstatt-Kultur.

um 400 v. Chr. In die Alpentäler abgedrängte Räter legen auf exponierten Plätzen Fluchtburgen und Kultstätten an.

15 v. Chr. Auf Befehl von Kaiser Augustus dringen seine Stiefsöhne Drusus und Tiberius in das heutige Südtirol ein, unterwerfen die sich erbittert wehrenden Stämme der Isarker, Venonen, Breonen und Genaunen und ziehen in das nördliche Alpenvorland weiter.

41–54 n. Chr. Kaiser Claudius unterstellt das spätere Südtirol der Zivilverwaltung. Das Kernland gehört nun zur nördlichen Provinz Raetia, der Osten mit dem Pustertal kommt zur Provinz Noricum, der Süden ab Kollmann und Meran wird der ›Regio Venetia et Istria‹ des Römerreichs angegliedert.

46 Die ›Via Claudia Augusta‹, die Straßenverbindung von Ostiglia am Po über Trient, Mais bei Meran und über den Reschenpass nach Augsburg wird fertig gestellt, fast gleichzeitig eine weitere Römerstraße aus dem Raum Venedig über Pieve di Cadore, den Sextener Kreuzbergsattel, St. Lorenzen (Sebatum) im Pustertal, Sterzing (Vipitenum) über den Brenner ins Inntal geführt.

Römischer Meilenstein bei St. Lorenzen

4. Jh. Auf dem das Eisacktal beherrschenden Dioritfelsen von Säben entsteht eine erste christliche Kirche, die im 6. Jh. Bischofskirche wird.

476 Mit dem Sturz des letzten weströmischen Kaisers Romulus Augustulus durch den Germanenführer Odoaker ist auch die römische Herrschaft im heutigen Südtirol beendet.

493 Theoderich der Große besiegt Odoaker und gründet das Ostgotenreich in Italien, zu dem auch das Etschtal gehört.

568 Die in Italien eingefallenen Langobarden kontrollieren mit ihrem Herzogtum Trient das Oberetschtal bis Meran.

590 Mit dem hl. Ingenuin ist erstmals ein Bischof von Säben nachweisbar. Er wirkt noch auf langobardischem Gebiet, das aber bald darauf als unter bayerischer Herrschaft stehend genannt wird.

592 Bayernherzog Tassilo I. erringt im Pustertal einen Sieg über die von Osten einwandernden Slawen, die ihn 595, von den Awaren unterstützt, ihrerseits besiegen und 610 auch über Tassilos Sohn Garibald II. bei Aguntum (bei Lienz in Osttirol) die Oberhand behalten.

680 Der langobardische Geschichtsschreiber Paulus Diaconus erwähnt einen bayerischen Grenzgrafen in Bozen.

769 Bayernherzog Tassilo III. stiftet das Kloster Innichen zur Missionierung der östlich benachbarten Slawen und als wirtschaftlich-politischen Stützpunkt im Pustertal.

774 Karl der Große besiegt die Langobarden und setzt 788 Bayernherzog Tassilo III., den letzten Agilolfinger, ab. Das Gebiet des heutigen Südtirol ist damit nach dem Untergang Roms erstmals wieder unter einer Hand vereint.

798 Das Bistum Säben wird aus dem Kirchenverband mit Aquileia genommen und der bayerischen Metropolitankirche (Sitz Salzburg) zugeteilt. Damit ist Südtirol endgültig politisch und geistig nach Norden ausgerichtet.

Margarethe Maultasch, wie sie der Freskant auf Schloss Runkelstein verewigte

901 König Ludwig (das Kind) schenkt dem Bistum Säben den Meierhof Prichsna, aus dem sich Brixen entwickelt.
961 Otto der Große (936–973), der schon zehn Jahre vorher in Pavia zum König der Langobarden gekrönt wurde, zieht als erster deutscher König über die Alpen, um sich in Rom am 2. Februar 962 zum Kaiser krönen zu lassen.
um 990 Der Sitz des Bistums Säben wird nach Brixen verlegt.
1004–27 Der Bischof von Trient wird 1004 mit der 952 von Otto dem Großen dem Herzogtum Bayern zugeschlagenen Grafschaft Trient belehnt, die auch das Bozner Unterland, Überetsch und das Etschtal bis Meran umfasste. 1027 erhält der Bischof von Brixen das Eisacktal bis Klausen und das Inntal bis zum Arlberg als Lehen, dazu kommt 1091 noch das Pustertal. Die Bischöfe lassen ihre Hoheitsrechte durch Vögte ausüben, die bedeutendsten sind die Eppaner und die Andechser Grafen.
1248 Die Grafen vom Vinschgau, die sich ab 1140 nach ihrer Burg über Meran Grafen von Tirol nennen, werden nach dem Aussterben der Eppaner und Andechser die mächtigsten Herren in den Gebieten beider Bistümer.
1253 Albrecht III. von Tirol stirbt als letzter seines Stammes. Erben sind seine Schwiegersöhne Graf Gebhard von Hirschberg und Graf Meinhard IV. von Görz.
1258 Nach dem Tod Meinhards IV. setzt sein Sohn, der sich als Tiroler Herrscher Meinhard II. nennt, die Politik seines Vaters fort und bringt das ganze Territorium der Bischöfe von Trient und Brixen an sich. Seine Heirat mit Elisabeth, der Witwe des Stauferkönigs Konrad IV., verhilft seinen Bestrebungen zu mehr Nachdruck. Um den Adel des Landes zu schwächen, schafft er die Leibeigenschaft der Untertanen praktisch ab.
1271 Das Pustertal fällt an die Grafschaft Görz.
1330 Im Alter von zwölf Jahren wird Margarethe ›Maultasch‹ von Tirol, Enkelin Meinhards II., mit Heinrich von Luxemburg, dem Sohn König Johanns von Böhmen, verheiratet. Nachdem die Ehe angeblich nicht vollzogen wurde, wird sie aufgelöst, und Margarethe ehelicht 1342 Markgraf Ludwig von Brandenburg, den Sohn Kaiser Ludwigs des Bayern.
1363 Margarethe ›Maultasch‹ übergibt nach dem Tod ihres Mannes (1361) und ihres Sohnes Meinhard III. (1363) das ›Fürstentum der Grafschaft Tirol‹ an Rudolf IV. von Habsburg.
1420 Herzog Friedrich IV., als zeitweiser Flüchtling vor dem Kirchenbann und in Ächtung ›Friedrich mit der leeren Tasche‹ genannt, verlegt die Regierung Tirols von Schloss Tirol nach Innsbruck.
1499 Ein 13 000 Mann starkes Heer Kaiser Maximilians I. wird in der Schlacht an der Calven (Vinschgau) von 8000 Graubündnern geschlagen.
1500 Nach dem Aussterben der Grafen Görz kommt das Pustertal an Tirol.
1525/26 Unter dem Sterzinger Knappensohn Michael Gaismair bricht der Bauernkrieg aus, der sich gegen die zunehmende Pression durch Kirche und Landes-

Herzog Friedrich IV. ›mit der leeren Tasche‹

Nur der Verrat eines Passeirer Bauern ermöglicht die Gefangennahme Andreas Hofers

herren richtet. Die Landesregierung akzeptiert zunächst die ›Meraner Artikel‹ des Bauernhaufens, schlägt aber dann die Revolte blutig nieder. Unter dem aus Moos bei Bruneck stammenden Jakob Hutter sammelt sich eine Wiedertäuferbewegung, die noch heute als ›Hutterer-Gemeinde‹ in ihren ›Bruderhöfen‹ Nordamerikas lebendig ist.

1564 Erzherzog Ferdinand II. wird Landesfürst von Tirol. In Innsbruck und auf Schloss Amras führt er an der Seite seiner unstandesgemäßen Gemahlin Philippine Welser das Leben eines sammelfreudigen Renaissancefürsten.

1665 Die Tiroler Linie der Habsburger stirbt aus. Das Land wird von einem ›Gubernator‹ verwaltet, behält aber weitgehende Autonomie.

1803 Mit der Säkularisation fallen die Hochstifte Brixen und Trient an Tirol.

1805 Tirol kommt nach dem Frieden von Preßburg an Bayern.

1809 Im Widerstand gegen rigorose bayerische Reformen und aus Treue zum Haus Österreich erhebt sich Tirol unter Führung von Andreas Hofer gegen die Bayern und Franzosen und siegt zunächst dreimal am Berg Isel. Nach der vierten Schlacht auf dieser Anhöhe über Innsbruck müssen sich die von Wien nun allein gelassenen Tiroler der Übermacht beugen. Andreas Hofer wird am 20. Februar 1810 zu Mantua erschossen.

1815 Nach der Niederlage Napoleons gegen die europäischen Mächte geht Tirol beim Wiener Kongress wieder an Österreich.

1848 Durch die Befreiung von Grundabgaben an den Adel wird auch in Tirol das Feudalsystem beendet.

1915 Italien tritt als Gegner Österreichs in den Ersten Weltkrieg ein. Italienische ›Alpini‹ liefern sich mit ›Kaiserjägern‹ und dem bayerischen Alpenkorps erbitterte Kämpfe, besonders an der Dolomitenfront und am Ortler.

1919 Im Frieden von Saint-Germain wird Italien das Trentino sowie das fast nur deutschsprachige Gebiet von der Salurner Klause bis zum Brenner zugesprochen. Die Südtiroler sind in ihrer Heimat nun eine Minderheit.

1922 Die zunächst noch halbwegs vorhandene Autonomie der Südtiroler wird

Während des Dolomitenkriegs verschanzen sich Soldaten im Hochgebirge

Seit Jahren der starke Mann Südtirols: Landeshauptmann Luis Durnwalder (rechts)

unter der Regierung der Faschisten immer mehr eingeengt. Beginn der zwangsweisen Italianisierung.
1939 Mussolini und Hitler treffen ein Umsiedlungsabkommen, das den Südtirolern freistellt, die italienische Staatsbürgerschaft zu behalten oder nach Deutschland auszuwandern. 86 % der Südtiroler wählen die Umsiedlung, aber nur etwa 75 000 gehen tatsächlich.
1946 Südtirol steht nach dem Abzug amerikanischer und englischer Truppen wieder unter italienischer Verwaltung. Der deutschsprachigen Bevölkerung werden Autonomierechte zugesprochen, die aber teilweise nicht eingehalten werden.
1948 Das 1. Autonomiestatut vereint Südtirol mit dem Trentino zur Autonomen Region Trentino-Südtirol. Sitz der Regierung wird Trento, die italienische Sprachgruppe bildet fortan die Mehrheit in der Autonomen Region.
1957 Auf Schloss Sigmundskron über Bozen versammeln sich etwa 35 000 Südtiroler, um unter dem Motto ›Los von Trient‹ eine eigene autonome Region für die Provinz Bozen zu fordern.
1960 Österreich bringt die Südtirol-Frage vor die Vereinten Nationen.
1961 Die Terrororganisation Befreiungsausschuss Südtirol (BAS) verübt zahlreiche Anschläge, im Juni sprengt sie in der sog. Feuernacht 37 Strommasten. In den folgenden Jahren radikalisiert sich die Organisation und verübt auch gezielte Anschläge auf Vertreter der italienischen Staatsmacht. Verhandlungen über die erweiterte Autonomie Südtirols beginnen.
1969 Südtiroler Landesversammlung, Österreich und Italien billigen das Südtirol-Paket, 1972 tritt es als 2. Autonomiestatut in Kraft. Deutsch wird zweite Amtssprache und innerhalb der Region Trentino-Südtirol ist nun ein Landtag für die Belange der Autonomen Provinz Bozen zuständig.
ab 1980 Das Wirtschafts- und Bevölkerungswachstum in Südtirol führt zu einer Verstädterung der Täler um Bozen und Meran.
1989 Luis Durnwalder löst Silvius Magnago als Landeshauptmann von Südtirol ab. Wie sein Vorgänger gehört er der konservativen Südtiroler Volkspartei (SVP), der Partei der deutschsprachigen Südtiroler, an.
1991 Ein deutsches Ehepaar entdeckt ›Ötzi‹, die ca. 5300 Jahre alte Mumie eines jungsteinzeitlichen Mannes, im Eis des Similaun-Gletschers. Seit 1998 ist sie im Südtiroler Archäologiemuseum zu sehen.
1992 Österreich erkennt formell an, dass die Verpflichtungen des ›Südtirol-Pakets‹ von Italien erfüllt sind.
2008 Der Bau des Brenner-Basistunnels (BBT) beginnt. Auf einer Länge von 55 km soll er Innsbruck mit dem Südtiroler Franzensfeste verbinden. Der BBT wäre damit nach dem Gotthardtunnel in der Schweiz der zweitlängste Tunnel der Erde. Seine Fertigstellung ist für das Jahr 2025 geplant.
2011 Die Staatschuldenkrise zwingt Ministerpräsident Silvio Berlusconi zum Rücktritt. Sein Nachfolger Mario Monti kann die Lage stabilisieren und setzt ein hartes Sparprogramm durch.
2012 Ein Abkommen besiegelt den Bau eines Dokumentationszentrums am unter Mussolini erbauten Bozener Siegestor.

Eine archäologische Sensation ersten Ranges: Ötzi, der Mann aus dem Eis

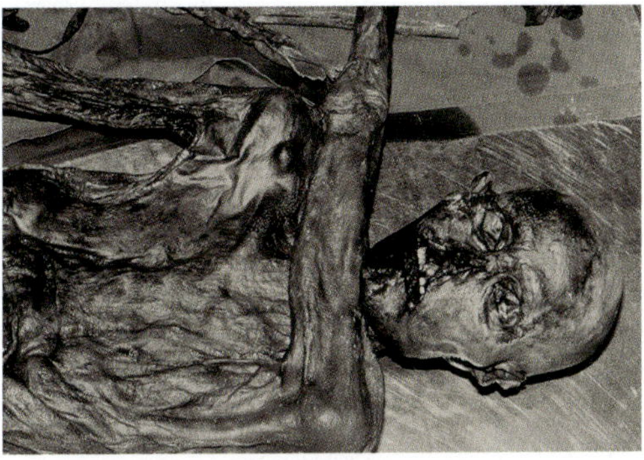

Unterwegs
Die Heilige und der Berg – St. Magdalena
vor den Zacken der Geislergruppe

Rund um Sterzing – wo Italien beginnt

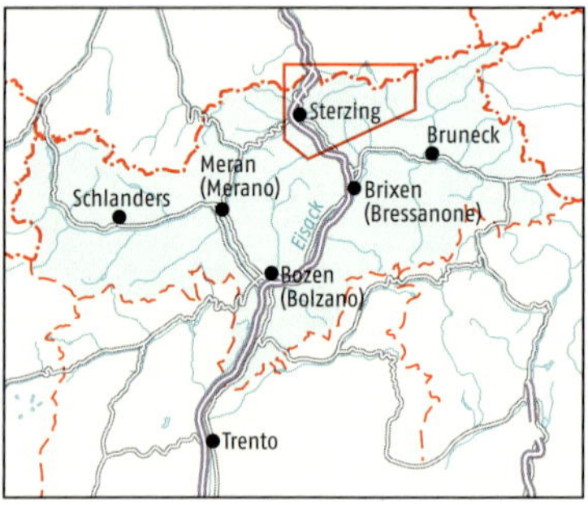

»Wo der Eisack springt heraus ...«, wie es in einem Lied heißt, da beginnt Italien. Seinen volkstümlichen Namen Wipptal verdankt die Region vom Brenner bis hinunter nach Franzensfeste den Habsburgern. Sie schufen um 1500 in Tirol Verwaltungsbezirke, von denen einer als Wipptal bezeichnet wurde. Er erstreckte sich auf beiden Seiten des Brenners, galt also auch für das Nordtiroler Tal der Sill.

Die städtische Perle auf Südtiroler Seite ist **Sterzing**, die erste größere Siedlung südlich des Brenners aber ist **Gossensaß**. Von dort erreicht man das vom Tribulaun (3096 m) überragte **Pflerschtal**, von wo sich die unterschiedlichsten Wanderungen anbieten. Über allem leuchten die Firne der Ötztaler, Stubaier und Zillertaler Alpen.

1 Gossensaß
Colle Isarco

Ausgangspunkt für Ausflüge ins Bergland an Südtirols Nordrand.

Hier beginnt Italien: Gut 20 km südlich des Brennerpasses liegt Gossensaß (1150 Einw.) am Fuße eines Viadukts der Brennerautobahn. Reizvolle Touren führen von dem Ort ins Pflerschtal mit seinen Wasserfällen und Almen oder auf die umliegenden Berggipfel.

Auf die Amthorspitze

Eine gewaltige Ehre ließen die Gossensaßer **Eduard Amthor** (1820–1884), Verleger, Direktor einer kaufmännischen Hochschule und begeisterter Alpinist aus dem thüringischen Gera zuteil werden. 30 Jahre streifte er forschend durch Tirol, gab 1869 seinen ›Tiroler Führer‹ und ab 1870 die Zeitschrift ›Alpenfreund‹ heraus. Da er in Gossensaß besonders gern Quartier nahm, benannte die Gemeinde ihren 2749 m hohen Hausberg im Jahr 1880 von Hühnerspiel in **Amthorspitze** um. Der Wanderweg zu ihrem Gipfel (ab Dorfplatz Gossensaß, Weg Nr. 22) führt zunächst unter der Autobahn hindurch und dann nach etwa zweistündiger Wanderung auf familientauglichen Forstwegen zur *Hühnerspielhütte* (1868 m, Mobil 0039/3355666181, www.huehnerspielhuette.it), um nach weiteren zwei Stunden steilen Anstiegs den Gipfel zu erreichen.

Geschichte Gossensaß lebte von Anfang an von der Lage am Brennerweg. Für den Aufstieg zum Pass stellten die Bürger Vorspann, liefen auch neben den Fuhrwerken als Bremser her, die bei jedem Halt sofort einen Hemmschuh unters Rad legten, der das Zurückrollen verhinderte. Wohlstand brachte auch der Bergbau, der ab dem 14. Jh. betrieben wurde. Im Pflerschtal hat man auf 2100 m Höhe Silber abgebaut. Im 15. und 16. Jh. war der Ort sogar Sitz eines Berggerichts. 1818 wurde der Bergbau eingestellt, inzwischen erinnern nur noch ein Bergmann im Ortswappen, die ins Pflerschtal führende ›Silbergasse‹ und die der hl. Barbara geweihte Knappenkapelle an ihn.

Der Schelleberg, der den rauen Brennerwind abhält, hat Gossensaß in der zweiten Hälfte des 19. Jh. zum viel besuchten Höhenluftkurort werden lassen. Da kam dann auch der große norwegische Dramatiker **Henrik Ibsen** (1828–1906) zwischen 1876 und 1889 siebenmal zur Sommerfrische.

Mit der Teilung Tirols nach dem Ersten Weltkrieg begann allerdings der Niedergang des örtlichen Nobeltourismus. So präsentiert sich Gossensaß heute trotz der nahen Brennerautobahn als beschauliche Ortschaft.

Besichtigung Der Ibsenplatz markiert den Ortskern von Gossensaß. Hier steht auch das Rathaus, in dem das kleine **Ibsenmuseum** (tgl. 8.30–12.30, Mi zusätzlich 14.30–17.30 Uhr) anhand von Zeitungsartikeln, historischen Aufnahmen und Briefen an Henrik Ibsen, den berühmtesten Gast des Ortes, erinnert. Während seiner Aufenthalte verfasste er ›Die Wildente‹ und vollendete den ›Volksfeind‹.

Am Hang oberhalb des Ibsenplatzes steht die **Pfarrkirche zur Unbefleckten Empfängnis**. Sowohl der aus Granitquadern gebaute Turm als auch das Portal stammen noch von der gotischen Vorgängerkirche St. Georg. Der Rest ist ein barocker Neubau (1750–54) des Stubaitaler Priesters und Architekten Franz de Paula Penz. Mit seiner weiblichen Baukolonne, den ›Penzerinnen‹, hat er 14 Kirchen erbaut. Man übergab ihm sogar einige Zeit die Bauleitung für die Barocki-

Über die Ruine Straßberg nach Sterzing

Von Gossensaß aus führt ein uralter *Brennerweg* (ca. 2 h) nach Sterzing. Vom Dorfplatz aus geht es zunächst zur Burgruine Straßberg aus dem 12. Jh. Bis heute haben sich ihr Bergfried und einige Mauerreste erhalten. Über Ried und das von der Brennerautobahn durchschnittene Tschöfs erreicht man den Sterzinger Talkessel.

Oft findet nur die Brennerautobahn Platz im engen Eisacktal südlich von Gossensaß

sierung des Brixener Domes. Bedeutend sind die *Deckengemälde* (1751), die zu den besten Arbeiten des großen Augsburger Meisters Matthäus Günther zählen. Im Chor hat er die ›Anbetung des Allerheiligsten‹ dargestellt, in den beiden Kuppeln des Langhauses die ›Krönung Mariens‹ und die ›Vertreibung der Händler aus dem Tempel‹.

Die kleine **Barbarakapelle** (1510) neben der Pfarrkirche haben die Bergleute von Gossensaß gestiftet. Ihr spätgotischer *Flügelaltar* von unbekannter Meisterhand zeigt im Schrein die Knappenheilige St. Barbara, flankiert von Schnitzfiguren der Heiligen Laurentius und Sebastian. Innen in Reliefschnitzerei, außen in Gemälden, tragen die Flügel Szenen aus dem Marienleben. An der rechten Chorwand sind *Fresken* (1515) mit einer Darstellung des Marientodes erhalten.

i Praktische Hinweise

Information

Tourismusverein Gossensaß, Ibsenplatz 2, Gossensaß, Tel. 0472 63 23 72, www.gossensass.org

Hotels

***__Alpin__, Ladurns 84, Gossensaß, Tel. 0472 77 01 01, www.hotelalpin.it. Familienfreundliches Haus im ruhigen Pflerschtal. Ans Hallenbad mit Kinderbecken schließt sich eine Sauna an. Das Hotel ist auch für Rollstuhlfahrer geeignet.

***__Gudrun__, Alte Postgasse 8, Gossensaß, Tel. 0472 63 23 18, www.hotel-gudrun.com. Angenehm familiär und nicht allzu modern, doch mit dem Komfort großer Häuser. Es gibt sowohl Hallenbad als auch Sauna.

Unterwegs im Pflerschtal

Von Gossensaß aus führt das schmale, bäuerlich geprägte Pflerschtal nach Westen. Nahe dem Talschluss beginnt der Spazierweg zum rauschenden Wasserfall *Zur Hölle* (ca. 40 Min. ab Parkplatz Stein/Innerpflersch), der 46 m in die Tiefe stürzt.

Auf dem Weg zur urigen *Allriss-Alm* (1534 m, Mobil-Tel. 0039/349 264 83 58, www.staudi.it, ab St. Anton, Weg Nr. 27, ca. 1 h/3 km einfach) auf der entgegengesetzten Talseite bietet sich ebenfalls ein eindrucksvoller Blick zu diesem Wasserfall. Im Winter verwandelt sich der Forstweg zur Hütte in eine rasante *Rodelbahn*.

Ausdauernde Wanderer können von der Allriss-Alm aus dem *Dolmieu-Weg* (15 km, einfach ca. 6 h, Rückfahrt mit Linienbus, Tel. 840 00 04 71, www.sii.bz.it) zur Bergstation am Rosskopf, dem Hausberg von Sterzing folgen. Unterwegs laden mehrere Almen zur Einkehr.

Am gleichnamigen Berg liegt die *Tribulaunhütte* (2368 m, ca. 3 h einfach ab Parkplatz Stein/Innerpflersch, Tel. 0472 63 24 70, www.tribulaunhuette.com) an einem malerischen Bergsee. Von ihr aus bieten sich anspruchsvolle Touren auf dem *Pflerscher Höhenweg* (weitere 3 h) oder zur *Magdeburger Hütte* (Tel. 0472 63 24 72) an.

Sterzings Neustadt besteht aus einem einzigen, vom Zwölferturm begrenzten Straßenzug

2 Sterzing
Vipiteno

TOP TIPP *Malerisches Städtchen mit der schönsten Straße Südtirols.*

Sterzings (6000 Einw.) **Neustadt** ist unbestritten die schönste Straße Südtirols. Gasthöfe und Handwerksbetriebe florieren hier seit dem Mittelalter. Schon 1492 nannten zwei venezianische Gesandte Sterzing einen ›außerordentlich lieben Ort‹. Große Tore öffnen sich zu weiten Höfen und ehemaligen Stallungen, in denen einst an die 50 Pferde eingestellt wurden. Mit dem Flair der Innenstadt können die Reize in der Umgebung durchaus mithalten: der **Rosskopf** (2176 m), der Hausberg der Stadt, präsentiert sich im Winter als ausgedehntes Skigebiet, im Sommer als gut erreichbare Wanderdestination.

Geschichte In vorgeschichtlicher Zeit führte die ›Bernsteinstraße‹ am Sterzinger Becken vorbei. Schon damals waren die höher gelegenen, vom Hochwasser der Etsch geschützten Erhebungen im Sterzinger Moos besiedelt.

Um die Alpenpassage zu schützen und ihre norditalienischen Eroberungen zu sichern, errichteten die Römer 14 v. Chr. ein kleines Straßenkastell, dessen Namen ›Vipitenum‹ sie von einer keltischen Siedlung übernahmen. Der heutige Name tauchte als ›Sterzengum‹ erstmals 1181 auf.

Der Ort blühte dank seiner günstigen Lage an der Einmündung der Wege vom Jaufenpass und Penser Joch, aus dem Ratschings-, Ridnaun- und Pfitscher Tal in den Brennerweg rasch auf. Unter Graf Meinhard II. von Görz-Tirol (1258–1295) entstand südlich der Altstadt die von einer Mauer umgebene Neustadt. 1304 erhielt Sterzing das alleinige Recht des Weinausschanks zwischen dem Brenner und Mittewald. Vorteil gewährte auch das 1363 vom Landesherrn erlassene Verbot, die Stadt auf einer Hochstraße zu umgehen. ›Goldene Zeit‹ brachte der im 15. Jh. in volle Blüte kommende Bergbau im Ridnauntal, an dem sich bald die reichen Fugger aus Augsburg beteiligten. Den damals höchstens 2000 Bürgern von Sterzing standen zwei Jahrhunderte hindurch an die 10 000 Knappen gegenüber. Als 1443 die Neustadt durch einen Großbrand vernichtet wurde, hatte man keine Schwierigkeiten, sie noch schöner wieder aufzubauen. Mit dem Angriff der Sterzinger und Passeier Schützen unter Befehl des Andreas Hofer auf zwei bayerische

Kompanien begann in Sterzing am 11. April 1809 der Tiroler Freiheitskampf.

Mit der Eröffnung der Brenner-Eisenbahn im Jahr 1867 verloren die Sterzinger Fuhrleute ihr Auskommen. Um ihre Grundversorgung zu sichern, ließen die Stadtväter bis 1900 das Sterzinger Moos trockenlegen, um Ackerland zu gewinnen. Nach dem Zweiten Weltkrieg spielte Sterzings Pfarrer eine unrühmliche Rolle bei der Flucht Adolf Eichmanns nach Argentinien: Er unterstützte den Naziverbrecher, indem er ihn im Franziskanerkloster von Bozen versteckte. Im 21. Jh. präsentiert sich Sterzing als wichtiges **Dienstleistungszentrum**.

Besichtigung Sterzing lässt sich als Gesamtkunstwerk Tiroler Städtebaus erleben. Als Ausgangspunkt für einen Rundgang eignet sich am besten der **Stadtplatz**, wo sich auch die Touristeninformation befindet. An seiner Nordseite steht die um 1380 erbaute **Spitalkirche zum Heiligen Geist** (Mo–Fr 8.30–12 und 14.30–18, Sa 8.30–12 Uhr). Der gotische Hauptraum erscheint mit seinen *Fresken* wie ein einziges großes Gemälde. Umrahmt von Bordüren und Ornamenten zeigen die Wandbilder: hinter dem Altar die ›Verkündigung‹ und ›Heimsuchung Mariens‹ sowie ›Kreuztragung‹ und ›Auferstehung Christi‹, an der Westwand das ›Jüngste Gericht‹, in dem Teufel viele Kleriker zum Rachen der Hölle schleppen. Die Nordwand wird von sechs Passionsszenen, dem ›Kindermord von Bethlehem‹ und einem gewaltigen ›Zug der Hl. Drei Könige‹ eingenommen. Der großartige Bilderzyklus wurde zwischen 1400 und 1415 vom Meister Hans von Bruneck gemalt, dem Begründer der *Pustertaler Schule*.

Schönstes Haus in Sterzings Altstadt ist der **Gasthof Krone** (Altstadt 31, Tel.

Jörg-Lederer-Altar in der Spitalkirche St. Leonhard von Latsch

Gotische Schnitzaltäre

Kein Land im ganzen Alpenraum ist so reich an gotischen Schnitzaltären wie Südtirol. Fast in jeder Kirche steht wenigstens einer, freilich in den letzten Jahrzehnten oft seiner Figuren ganz oder teilweise beraubt. Für die große Zahl dieser Altäre in Tirol gibt es historische Gründe. Im Kampf gegen den machthungrigen Landadel hatte Herzog Friedrich ›mit der leeren Tasche‹ Anfang des 15. Jh. die Hilfe von Bürgern und Bauern gefunden. Als Dank gab er ihnen Sitz und Stimme im Landtag. Dies und eine besonders durch den Bergbau aufblühende Wirtschaft stärkten ihr Selbstbewusstsein und veranlassten sie unter anderem, als **Stifter**, auch von Altären, hervorzutreten. Selbst die größten Flügelaltäre Südtirols wurden nicht vom Klerus, sondern von Laien in Auftrag gegeben.

Die Welle der Aufträge, um 1420 einsetzend, ließ eigene **Werkstätten** aufkommen, in denen die Arbeit meist geteilt wurde. Kistler schufen Schrein und Aufbau, Schnitzer die **Figuren** und **Reliefs**, Maler fassten die Figuren und malten die Bilder an den Flügeln. Auf die Predella (oft ›Sarg‹ genannt) stellte man, vom ›Gespreng‹ überhöht, den meist mit drei Schnitzfiguren ausgestatteten Schrein, den werktags die Flügel verschlossen, wobei zu beiden Seiten geschnitzte ›Schreinwächter‹ und die **Gemälde** an den Flügelaußenseiten sichtbar wurden. An Sonn- und Festtagen zeigte der Altar mit den geöffneten Flügeln all seine Pracht.

Der bedeutendste Meister in Südtirol war **Michael Pacher**, um 1435 geboren. Als er 1498 in Salzburg starb, war die Welle der Schnitzaltäre schon im Abflauen. Sie endete mit der Reformation und den Bauernkriegen.

Die anrührende Todesszene Marias stammt vom Multscheraltar in Sterzings Stadtmuseum

0472766499, www.kronenkeller.it), unter dessen Kellergewölben sich mittlerweile Sterzings Jugend trifft. 1828 kehrte hier Heinrich Heine ein.

Anschließend gelangt man durch den *Stadt-* oder **Zwölferturm** (15. Jh.) in die lange Zeile der prächtigen **Neustadt**. Giebel, oft von Zinnen gekrönt, geschmückte Fassaden, Laubengänge, Erker und kunstvolle Wirtshausschilder ergeben zusammen mit der barocken *Nepomukstatue* (1739) vor dem 1468–73 errichteten spätgotischen **Rathaus** (Mo–Do 8.15–12.30 und 16–17, Fr 8.15–12.30 Uhr) ein kaum zu überbietendes Bild. Im Rathaushof (Mo–Fr 8–18 Uhr) steht eine Kopie des 1589 bei Mauls gefundene *Mithrasstein*, auf dem der persische Lichtgott Mithras beim Töten eines Stiers dargestellt ist. Der Mithraskult war unter den Legionären des Alten Roms sehr verbreitet. In der Nähe des Rathauses zweigt die Kapuzinergasse zum **Jöchlsthurn** ab. Dieser spätgotische Wohnturm kann nur von außen besichtigt werden.

Die gotische **Pfarrkirche zu Unserer Lieben Frau im Moos** (Deutschhausstr., tgl. 9–19 Uhr) steht am südlichen Stadtrand, weit vom Ortskern entfernt. Die ungewöhnliche Lage brachte das Gotteshaus näher an die westlich ansteigenden Täler heran, die früher zur Pfarrei gehörten. So hatten die Bergknappen aus dem Ridnauntal, die sich mit Spenden am Bau beteiligten, einen kürzeren Weg. Von großer Schönheit ist das *Südportal* mit der thronenden Muttergottes im Bogenfeld. An der Südseite der Außenfront erinnern Grabdenkmäler an bedeutende Sterzinger Geschlechter.

Ihren dreischiffigen gotischen Innnenraum überziehen seit der 1753 begonnenen Barockisierung Gewölbefresken des Wiener Hof- und Theatermalers Joseph Adam Mölk. Im Langhaus ist an der Nordwand ein römischer Grabstein angebracht (Postumia Victorina-Stein), der 1497 beim Ausheben des Grundes gefunden wurde. Im 18. Jh. stand das bedeutendste Kunstwerk Sterzings, der 12 m hohe *Flügelaltar* des Ulmer Meisters Hans Multscher (vor 1400–1467), noch vollständig in der Kirche. Er schuf sein spätes Meisterwerk 1456–59. 1779 wurde es entfernt, nun stehen nur fünf der Schreinfiguren in einem neogotischen Gehäuse: Maria mit den Heiligen Barbara, Apollonia, Ursula und Katharina.

Der Rest des Altars wird inzwischen im **Multscher- und Stadtmuseum** (April–Okt. Di–Sa 9.30–12.30 und 14–18 Uhr) im Deutschhaus gezeigt, der einstigen Kommende des Deutschherrenordens. Ursprünglich wurde sie im 13. Jh. als Hospiz und Spital gegründet. Der Sterzinger *Multscher-Altar* gab der Kunst in Tirol eine neue Richtung. Die acht Gemälde der doppelseitig bemalten Altarflügel zeigen innen Szenen aus dem Marienleben, außen Bilder der Passion. Auch vier Engeln und zwei Prophetenbüsten blieben erhalten, ebenso wie die einst den Schrein als Wächter flankierenden Heiligen Georg und Florian. Deutlich ist an ihnen zu er-

Burg Reifenstein erhebt sich auf einem Felssporn über dem einst sumpfigen Sterzinger Moos

kennen, wie ein selbstbewusster bürgerlicher Wirklichkeitssinn die bisherige sakrale Strenge ablöste. Außerdem werden Objekte aus der Stadtgeschichte gezeigt.

Mit dem **Balneum** (Karl-Riedmann-Platz 5, Tel. 0472760107, www.balneum.sterzing.eu, Mo–Fr 16–22, Sa/So/Fei/Schulferien 10–22 Uhr) hat auch Sterzing seinen Wellness- und Badespaßtempel. In der Sportzone südöstlich der Altstadt gibt es Hallen- und Außenbecken, Solarium, Massagen und eine Saunalandschaft.

Eine **Kabinenbahn** (www.rosskopf.com) erschließt die Höhenlagen des Rosskopf. In der Nähe ihrer Talstation an der Brennerstraße entsteht derzeit der Hochseilgarten **Skytrek** (Brennerstraße, Mobil 0039335/1215347, www.skytrek.it) mit immerhin neun verschiedenen Klettertouren. Er soll auch für Kinder und Jugendliche geeignet sein.

Wanderungen am Rosskopf

Die Bergstation (Talstation: Brennerstr. 12, Sterzing, Tel. 0472765521, www.rosskopf.com) der Rosskopfbahn erschließt ein ausgedehntes Wandergebiet. Kinderwagentauglich ist der Weg zur *Kastellacke* (Nr. 19, 1 h), einem moorigen Feuchtgebiet. Unterwegs bieten sich herrliche Ausblicke auf die umliegende Bergwelt. Nur mäßig anstrengend ist auch der Anstieg zum *Gipfel des Rosskopfs* (Nr. 24, 1 h) auf 2189 m. Deutlich anspruchsvoller ist da schon der *Ridnauner Höhenweg* (23 A/B, 5 h, Rückfahrt mit Linienbus, Tel. 840000471, www.sii.bz.it), der sich meist in einer Höhe von 2000 m bewegt. Unterhalb des Telfer Weißen kommt man zur Prischeralm, von der aus es steil bergab nach Maiern (s. S. 27) am Ende des Ridnauntals geht.

Im Winter übrigens beginnt an der Bergstation die mit 9,6 km längste **Rodelbahn** Italiens.

Burg Reifenstein

Auf einem vom Stadtmuseum aus 2 km langen Spaziergang erreicht man Burg Reifenstein (Mobil-Tel. 0039/3392643752, Führungen Mai–Aug. So–Fr 10.30, 14 und 15 Uhr, 15. Juli–Aug. auch 16 Uhr). Vorwerk, Toranlage, Wehrgänge und bis in die Romanik zurückreichende Wohngebäude vermitteln echte Burgenromantik. 1470 verkaufte Herzog Sigmund ›der Münzreiche‹ Reifenstein an die Deutschordenskommende, die der Burg einen wohnlicheren Charakter verlieh. Die besten Beispiele dafür sind das mit Zirbelholz getäfelte **Kapitelzimmer** und der **Grüne Saal** mit großartiger Illusionsmalerei von 1499.

Von der anderen Talseite grüßt **Burg Sprechenstein** (keine Besichtigung), die im 16. Jh. in ein wehrhaftes Wohnschloss umgewandelt wurde.

Trens

Von Sterzing sind es 5 km nach **Trens**. Hier steht die gotische Wallfahrtskirche *Mariä Himmelfahrt* (um 1500), die mit ihrer vorzüglichen Rokokoausstattung überrascht. Das Deckengemälde (1754) von Joseph Adam Mölk stellt die ›Himmelfahrt Mariens‹ dar. In der 1726 angebauten Gnadenkapelle steht das Ziel der Wallfahrer, eine aus Zirbenholz geschnitzte Muttergottes von 1470.

Schön ist der etwa einstündige Fußweg von Trens nach **Valgenäum**, wo ein spätgotisches Kirchlein malerisch auf einem Hügel steht.

i Praktische Hinweise

Information

Tourismusverein Sterzing, Stadtplatz 3, Sterzing, Tel. 0472765325, www.infosterzing.it

Hotels

TOP TIPP ****** Romantikhotel Stafler**, Mauls 10, Freienfeld, Tel. 0472771136, www.stafler.com. Das Musterbeispiel eines historischen Gasthofs in Mauls am Brennerweg, 9 km von Sterzing, ist eine Legende Tiroler Gastlichkeit. Das Haus, das eigentlich ›Zum Einhorn‹ heißt, geht auf das 13. Jh. zurück und wurde mehrmals erweitert. Es gibt in ganz Tirol kaum ein markanteres Beispiel für einen ehem. Fuhrmannsgasthof. Inzwischen kann es mit Hallenbad, Sauna und Tennisanlage aufwarten.

******Lilie**, Neustadt 49, Sterzing, Tel. 0472760063, www.hotellilie.it. Seit 1461 gibt es in dem denkmalgeschützten Altstadthaus eine Wirtschaft. Heute ist es ein Hotel mit allen modernen Annehmlichkeiten und einem feinen Restaurant.

*****Hotel Lamm**, Neustadt 16, Sterzing, Tel. 0472765127, www.hotellamm.it. Glücklich an Sterzings schönstem Straßenzug situiertes Haus mit modernem Anbau und bequemen Zimmern.

Restaurants

TOP TIPP **Kleine Flamme**, Neustadt 31, Sterzing, Tel. 0472766065. Italo-Asiatische Fusion-Küche: Das klingt unglaublich – und schmeckt auch so! Nicht billig, Vorbestellung nötig.

Arbor, Geizkoflerstraße 15, Sterzing Tel. 0472764241, www.arbor.bz.it. Verfeinerte Südtiroler Traditionen und moderne mediterrane Küche mischen Doris und Armin Siller im historischen Ambiente ihrer Zirmstube oder in einem modernen Speisesaal (Mi geschl.).

Valming-Alm, Mobil 0039/3334501211. Am leichtesten erreicht man die hoch

Durch die Gilfenklamm

Gleich am Eingang des Ratschingstales zwängt sich der Ratschingsbach durch die eng beieinander stehenden Felswände der Gilfenklamm. Die mittelschwere Wanderung (Nr. 1A, 11 A, 2 h, 288 HM, Klamm geöffnet Mai–Okt. tgl. 9.30–17.30 Uhr) beginnt am Gasthaus Zur Gilfenklamm (Stange 20) und passiert einen imposanten, gut 15 m in die Tiefe stürzenden Wasserfall. Der Rückweg führt über die Ruine Reifenegg wieder zurück zum Ausgangspunkt.

gelegene und beliebte Vesperstation, bekannt für ihren Graukäse mit Speck, mit der Roßkopfbahn (Mitte Juni–Mitte Sept. geöffnet).

Reisefilm: Sterzing
QR Code scannen [s.S.5] oder dem Link folgen: www.adac.de/rf0012

3 Ridnauntal

Zwei unterschiedliche Schönheiten: die Bergmannswelt am Schneeberg und das Barockschloss Wolfsthurn im Ridnauntal.

Urlaubsgäste schätzen das Ridnauntal westlich von Sterzing für seine Ruhe und herrliche Landschaftsszenerie. Interessant ist auch das Museum zum Bergbau. Das zum Massiv der Stubaier Alpen gehörende *Zuckerhütl* (3507 m) bildet den markanten Talabschluss.

Geschichte Die Ortschaft **Stange** am Eingang von Ridnaun- und Ratschingstal hat ihren Namen von einer Zollschranke, an der die Brixner Bischöfe ab 1241 am Aufstieg zum früheren Jaufenweg Maut kassierten. Der Bergbau am Schneeberg im Ridnauntal ist schon für das Jahr 1237 nachweisbar. Während seiner Blütezeit im 15. Jh. wurden in 70 Stollen die reichen Silbervorkommen ausgebeutet. Nachdem besonders unter der Regie der Augsburger Fugger des Guten zuviel getan worden war, ging der Bergbau um 1600 zurück, wurde 1789 eingestellt, lebte aber noch mehrmals auf, bis er 1985 endgültig aufgegeben wurde.

Besichtigung Hoch über **Mareit** im Ridnauntal steht in beherrschender Lage **Schloss Wolfsthurn** (Mareit 5, www.landesmuseen.it, Tel. 0472758121, 1. April–15. Nov. Di–Sa 9.30–17.30, So/Fei 13–17 Uhr). Als *Landesmuseum für Jagd und Fischerei* dokumentiert es die Geschichte der namengebenden Erwerbszweige. Es zeigt in zwei Stockwerken vor allem Tro-

phäen, Schaukästen der heimischen Fauna, eine Sammlung von Jagdwaffen und eine Multimediaschau.

Beim Rundgang durchs Museum gilt es auch, die architektonische Schönheit dieses einzigen einheitlichen barocken Schlossbaus (1730) in Südtirol zu beachten. Der Bauherr, Franz Andreas von Sternbach, scheute keine Kosten und Mühen, um die Dreiflügelanlage kostbar ausstatten zu lassen. Das betrifft auch die *Schlosskapelle* – einer der schönsten Rokokoräume des Landes. Das Deckengemälde, dem Leben und der Glorie der Gottesmutter gewidmet, schuf Matthäus Günther um 1738.

Taleinwärts zwischen Mareit und Innermareit lohnt die einsam auf einer Anhöhe gelegene Knappen- und Wallfahrtskirche **St. Magdalena** (Mai–Okt. Mo 16–17, Juli/Aug. zusätzlich Fr 10–11 Uhr) einen Besuch. Der verputzte gotische Bau (1481) wurde von den Bergknappen des hinteren Ridnauntales gestiftet. Glanzstück ist der gotische *Hochaltar*, ein Flügelschrein, den 1509 Mathias Stöberl geliefert hat. Mitte des Schreins ist die hl. Magdalena im Haarkleid, flankiert von den hll. Georg und Laurentius. Zu Füßen der Heiligen sieht man einen Bergstollen mit zwei Knappen.

Die **BergbauWelt Ridnaun Schneeberg** (Maiern 48, Tel. 0472 65 63 64, www.bergbaumuseum.it, April–Anfang Nov. Di–So, Fei 9.30–16.30, Aug. zusätzlich Mo 9.30–16.30 Uhr) erschließt das einstige Erzbergwerk am Schneeberg über Maiern. In einem 200 m langen Schaustollen wer-

Oben: *Bis heute sind die Spuren des Bergbaus im Ridnauntal sichtbar*
Unten: *Diorama mit Hirsch im Landesmuseum für Jagd auf Schloss Wolfsthurn*

den die Abbaumethoden vom Mittelalter bis in die jüngste Vergangenheit dargestellt. Die Ausstellungsräume versammeln Exponate zu Geologie, Stollenarbeit, Erztransport und Knappenleben.

Ein Pendelverkehr mit Geländewagen ab Maiern bringt Interessierte zum Poschhausstollen. Auch eine geführte Tour über das Kaindljoch (2600 m) zur alten Knappensiedlung St. Martin mit Einkehr in der Schneeberghütte, dem ehem. Herrenhaus ist möglich. Anschließend folgt der Abstieg zum Mund des historischen ›Carlsstollen‹. Die letzten 3 km kann man mit der alten Grubenbahn zurückfahren.

i Praktische Hinweise

Information

Tourismusverein Ratschings, Gasteig, Tel. 0472 76 06 08, www.ratschings.info

Hotels

***__Berghotel__, Innerratschings 43a, Ratschings, Tel. 0472 65 98 00, www.berghotel-ratschings.com. Das hoch gelegene Haus mit Hallenbad und Sauna ist kinderfreundlich eingerichtet und auch für Behinderte geeignet.

***__Ratschingserhof__, Stange 4, Ratschings, Tel. 0472 75 67 14, www.ratschingserhof.com. Mit dem Umweltsiegel ausgezeichnetes Hotel am Eingang der Gilfenklamm mit konsequent ökologischer Betriebsweise.

4 Pfitscher Tal
Val di Vizze

Das Tal ist reich an landschaftlicher Schönheit und an Mineralien.

Die Fahrt durch das gut 32 km lange Pfitscher Tal führt durch eine herrliche Berglandschaft. Ihre Krönung ist der am Talende aufragende **Hochfeiler** (3510 m), der höchste Gipfel der Zillertaler Alpen. Typisch für das Tal sind die Lärchenbestände, die im Spätherbst ihr wunderbares Leuchten entfalten. Außer Bergsteigern kommen Freunde ruhigen Sommerurlaubs und sanften Skisports in die zahlreichen Gasthöfe und Pensionen.

Geologen begeistern sich für das Tal, da hier ein seltener Reichtum an Mineralien zu finden ist, darunter auch blauer Beryll. Seine Bewohner mussten von harter Bauern- und Holzarbeit leben. Im 17. Jh. baute man Kupferkies ab, der im ›Schmelzerhof‹ in Wiesen verhüttet wurde.

Der **Volksmund** hat für den Namen des Tales eine Erklärung, die sich mit den tatsächlichen erdgeschichtlichen Vorgän-

Bergwälder und stille Almen prägen das vom Hochfeiler begrenzte Pfitscher Tal

Über felsige Blockhalden führt der steile Aufstieg zum Gipfel des Hochfeilers

gen deckt, die das Pfitschtal geformt haben. Vor Jahrtausenden muss an der Stelle der heute ›Wehr‹ oder ›Wöhr‹ genannten Steilstufe ein gewaltiger Felssturz das Tal abgeriegelt haben. Heute ist hinter der ›Wehr‹ in der Tat ein kleiner Stausee, doch damals entstand ein See, der mindestens 10 km ins Tal hineinreichte. Dieser See durchbrach die natürliche Staumauer. Das vermuten auch Wissenschaftler, der Volksmund aber sagt, der See sei ›hinausgepfitscht‹. Das geschah angeblich um das Jahr 1100, und seitdem habe das Tal seinen passenden Namen.

i Praktische Hinweise

Information

Tourismusverein Wiesen/Pfitsch, Stadtplatz 3, Sterzing, Tel. 0472765325, www.sterzing.com

Hotels

*****Kranebitt**, Grube 83 (Kematen), Wiesen/Pfitsch, Tel. 0472646019, www.kranebitt.com. Das modern ausgebaute Haus liegt am Südhang des Außerpfitsch.

Graushof, Afens 281, Wiesen/Pfitsch, Tel. 0472646033, www.graushof.com. Die familienfreundliche Pension steht landschaftlich schön auf einem weiten, sonnigen Wiesengrund.

Urlaub auf dem Bauernhof

Bacherhof, Afens 279, Tel. 0472646057, www.bacherhof.net. Für die Kleinen stehen Pferde zum Ausritt bereit.

Restaurant

Pretzhof, Tulfer 259, Wiesen/Pfitsch, Tel. 0472764455, www.pretzhof.it. Hoch über dem Eingang zum Pfitscher Tal wartet der Pretzhof in holzgetäfelter Stube oder im Bauerngarten mit verfeinert Südtiroler Küche auf. Die Zimmer sind mit Holzmöbeln eingerichtet und in der Stube steht ein Bauernofen.

Mit dem Mountainbike zum Pfitscherjoch-Haus

Die Tour (26 km, ca. 2.5 h, 830 HM) startet an der Alten Kirche in St. Jakob, gut 20 km tief im Pfitscher Tal gelegen. Von dort radelt man auf gutem Weg zunächst nach Stein, dann auf einer alten Militärstraße hinauf zum Pfitscherjoch-Haus (Tel. 0472630119, www.pfitscherjochhaus.com). Es liegt auf 2276 m Höhe unmittelbar an der italienisch-österreichischen Grenze. Zurück geht es auf gleichem Weg, alternativ kann man aber auch ins Zillertal nach Österreich abfahren.

Eisacktal – Kunstkammer und Weinkeller

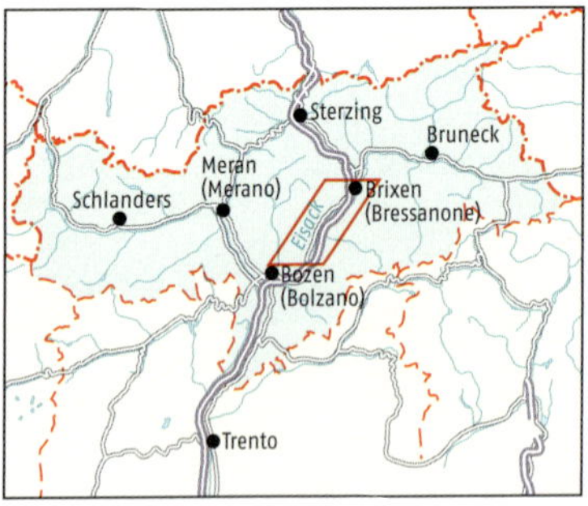

So mancher Südtirol-Reisende erliegt den Verlockung des **Neustifter Silvaners**. Reue ist freilich nicht angebracht, schließlich wird der köstliche Rebensaft von den Mönchen des Klosters Neustift gekeltert. Das Eisacktal zwischen Brixen und Klausen ist also nicht nur bezüglich der Kunst eine wahre Schatzkammer, sondern auch im Hinblick auf den hervorragenden Wein.

Das barocke **Kloster Neustift**, eine der größten Sehenswürdigkeiten Südtirols, ist Teil der Gemeinde Vahrn, deren gleichnamiger Hauptort am rechten Ufer des Eisack liegt. Zum Gemeindebereich gehören sogar noch bis 1400 m hoch gelegene Bergbauerndörfer wie Schalders und Spiluck. Östlich von Neustift steigt das Gelände zur herzförmigen Hochfläche von **Natz-Schabs** an, einem beliebten Erholungsgebiet.

5 Neustift
Novacella

Berühmtes Augustiner-Chorherrenstift mit barocker Kirche und gutem Wein.

Am Eingang des weiten, sonnigen Beckens von Brixen, knappe 3 km vor den Toren der Stadt, liegt mit dem Augustinerkloster **Neustift** ein Juwel barocker Baukunst.

Geschichte Die Gründungslegende von Neustift hat Matthäus Günther im Deckenfresko der Vorhalle der Stiftskirche verewigt: 1142 schenkten Reginbert und Christine von Säben dem seligen Bischof Hartmann von Brixen fast ihren ganzen Besitz. Sie sollen durch den Tod ihres vierjährigen Söhnchens zur Abkehr von irdischer Glückssuche bewegt worden sein. Mit Hilfe dieses ›Seelgeräts‹ gründete der Bischof das Augustiner-Chorherrenstift, dem er auch die Fürsorge für durchziehende Pilger zuwies. Bereits 1190 wurde die gesamte Klosteranlage, die zunächst nur aus Holzbauten bestand, ein Raub der Flammen.

Unter Konrad von Rodank, der 1200–16 als Propst wirkte, wurden – diesmal aus Stein – eine dreischiffige Basilika und ein Hospiz gebaut, dem man eine Rundkapelle, die ›Engelsburg‹, anfügte. 1411

Deutlich hebt sich der gotische Chor (links) vom Rest der Neustifter Klosterkirche ab

pfründete sich der Dichter Oswald von Wolkenstein im Kloster ein, er wurde hier auch 1445 begraben. Aus Angst vor der Türkengefahr befestigte man 1470 die ganze Klosteranlage. Die Angreifer waren aber dann 1525 Bauern, die das Kloster stürmten und dabei reiche Kunstschätze vernichteten. Vom 17. Jh. an erhielt das Stift neuen Auftrieb, und ab 1734 wurden jene barocken Veränderungen vorgenommen, die das heutige Bild von Neustift bestimmen.

1807 säkularisierte das Königreich Bayern das Kloster und zog dabei wertvolle Kunstschätze und einen Teil der Bibliothek an sich. 1816 ließ Kaiser Franz I. das Stift wieder aufleben und übertrug den **Chorherren** die Betreuung des Brixner Gymnasiums. Heute gehört zum Kloster eine Mittelschule mit Konvikt. Neben Seelsorge und Unterricht leiten die Neustifter Chorherren ein Wirtschaftsunternehmen, das den beliebten Neustifter Silvaner produziert.

Besichtigung Am Stiftskeller vorbei gelangt man in den **Stiftshof**, den Prälatur, Konventbau und Bibliothek umfangen, alles zur Barockzeit erbaut. In der Mitte steht der *Wunderbrunnen* von 1508, auf dessen Fries die sieben antiken Weltwunder gemalt sind.

Der **Kreuzgang**, um 1200 im Zuge des romanischen Klosterneubaus errichtet, erhielt um 1370 seine gotischen Kreuzrippengewölbe. In einigen Arkaden haben sich Reste spätromanischer *Fresken* (um 1330) erhalten. In der 3. Arkade hinterließ Friedrich Pacher mit der äußerst bewegten Darstellung der ›Parabel vom reichen Prasser‹ (um 1490) eines seiner besten Werke. Die Fresken in der anschließenden Arkade stammen von Hans von Bruneck (1418). Im Kreuzgang soll auch Oswald von Wolkenstein begraben sein, doch findet man nur ein Epitaph für seinen Nachfahren Wilhelm († 1577). Schönstes *Grabmal* im Kreuzgang ist jenes für Oswald von Säben († 1464), der auf einem Löwen kniet.

Die **Stiftskirche zu Unserer Lieben Frau** geht mit Westturm und Langhaus auf den unter Konrad von Rodank geweihten romanischen Bau zurück, der gotische Chor von 1468 trägt alle Merkmale der Brixner Bauhütte, die barocke

Engel spielen auf in der spätbarock überformten Stiftskirche von Kloster Neustift

Marienkapelle wurde 1695 durch Johann Baptist und Simon Delai angebaut. Ein anderer aus dieser Bozner Baumeisterfamilie, Joseph Delai, hat zusammen mit dem Innsbrucker Philipp Apeller die Entwürfe geliefert, die ab 1734 dem romanisch-gotischen Kirchenraum den heute so bewunderten spätbarocken Mantel verliehen.

Anton Gigl aus Wessobrunn hat mit seinem Bruder Augustin ab 1737 die alten Gewölbe mit üppigem *Bandelwerk* überzogen und ab 1740 auch den Stuckmarmor des Hauptaltars geschaffen. Die *Deckenfresken* des Haupt- und der Nebenschiffe mit Szenen aus dem Leben des hl. Augustinus malte 1736 Matthäus Günther, sein Chorfresko ›Hl. Dreifaltigkeit‹ entstand 1743. In diesem Jahr wurde auch der den Kirchenraum beherrschende *Hochaltar* mit dem Gemälde der ›Himmelfahrt Mariens‹ (Josef Ignaz Milldorfer) aufgestellt. Die vier Seitenaltäre kamen erst ab 1769 in die Kirche.

Nur im Rahmen einer **Führung** (ab 10 Personen, April–Dez. Mo–Sa 10, 11, 14, 15 und 16 Uhr, Mitte Juli–Mitte Sept. zusätzl. 12 und 13 Uhr, Jan.–März Di–Sa 10, 11, 14, 15 und 16 Uhr, Tel. 0472 83 61 89, www.kloster-neustift.it) besteht die Möglichkeit, die übrigen Schätze des Klosters kennen zu lernen. Dieser Rundgang führt in die romanische **Michaelskapelle**. Bei ihr handelt es sich um einen Rundbau, der um 1200 als Erlöserkirche geweiht wurde. Man hat dabei die Grabeskirche in Jerusalem nachahmen wollen. Sie wird heute auch ›Engelsburg‹ genannt, weil der im späten 15. Jh. angebrachte Zinnenkranz sie dem entsprechenden römischen Vorbild ähnlich macht.

Die **Viktorskapelle**, zum ältesten Baubestand gehörend, wurde zwar ab 1416 umgebaut, enthält aber noch den eindrucksvollen *Freskenzyklus* aus der Zeit um 1350. Dargestellt ist die Reise der Hl. Drei Könige, ihre Ankunft bei Herodes und schließlich die ›Anbetung in Bethlehem‹. Bei der Restaurierung (ab 1974) ergab sich, dass diese Fresken um 1416 im Stil des Hans von Bruneck übermalt worden waren.

Der Barock hat ungestüm die kostbare Ausstattung der gotischen Stiftskirche verdrängt. Beachtliche Reste davon sind in der **Gemäldegalerie** im Obergeschoss des Südtrakts zu sehen. Ein Kuriosum ist dabei der ›Kirchenväteraltar‹ des *Michael*

Pacher, der hier als ›lebensgroße‹ Fotoreproduktion auf den ersten Blick das Original vortäuscht. Dieses steht freilich in der Alten Pinakothek in München, da es – mit vielen anderen Kunstschätzen und Handschriften des Klosters – 1809 auf Befehl des Bayernkönigs Max I. Joseph in die bayerische Landeshauptstadt gebracht und nie mehr zurückgegeben wurde. Im Original vorhanden sind dagegen die gemalten Flügelaltäre der hl. Barbara und der hl. Katharina, beides Werke von *Friedrich Pacher*, der wohl in der Werkstatt Michael Pachers lernte und arbeitete, mit ihm aber nicht verwandt war. Er besaß nicht die Genialität seines Meisters und hatte eine Vorliebe für besonders drastische Darstellungen von Marterszenen.

Die **Bibliothek**, sicher einer der schönsten Rokokosäle in Südtirol, schuf 1770–78 der aus Trient stammende Giuseppe Sartori. Die interessantesten und kostbarsten Stücke der Neustifter Buchmalerei werden in Vitrinen präsentiert, während in den Regalen des Parterre und der umlaufenden Galerie rund 76 000 nach Autoren und Sachgebieten geordnete Werke stehen. Der **Stiftsgarten** (Führungen Mitte Juni–Mitte Sept. Mo, Mi, Fr 10.30 Uhr) am Eingang zum Kloster schließich verzaubert mit seinen üppig blühenden Rosen und den duftenden Kräuterbeeten.

Vahrn

Am Ende sollte man nach so viel Kunstgenuss in Neustift auch dem **Luftkurort** Vahrn am gegenüberliegenden Ufer des Eisack Referenz erweisen. An der Außenwand der gotischen Pfarrkirche *St. Georg* befindet sich ein figurenreiches Fresko ›Krönung Mariens‹. Meister Leonhard von Brixen, der dieses Fresko 1474 schuf, stellte ein ganzes Engelsorchester um die Gottesmutter auf.

Kulinarische Spezialität des Ortes sind die Esskastanien, im Südtiroler Dialekt *Keschtn* genannt. Sie gedeihen in malerischen Edelkastanienhainen, die der *Keschtnweg* erschließt. Sehr zu empfehlen ist auch der längere Spaziergang (45 Min.) über das Vahrner Bad zum **Vahrner See**.

Franzensfeste

Hier wird der **Brenner Basis Tunnel** nach seiner Fertigstellung den Bergstock verlassen. Wo Italien ab 2025 Bahnreisende begrüßen will, riegelte das Bollwerk der **Franzensfeste** (Mobil 00 39/39 34 85 03, www.oppidum.bz.it, Führungen 2. Julihälfte Mi 15.30, Aug. tgl. 15.30, 1. Septemberhälfte Mi 15.30 Uhr) einst das Tal ab. Kaiser Franz I. befahl ihren Bau im Jahr 1832, schon 1839 war die gewaltige Anlage im Stil des Neoklassizismus fertiggestellt. Sie sollte das Habsburgerreich vor Angriffen aus dem Süden und neuen Traumata wie der Niederlage gegen Napoleons Frankreich im Jahr 1809 bewahren. Unter Beweis stellen musste sie ihre Wehrhaftigkeit allerdings nie. Im Jahr 2002 zog das italienische Heer schließlich ab, seither kann sie besichtigt werden.

i Praktische Hinweise

Information

Tourismusverein Brixen/Vahrn, Regensburger Allee 9, Brixen, Tel. 04 72 83 64 01, www.brixen.org

Hotel

*****Pacherhof**, Pacherweg 1, Vahrn/Neustift, Tel. 04 72 83 57 17, www.pacherhof.it. Das kleine Hotel ging aus einem uralten Bauernhof hervor. In der historischen Stube serviert man Tiroler Küche.

Weinstube

TOP TIPP **Stiftskellerei Neustift** (am Eingang zur Klosteranlage), Tel. 04 72 83 61 89. Das Traditionslokal lockt zu ausgiebigen Proben des Klosterweins. Der Silvaner ist das Spitzenprodukt, gefolgt von Veltliner, Kerner, Ruländer und Gewürztraminer. Jährlich werden 450 000 Flaschen abgefüllt, von denen ca. 70 % direkt ab Kellerei vermarktet werden (So geschl.).

TOP TIPP Vom Kloster Neustift zum Vahrner See

Dieser Spaziergang (8,2 km, ca. 2.5 h, 240 HM) beginnt am Parkplatz des Klosters Neustift. Von dort geht es hinunter zur Eisack und dann flussaufwärts auf dem Törggelesteig und anschließend auf dem Weg Nr. 1 zum Vahrner See. An seinem nördlichen Ende lädt eine Badestelle zum Verweilen. Sodann geht es um den See herum und dann auf dem *Keschtnweg* durch malerische Kastanienhaine nach Vahrn. Von dort bringt der Törggelesteig den Wanderer wieder zurück zum Kloster Neustift.

Hinter den Häusern um Brixens Hofburgplatz ragen die Türme des Doms empor

6 Brixen
Bressanone

TOP TIPP *Die älteste Stadt Tirols bietet große Kunstschätze und malerische Einkaufsgassen.*

Brixen (20 000 Einw.) hat sich sein historisches Antlitz bewahrt. Hinter höchst malerischen Fassaden und unter dämmerigen Lauben hält es Restaurants, Weinstuben und Ladengewölbe verborgen, in denen gut Essen, Trinken, Auswählen und Einkaufen ist. Um Domplatz und Hofburg herum konzentrieren sich Kunst und geistiges Leben. Zugleich ist Brixen eine Stadt mit moderner Industrie.

Geschichte Ins Licht der Geschichte trat Brixen im Jahr 901 mit der Schenkung des königlichen Gutshofes ›Prichsna‹ an Bischof Zacharias von Säben durch König Ludwig IV. das Kind. Um 990 wurde der Bischofssitz vom Säbener Felsen nach Brixen verlegt. Die günstige Lage am Zusammentreffen der Brenner- und Pustertalstraße rief bald eine größere Siedlung hervor, die spätestens 1039 mit Mauer und Toren befestigt war. Kaiser Konrad II. gab 1027 den Brixner Bischöfen das Eisack- und Inntal als Reichslehen, mit der Aufgabe, den Kaiser- und Krönungsweg nach Rom zu sichern. Damit waren die Bischöfe Reichsfürsten, denen 1091 noch das Pustertal unterstellt wurde. Aus der Reihe der Brixner Fürstbischöfe ragt **Nikolaus von Kues**, genannt Cusanus, heraus. Der in Kues an der Mosel 1401 als Nikolaus Krebs geborene Sohn eines wohlhabenden Winzers vereinte universelles Wissen und geistliche Strenge. Als er 1450 Brixner Fürstbischof wurde, brachten ihn seine strengen Auffassungen von Glauben und Recht in blutige Auseinandersetzungen mit dem Landesfürsten, Herzog Sigmund dem Münzreichen. Cusanus starb 1464 im umbrischen Todi und wurde in Rom beigesetzt.

Brixen stand als Residenz bis zum Beginn des 17. Jh. unter der strengen Regie seiner Herren. Erst ein erweitertes Stadtrecht brachte 1603 einen Aufschwung von Handel und Gewerbe. 1803 beendete die Säkularisation die fürstbischöfliche Zeit, was der Stadt wiederum Schaden brachte. 1964 verlor Brixen mit der Einrichtung des neuen Bistums Bozen-Brixen seine Bedeutung als kirchliches Zentrum Südtirols. Der Dom blieb aber Konkathedrale der Bozner Domkirche. Zudem ist Brixen Sitz einer Kunst- und einer Musikschule, die Universität Padua führt Sommerkurse durch und seit 1962 gibt es auch die ›Cusanus-Akademie‹.

Besichtigung Ein Rundgang durch das historische Brixen macht nicht müde, da es sich auf einem Geviert von nicht einmal 400 m Seitenlänge erstreckt. Man erkennt die strenge Trennung von bürgerlichem und geistlichem Bezirk. Der Kleine und Große Graben und das Eisackufer begrenzten das Quartier der Bürger. Die Häuser, meist mit malerischen Erkern, stammen zum größten Teil noch aus spätgotischer Zeit. Das Eckhaus zwischen den Kleinen und Großen Lauben schmückt die Holzplastik ›**Wilder Mann**‹ 1, eine Art Janusfigur. Ihre drei Köpfe (um 1600) schauen in die beiden Gassen und zum Säbener Tor. Gegenüber kann man sich im **Cafe Fink** 2 (Kleine Lauben 4) in der ›Menhirstube‹ vor- und frühgeschichtliche Funde anschauen. Das **Gorethhaus** 3 am Pfarrplatz, 1581 gebaut, hält sich mit seinen beiden, durch alle drei Stockwerke gehenden Erkern noch an spätgotische Formen, die betonte horizontale Gliederung kündet aber schon von der Renaissance. Am Pfarrplatz steht auch das **Michaelstor** 4, das den Besucher über die Adlerbrückengasse wieder aus der Altstadt entlässt. In dieser Straße hat das **Pharmaziemuseum Brixen** 5 (Adlerbrückengasse 4, Tel. 0472 20 91 12, www.pharmaziemuseum.it, Sept.–Juni Di, Mi 14–18, Sa 11–16 Uhr, Juli/Aug. Mo–Fr 14–18, Sa 11–16 Uhr) seinen Sitz. Es befindet sich im zweiten Stock einer schon seit 400 Jahren betriebenen Apotheke. Dort vereinen sich alte Wandmalereien und historische Arzneimittel, moderne Museumsarchitektur und eine ehrwürdige Bibliothek zu einem rundum gelungenen Ausstellungsparcours.

Im Pharmaziemuseum ist ein Blauer Heinrich, Spucknapf Tuberkulosekranker, zu sehen

Das Michaelstor hat seinen Namen von der nahen Pfarrkirche **St. Michael** 6, einem gotischen Bau (um 1500), der 1757 innen barockisiert wurde. Auf dem Friedhof daneben befindet sich an der angrenzenden Mauer des Domes ein *Gedenkstein* für *Oswald von Wolkenstein*. Der ritterliche Dichter, der in der Jugend bei einem Fasnachtsspiel ein Auge verlor, ist als Jerusalempilger dargestellt.

Aus der Enge der Altstadtgassen tritt man in das weite, baumbestandene Geviert des Domplatzes, an dessen Ostseite

In den Kleinen Lauben laden Lokale wie der Traubenwirt zum entspannten Verweilen

Gotische Michaelskirche (links) und barocker Dom prägen den weiten Domplatz Brixens

TOP TIPP die Fassade des **Doms Mariä Himmelfahrt** 7 (tgl. 7–18 Uhr, Nov., Jan.–März 7–12 und 15–18 Uhr, Führungen Ostern–Okt. Mo–Sa 10.30, 15 Uhr) aufstrebt, die beiden Türme von Kuppeln und Laternen gekrönt. Die Breite betonend, hält die klassizistische Vorhalle (1783–85) das Bauwerk am Boden. Es entstand 1745–58 völlig neu. Dem barocken Schema, für das Joseph Delai den Entwurf lieferte, musste der Vorgängerbau bis auf Turmunterteile und den gotischen Chor weichen.

Eher strenge Erhabenheit als spätbarocke Heiterkeit strahlt der Innenraum aus, fast bedrückend wirken die *Marmorinkrustationen* der Wandpfeiler, fein dekoriert zwar, aber eher nach Florenz oder Padua passend. Beschwingter ist da die *Orgelempore*, die unter der zeitweiligen Bauleitung (ab 1752) durch die beiden Priester-Architekten Franz de Paula Penz und Georg Tangl entstand. Berühmtester unter den Ausstattungskünstlern war der aus Welsberg im Pustertal stammende Paul Troger, der ab 1758 die *Deckengemälde* schuf. 1698 geboren, in Venedig und Bologna als Maler gebildet, wurde er 1754 Rektor der Wiener Akademie. Bewundernswert beherrscht Troger die große Fläche der Langhausdecke, auf die er die ›Anbetung des Lammes‹ malte. Im *Hochaltar* Teodore Benedettis ist der Marientod dargestellt, 1750 vom Troger-Schüler Michelangelo Unterberger gemalt, der dem Meister das Pathos abgeschaut hat.

TOP TIPP Ohne Übertreibung kann man den Brixner **Domkreuzgang** 8 (geöffnet wie der Dom selbst) als das größte Denkmal alpenländischer Wandmalerei bezeichnen. Er gibt ein einzigartiges Bild der Tiroler Wandmalerei von der späten Romanik bis zur späten Gotik. 15 der insgesamt 20 Arkaden sind bemalt, wobei das Fehlen jeglichen Programms den Betrachter vom Zwang befreit, nach einem vorbestimmten System vorzugehen. Beim Spaziergang unter dem Gewölbe ›blättert‹ man sozusagen in einem Bilderbuch des Alten und Neuen Testaments, das uns die Meister der **Brixner Schule** hinterlassen haben, deren wichtigste Vertreter Hans von Bruneck und Leonhard von Brixen sind.

Für wenig Geld kann man am Dom einen ausführlichen Führer kaufen. Nachfolgend soll also nur eine knappe Aufzählung geboten werden, wobei die Zählung der Arkaden im Südflügel beginnt, nach drei unbemalten Arkaden.

1. Arkade: ›Vision des hl. Johannes auf Patmos‹ (Südwand), Szenen des Paulus-Lebens (Gewölbe); Rupert Potsch, 1490.

2. Arkade: Passionsszenen mit Vergleich zum Alten Testament (Gewölbe und Südwand), Muttergottes mit der hl. Katharina und dem Erzengel Michael (Nordwand); Leonhard von Brixen, um 1465.

3. Arkade: Passionsszenen mit Bezug auf das Alte Testament, in einem Bild Pferde mit Elefantenrüssel (Gewölbe); Meister Leonhard von Brixen, um 1470. ›Christus vor Pilatus‹ (Südwand), ›Kreuzigung Christi‹ (Westwand); beide Jakob von Seckau zugeschrieben, um 1450.

4. Arkade: Legende der hl. Christina, einziges erhaltenes Bild von der ersten Ausmalung um 1330 im frühgotischen ›Linearstil‹ (Westwand); Rundmedaillons, Gloriaengel, Kirchenlehrer und Propheten (Gewölbe), Kampf des hl. Georg mit dem Drachen, Kreuzfahrer (Ostwand). Die Malereien im Gewölbe und an der Ostwand stellen das Hauptwerk des Meisters Hans von Bruneck dar, um 1417.

5. Arkade: Szenen aus Altem und Neuem Testament, darunter ›Kampf Samsons mit dem Löwen‹ (Gewölbe und Ostwand) und die ›Auferstehung Christi‹ (Westwand); geschaffen von Meister Leonhard von Brixen, 1472.

6. Arkade: Bilder aus der Jugend Mariens stehen in Korrespondenz zu Szenen aus dem Alten Testament; Maler ungeklärt

Seiner Fresken wegen zählt der Domkreuzgang zu den großen Kunstschätzen Südtirols

(Rupert Potsch? Meister der Pacher-Nachfolge?), um 1482.

7. Arkade: Bilderzyklus zur ›Verteidigung der jungfräulichen Mutterschaft Mariens‹

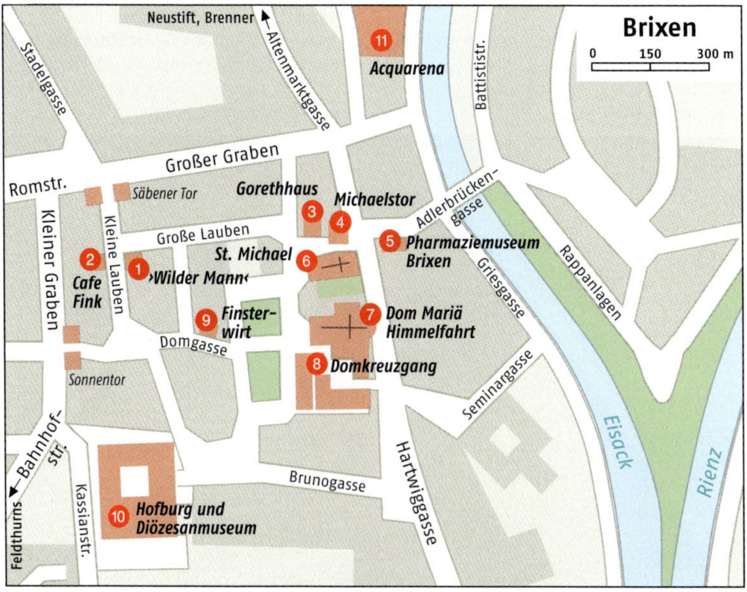

(Gewölbe und Ostwand), ›Pietà‹ und ›Geburt Christi‹ (Westwand); unbekannter Meister, um 1500.

8. Arkade: Origineller Lasterkatalog mit einem Bild von Adam und Eva (Gewölbe), ›Christus am Ölberg‹ (Westwand, Apsis der Liebfrauenkirche); unbekannter Meister, um 1400.

9. Arkade: Jugendgeschichte Jesu mit Vorbildern aus dem Alten Testament (Gewölbe), ›Martyrium des hl. Achatius‹ (Südwand); unbekannter Maler, um 1400; ›Pietà‹ in weiter Landschaft, jüngstes Bild des Kreuzgangs (Dommauer); Maler unbekannt, 1509.

10. Arkade: Tugenden und Laster (Gewölbe), ›Martyrium des hl. Sebastian‹ und ›Kreuzigung des hl. Philippus‹ (Südwand), ›Pietà‹ und eine prachtvolle ›Verkündigung‹ (Nordwand); Meister ungeklärt, um 1400.

11. Arkade: ›Sieben Werke der Barmherzigkeit‹ (Gewölbe), Cicero und Boethius (Südwand), Kaiser Augustus, Sybille und ein Bischof (Nordwand); Meister ungeklärt.

12. Arkade: Heilige, die in Brixen verehrt werden (Gewölbe und Südwand), ›Christus in der Kelter‹, Maria mit Heiligen und Stifterfigur (Nordwand); unbekannter Meister, um 1400–18.

13. Arkade: Gewölbefresken weitgehend zerstört; hervorragende, vom ›Höfischen Stil‹ beeinflusste ›Anbetung der Könige‹ (Ostwand), ›Geburt Christi‹ (Nordwand); unbekannte Meister.

14. Arkade: ›Die sieben Freuden Mariens‹ mit Entsprechungen der neutestamentarischen Ereignisse aus dem Alten Testament; Leonhard von Brixen, um 1463.

15. Arkade: ›Flucht nach Ägypten‹ (Gewölbe), ›Thronende Maria‹ (Ostwand), ›Christus am Berg Tabor‹ (Hofwand); Maler ungeklärt.

Die restlichen Arkaden blieben ohne Malerei, da hier Händler ihre Waren verkaufen durften.

Von einem Fenster im Kreuzgang kann man in die romanische Taufkirche **St. Johannes** schauen. Spätromanische und frühgotische Fresken von hoher kunsthistorischer Bedeutung bedecken die Wände der ersten bischöfliche Hauskapelle. Auch die Kapelle **Unsere Liebe Frau im Kreuzgang** wurde im Stil der Romanik erbaut.

Nach diesem Kunstgenuss bietet sich eine Rast beim **Finsterwirt** 9 (Domgasse 3, s. u.) an, bei dem man sich eingedenkt des Namens über die gar nicht finsteren Mienen der Bedienungen wundern mag. Denn der Name der einstigen Kapitelschenke hat einen ganz anderen Ursprung: Früher durfte hier in Domnähe nur bis zum Einbruch der Dunkelheit ausgeschenkt werden. Also zechte man heimlich im Finstern weiter.

Die fürstbischöfliche **Hofburg** 10 geht auf eine wehrhafte Anlage des 13. Jh. zu-

Das berühmte ›Rüsselpferd‹ in der 3. Arkade des Brixner Domkreuzganges

Die Galerien des Innenhofs der Brixner Hofburg schmücken Statuen von Hans Reichle

rück, die ab 1595 in mehreren Abschnitten in einen Renaissancepalast umgebaut wurde. Die barocken Veränderungen erfolgten ab 1702. Der *Innenhof* mit den Bogengalerien des Nord- und Südflügels und den in Nischen stehenden Terrakotta-Statuen Habsburger Herrscher (Hans Reichle, ab 1596) bietet ein prächtiges Bild. In über 70 Räumen der Hofburg ist das großartige **Diözesanmuseum** (www.hofburg.it, Mitte März–Okt. Di–So 10–17 Uhr) mit seinen reichen Schätzen kirchlicher Kunst und Informationen über die Geschichte des Bistums Brixen untergebracht, darunter auch der Domschatz mit so wertvollen Stücken wie der *Adlerkasel* (liturgisches Obergewand) des hl. Albuin (10. Jh.) und der *Mitra* des seligen Bischofs Hartmann (1140–64). Unter den Gewölben im Erdgeschoss zeigt das **Krippenmuseum** (Mitte März–Okt. Di–So 10–17 Uhr, Ende Nov.–Anfang Jan. tgl. 10–17 Uhr, 24./25. Dez. geschl.) eine Sammlung von 90 Krippen, die zum großen Teil aus dem 18. Jh. stammen. Besonders bewundert werden die figurenreichen Stationen des Weihnachts- und Passionszyklus, die um 1800 der Zillertaler *Franz Xaver Nißl* geschnitzt hat, und die 46 Darstellungen aus dem Alten und Neuen Testament, deren 5000 (!) Figuren die Halbbrüder *Augustin Alois* und *Josef Benedikt Probst* aus Sterzing nach 1800 in mehrjähriger Arbeit geschaffen haben.

TOP TIPP

Dank Brixens **Acquarena** 11 (Altenmarktgasse 28/B, Tel. 0472268433, www.acquarena.com) am Rande der Altstadt müssen Urlaubsgäste auch bei schlechtem Wetter nicht verzweifeln, Schwimmerbecken und Saunen sorgen für reichlich Abwechslung. Im Sommer bietet ein Freibad mit Riesenrutsche Gelegenheit zur Abkühlung.

Ausflüge

In der *Nikolauskirche* von **Klerant** (ab Autobahn Brixen/Nord in Richtung Plose) blieb ein Freskenzyklus (um 1480) aus dem Kreis der Brixner Schule erhalten. Allein im Chor finden sich 19 Darstellungen aus dem Leben des Kirchenpatrons. Der ganze Innenraum ist mit Bibelszenen bemalt. Im Bild ›Tod des Eleazar‹ kommt auch wieder – wie im Brixner Kreuzgang – ein gepanzerter Elefant vor, der eigentlich ein Pferd mit Rüssel ist.

Wanderungen auf der Plose

Von St. Andrä aus ist der Hausberg Brixens, die **Plose** (2504 m), mithilfe der Plose-Kabinenbahn (Seilbahnstr. 17, St. Andrä, Tel. 0472200433, www.plose.org) gut zu erreichen. Von ihrer Bergstation Kreuztal aus bieten sich einige aussichtsreiche Wanderungen an. Kinderwagentauglich ist der Weg Nr. 17, der in ca. 40 Min. zur Rossalm (www.rossalm.com) auf 2200 m Höhe führt. Der Dolomitenblick-Höhenweg (Rundweg ab Kreuztal 12 km, 300 HM, ca. 5 h, teils drahtseilversichert) führt von der Rossalm weiter zur Enzianhütte und zurück nach Kreuztal.

i Praktische Hinweise

Information

Tourismusverein Brixen, Regensburger Allee 9, Brixen, Tel. 0472 83 64 01, www.brixen.org

Tourismusverband Eisacktal, Großer Graben 26 a, Brixen, Tel. 0472 80 22 32, www.eisacktal.com

Hotels

Top Tipp ****__Elephant__, Weißlahnstr. 4, Brixen, Tel. 0472 83 27 50, www.hotelelephant.com. Das Abbild des Elefanten, der um Weihnachten 1551 zwei Wochen im damaligen Gasthof ›Am Hohen Felde‹ beherbergt werden musste, begegnet dem Gast allenthalben, sogar auf Teppichen und Wandverkleidungen. Das gediegene Komforthotel bietet 44 Zimmer im Haupthaus und den Dependancen im Park sowie ein Freibad.

****__Goldener Adler__, Adlerbrückengasse 9, Brixen, Tel. 0472 20 06 21, www.goldener-adler.com. Am Rande der Altstadt und am Ufer des Eisack liegt innerhalb eines herrlich alten Gemäuers das gemütlich ausgestattete Hotel mit einem modernen Lounge-Café.

****__Hotel Pupp__, Altenmarktgasse 36, Tel. 0472 26 83 55, www.small-luxury.it. Schon äußerlich weiß das Hotel zu überraschen, scheint es doch aus aufeinander gestaptelten, weißen Quadern zu bestehen. Kantig ist auch die Inneneinrichtung, Lohn war der Südtiroler Architekturpreis 2011.

Cafés

Fink, Kleine Lauben 4, Brixen, Tel. 0472 83 48 83, www.restaurant-fink.it. Café und Restaurant, das mit der ›Menhirstube‹ zugleich prähistorisches Mini-Museum ist (Di abend und Mi geschl.).

Konditorei Heiß, Plosestraße 26, Brixen, Tel. 0472 83 23 34. In Treue zu Wien gibt es hier auch Sachertorte. Die meisten Kunden aber kommen wegen der hausgemachten Pralinen. Spezialitten sind ›Brixner Nüsse‹ und ›Brixner Steine‹ (Di geschl.).

Ein teures Geschenk: Portugals König sandte Erzherzog Maximilian einen Elefanten

Restaurant

Top Tipp **Finsterwirt**, Domgasse 3, Brixen, Tel. 0472 83 53 43. Das Restaurant, das Familie Mayr seit vier Generationen leitet, gehörte einst dem Domkapitel, das hier den Wein ausschenkte, den es als Zehnten erhalten hatte (So abend und Mo geschl.).

Reisefilm: Brixen
QR Code scannen [s. S. 5] oder dem Link folgen: www.adac.de/rf0007

7 Feldthurns
Velturno

Von Kastanienhainen umgeben und einem Renaissanceschloss gekrönt.

Hoch über dem Eisack schmiegt sich Feldthurns an die sonnige Nordwestflanke des Tals. Zier des Ortes ist **Schloss Velthurns** (Führungen März–Nov. Di–So 10, 11, 14.30, 15.30 Uhr, Juli/Aug. zusätzlich 16.30 Uhr, Gruppen nach vorheriger Vereinbarung, Tel. 0472 85 55 25). Äußerlich wirkt es wie ein recht schmuckloser Ansitz. Das ganze Augenmerk legte man auf der prachtvolle Innenausstattung.

Die Grundmauern gehen auf eine Festung der Herren von Velthurns zurück, die schon für das Jahr 1112 belegt ist. Auf ihnen ließ der Brixner Kardinal Christoph III. von Madruz 1577 seine fürstbischöfliche **Sommerresidenz** errichten. Unter seinem Nachfolger und Neffen, Fürstbischof Johann Thomas von Spaur, konnte das Werk bis 1587 vollendet werden. Bis zur Säkularisierung 1803 verbrachten Brixens Fürstbischöfe die Sommermonate auf dem Schloss. Seit den 1980er-Jahren wird es für die unterschiedlichsten **Kulturveranstaltungen** genutzt.

Baumeister des Schlosses war der in Brixen lebende Italiener Mattias Parlati.

Törggelen

Sehr oft hat das Törggelen mit anschließendem Torkeln zu tun – doch eigentlich bezieht sich das Wort auf den ›Torkel‹, die alte hölzerne **Traubenpresse**, die wiederum auf das lateinische Wort ›torquere‹ (= pressen) zurückgeht.

Das richtige Törggelen war (und ist) eher eine private Veranstaltung. Ein Weinbauer hat früher nach dem ›Herbsten‹, der Lese, ein paar Freunde und Nachbarn zur **Weinverkostung** eingeladen. Geröstete Kastanien kamen auf den Tisch, das eingestampfte **Sauerkraut** wurde zu **Hauswurst** und **Schlachtplatte** hingestellt und dazu gab es den ›Nuien‹, den neuen Wein, zu probieren, oder den noch kaum vergorenen ›Suser‹, der auch schon zu ›Federweißem‹ gediehen sein konnte. Man gab sein Urteil ab, erwies am Ende dem Hausgebrannten die Ehre und zog heimwärts. Die Verbindung von herbstlicher **Wanderung** und Törggelen ist bis heute herrlich geblieben.

Aus Brescia bestellte er die Maler Horazio Michele und Pietro Bagnadore nach Feldthurns. Sie schufen an den Friesen der *Kassettendecken* einen **Bilderreigen**, dessen Themen die Gedankenwelt der Renaissance widerspiegeln. In Allegorien werden Tugenden und Laster, die Sieben Sakramente, die Jahreszeiten, die damals bekannten vier Erdteile, die Welt Homers, die fünf Sinne und – im bischöflichen Schlafgemach – Szenen aus der Kindheit Jesu dargestellt. Handwerker aus Brixen, Klausen und Bruneck gestalteten in großer Kunstfertigkeit die Holzvertäfelungen der Wände. Außerdem überzogen sie die Türen mit feinen *Intarsien*.

Damit ist die Aufzählung keineswegs vollständig. So ist 1983 in einem Raum des zweiten Stocks ein *Freskenzyklus* aufgedeckt worden, der die Enthauptung von zehn ›Prominenten‹ der Bibel und Mythologie zeigt. Offenbar war dies einst der Gerichtsraum. Glanzstück aller Räume ist das *Fürstenzimmer*, zu dessen Intarsienarbeiten zehn verschiedene Hölzer verwendet wurden. In der Ecke steht auf Löwenfüßen ein achteckiger Kachelofen des Bozner Hafners Paul Pidenhofer.

Bei Erdarbeiten kam im Ort ein mit Steinritzungen verzierter Menhir zum Vorschein. Er beweist, dass schon die Menschen der Jungsteinzeit vor über 7000 Jahren die sonnige Lage von Feldthurns zu schätzen wussten. Die Fundstelle und der Menhir werden als **Archeoparc Tanzgasse** (Führungen Mai Di 16, Juni–Sept. Di und 1. Sa/Monat 17 Uhr, Okt.–Dez. auf Anfrage im Tourismusbüro Feldthurns) durch eine markante Dachkonstruktion geschützt.

i Praktische Hinweise

Information

Tourismusbüro Feldthurns, Simon-Rieder-Platz 2, Feldthurns, Tel. 0472 85 52 90, www.feldthurns.com

Hotel

******Taubers Unterwirt**, Josef-Telser-Str. 2, Feldthurns, Tel. 0472 85 52 25, www.unterwirt.com. Familie Tauber hat

ihren Gasthof zum Aktiv- und Vitalhotel modernisiert. Wanderer schätzen besonders Nordic-Walking-Training, Mountainbike-Touren und Alpinkurse.

Urlaub auf dem Bauernhof

***__Alpenbadl__, Schnauders 22, Feldthurns, Tel. 0472 85 53 18, www.alpenbadl.com. Zwei praktisch eingerichtete Ferienwohnungen in einem Bauernhof oberhalb von Feldthurns.

8 Villnößtal
Val di Funes

Kunst- und Naturwanderungen durch die Heimat Reinhold Messners.

Das Villnößtal präsentiert sich als intakte Bergbauernwelt, in der es sich gut wandern und Urlaub machen lässt.

Durch eine wilde Schlucht, immer am Villnößbach entlang, verbindet eine Straße seit 1859 die Hauptorte Teis, St. Peter und St. Magdalena mit dem Eisacktal. Allesamt liegen sie an den sonnseitigen Hängen. Am Talschluss ragen die Felstürme der **Geislergruppe** auf, die im Sass Rigais 3025 m erreicht.

Auf einer Anhöhe am Eingang des Villnößtales liegt **Teis**, dessen Pfarrkirche von 1880 sich durch eine vollständig neugotische Einrichtung auszeichnet. Vom Kalvarienberg oberhalb der Kirche blickt man weit in die Runde. Im Ort befindet sich das *Mineralienmuseum* (Ostern–Okt. Di–Fr 10–12 und 14–16, Sa/So 14–17 Uhr, Tel. 0472 84 45 22, www.mineralienmuseum-teis.it), das vor allem die berühmten *Teiser Kugeln* zeigt. Aufgeschnitten und poliert erkennt man in diesen Geoden bis zu sieben verschiedene Mineralien.

Zu Teis gehört auch der Weiler **Nafen**. Die dortige *Bartholomäuskirche* (um 1300, 1489 spätgotisch umgebaut) schmückt an der Außenwand ein Christophorus-Fresko. Der Hauptaltar (um 1515) ist seiner früheren Schreinfiguren beraubt und mit Figuren des Seitenaltars besetzt. Auf diesem steht eine Schnitzfigur des hl. Leonhard (um 1500).

Auf dem alten Villnößer Weg geht es auf der Sonnenseite des Tales nach **St. Valentin in Pardell**. Auch hier grüßt der hl. Christophorus von der Außenwand der romanischen, im 15. Jh. umgebauten Kirche. Der spätgotische *Flügelaltar* ist die Arbeit eines Brixner Meisters (vermutlich Gabriel Kiendl). Im Schrein wird die

Über grüne Weiden verteilen sich die Gehöfte von St. Magdalena im Villnößtal

thronende Muttergottes von den Schnitzfiguren der hll. Valentin und Wolfgang flankiert. Die Flügel zeigen die Reliefs von acht Heiligen, an den Außenseiten sind vier gemalte, im Stil Michael Pacher nahestehende Szenen aus dem Leben des Kirchenpatrons zu sehen.

In einer knappen halben Stunde wandert man nach **St. Jakob am Joch**. Der Weg bietet Aussicht ins Villnöß- und ins Eisacktal. Der *Flügelaltar* von St. Jakob, 1517 entstanden, gilt als eine der besten Arbeiten der Brixner Werkstatt des Rupert Potsch. Der Mittelschrein, in drei Tabernakel geteilt, trägt die Schnitzfiguren der Muttergottes und der hll. Michael und Jakob. Die Flügelgemälde mit der ›Anbetung der hl. drei Könige‹, der ›Marter der hll. Jakobus und Erasmus‹ und einem Sankt-Georgs-Bild sind stark von der ›*Donauschule*‹ beeinflusst.

Als nächstes folgt **St. Peter**, der Hauptort des Tales. Die dortige Pfarrkirche *St. Peter und Paul* ist ein kühles Werk des Klassizismus. Hier hinterließ 1798 der aus Telfs im Inntal stammende Joseph Schöpf mit den *Deckengemälden* in den drei Flachkuppeln sein Hauptwerk. Die Themen: ›Schlüsselübergabe an Petrus‹, ›Paulus als Prediger‹ und ›Empfang Mariens durch Christus im Himmel‹. Schöpfs Stil ist noch mehr dem damals bereits ausgeklungenen Rokoko als dem Klassizismus dieser Kirche verhaftet.

Anschließend erreicht man **St. Magdalena** unmittelbar unterhalb der Dolomitenzacken der Geislergruppe. An die Wand der *Dorfkirche* ist der dritte Christophorus des Tales gemalt. Das Altarblatt mit der hl. Magdalena schuf im 18. Jh. der talentierte Franz Unterberger.

Im Ort befindet sich auch das *Naturparkhaus Puez-Geisler* (St. Magdalena 114/a, Tel. 0472842523, Mai–Okt. und Ende Dez.–März Di–Sa 9.30–12.30 und 16–19 Uhr, Juli/Aug. auch So). In seinem gar nicht alpenländischen Sichtbetonbau von 2009 werden die verschiedenen Ge-

Kantig und gänzlich frei von Alpenkitsch präsentiert sich das Naturparkhaus Villnöß

steinsarten im Naturpark vorgestellt, und in einem kurzen Film stellt der aus dem Villnöß stammende Reinhold Messner seinen Blick auf die Berge vor.

Nun ist es nicht mehr weit zum krönenden Abschluss des Tales in **Ranui** mit der 1744 gebauten, pittoresken Johannes-Kirche, deren Altarblätter ebenfalls von Franz Unterberger stammen. Hier lässt sich eines der schönsten Südtirol-Fotos machen: das hell geputzte Kirchlein mit seinen Fassadenmalereien und dem schlanken Zwiebelturm vor den Felswänden, die über einem steilen Waldhang aufsteigen.

Anschließend beginnt mit dem **Naturpark Puez-Geisler** die Welt der Bergwanderer und Alpinisten. In den Wänden der Geislergruppe, am Peitlerkofel oder in der Puezgruppe wird sich auch der am 17. September 1944 geborene Reinhold Messner zum großen Alpinisten gebildet haben. Denn hier, im Villnöß, wuchs er auf.

i Praktische Hinweise

Information

Tourismusverein Villnösser Tal, St. Peter 11, Tel. 04 72 84 01 80, www.villnoess.com

Unterkunft

Gampenalm, Tel. 0039/34 82 72 15 87, www.gampenalm.com. Familien- und Mehrbettzimmer auf einer urigen Alm am Peitlerkofel. Die Wanderung vom Talschluss in Zans dauert 1,5 h, Übernachtungsgäste dürfen das Auto nehmen.

TOP TIPP Stippvisite auf dem Adolf-Munkel-Weg

Vom Wanderparkplatz von Zans im Talschluss von Villnöss aus erreicht man entlang des Tschantschenonbaches den Adolf-Munkel-Weg, eine der schönsten Höhenwanderungen (16 km, 900 HM, ca. 5–6 h) der Dolomiten. Der bei ausreichender Kondition recht einfache Weg ist nach dem Gründer der Alpenvereinssektion Dresden benannt und führt durch Zirbenwald und über Alpenrosenmatten am Fuß der Geislergruppe entlang. Um wieder zum Ausgangspunkt zurückzukehren, verlässt man den Munkelweg kurz vor der urigen Brogleshütte (2045 m) und hält sich an die Wege Nr. 28 und 34 nach Zans.

Restaurant

Gschnagenhardt-Alm, St. Magdalena, Tel. 04 72 84 01 58, www.profanterhof.com. Die Alm am Fuß der Geislerspitzen erreicht man über den Adolf-Munkel-Weg. Neben einer herrlichen Aussicht bietet sie Wanderern auch bäuerliche Küche und Kuchen (Juni–Mitte Okt. geöffnet).

9 Klausen
Chiusa

Von Albrecht Dürer in Kupfer gestochen, von einer geistlichen und einer weltlichen Burg überragt.

Das Bilderbuchstädtchen im Eisacktal bietet sich in idealer Weise für einen kurzen Abstecher auf der Fahrt nach Süden an. Die malerische Hauptstraße ist rasch durchschritten, und der Spaziergang hinauf zum Kloster sorgt für Bewegung und erhöhten Blutdruck.

Geschichte In Kaiser Konrads II. Urkunde, mit der er 1027 das Eisacktal den Bischöfen von Brixen als Lehen gab, ist auch von ›clusa sub Sabione sita‹ die Rede, von der unterhalb Säben gelegenen Klause. Sie diente den Bischöfen fortan als Zollstätte an der Südgrenze ihrer Herrschaft. Kaiser Friedrich Barbarossa verlieh 1179 das *Marktrecht*, 1308 wurde Klausen Stadt und erhielt eine Ummauerung, die auch die Burg Branzoll einbezog. Das Gemeinwesen florierte dank des Verkehrs am Brennerweg und durch den Abbau von Erz im *Tinnetal*, der erst 1908 zum Erliegen kam. Wenn auch spiegelverkehrt, aber immerhin hineingekommen ist Klausen sogar in **Albrecht Dürers** Kupferstich ›Das große Glück‹. Das unter Felsen hingeduckte Städtchen sieht man darauf, auch die beiden Burgen: Branzoll, die weltliche, und Säben, die geistliche Festung.

Als 1876 die Vogelweiderhöfe im nahen Lajen als Geburtsort Walthers von der Vogelweide reklamiert wurden, entwickelte sich in Klausen eine *Künstlerkolonie* von Dichtern, Germanisten und Malern, denen der Ort zur zweiten Heimat wurde. Sie sind zwar gegangen – schön ist es hier aber immer noch

Besichtigung Der historische Kern von Klausen besteht aus einer einzigen, sehr schmalen, aber höchst malerischen Straße. Die Häuser halten sich an den städtischen Tiroler Stil, haben aber keine

Auf Südtirols Heiligem Berg erstreckt sich die ummauerte Klosteranlage Säben

Lauben, sondern hübsche Erker. In der zwangsläufigen Enge zwischen Eisack und Felswand hat auch die Pfarrkirche **St. Andreas** (1494) Platz gefunden, ein Musterbeispiel der Brixner Bauhütte. Der Baumeister Benedikt Weibhauser ließ aus schlanken Säulen ein wunderschönes Netzrippengewölbe aufwachsen. Die Filialkirchen umliegender Orte steuerten einiges zur Ausstattung bei; diese wirkt dadurch zwar etwas ›bunt‹, ist hier aber wenigstens vor Diebeshänden sicher.

Am Südende Klausens, in der ›Frag‹, ist das *ehem. Kapuzinerkloster* und heutige **Stadtmuseum** (Auf der Frag 1, April–Mitte Nov. Di–Sa 9.30–12 und 15.30–18 Uhr) angesiedelt. Der 1. Stock beherbergt den Loretoschatz, eine wertvolle Sammlung sakraler Kunst aus Spanien. Gestiftet hat sie die zweite Gemahlin des spanischen Königs Karl II., die Wittelsbacher Prinzessin Maria Anna, deren Beichtvater, der Kapuzinermönch Gabriel Pontifeser, ursprünglich aus Klausen stammte. Im Erdgeschoss sind Werke der Klausener Künstlerkolonie und weiterer Kirchenschmuck zu sehen.

Das Geburtshaus Pontifesers ließ die zwischenzeitlich verwitwete Königin Anna Maria im Jahr 1700 durch eine **Loretokapelle** (Sommer ca. 9–18 Uhr) ersetzen, eine Nachbildung der ›Casa Santa‹ von Loreto in Italien. In dieser Kapelle, die ja das Haus der Jungfrau Maria symbolisiert, gibt es sogar eine ›Küche des hl. Hauses‹.

In die Häuserzeile am Nordende der Stadt ist die **Apostelkirche** eingebaut, ein spätgotischer Bau mit einem Barock-Hochaltar. Sie gehörte zum Spital, das 1421 wegen ständiger Überschwemmungsgefahr hierher verlegt wurde. An seinem früheren Standort (1 km nördl.) blieb nur die Spital- und Pfarrkirche **St. Sebastian**, die um 1200 Bischof Konrad von Rodank bauen ließ. Ungewöhnlich ist ihre Form: ein zweigeschossiger Rundbau mit einer größeren Apsis und zwölf kleinen Apsiden symbolisieren Jesus und die Apostel.

Kloster Säben

›Akropolis von Südtirol‹ und ›Heiliger Berg Tirols‹ wird der eindrucksvolle Klosterfelsen von Säben oft genannt. Da passt es gut, dass man die geweihte Höhe nur zu Fuß erreichen kann, von Klausen über die Burg Branzoll (Privatbesitz) auf dem steilen Stationenweg (30 Min.) oder über die Säbener Promenade (40 Min.); eine dritte Möglichkeit ist der Weg von Verdings über Pardell nach Säben (30 Min.).

Das Bistum Sabiona wurde schon in spätrömisch-frühchristlicher Zeit (4. Jh.) gegründet. Spätestens ab dem 6. Jh. residierten die Bischöfe auf dem Säbener Felsen, bis um 990 Bischof Albuin nach Brixen umzog. Sogar Gräber aus spätrömischer und bajuwarischer Zeit hat man auf Säben freigelegt. Nach dem

Auch von weitem sind Pfarrkirche und Ansitz Hohenhaus in Gufidaun gut zu erkennen

Umzug der Bischöfe nach Brixen wurde Säben zu einer das Tal beherrschenden Festung ausgebaut, die 1535 ein Blitzschlag weitgehend zerstörte. Erst ab 1686 entstand aus den Ruinen die heute noch bestehende **Benediktinerinnenabtei**.

Kommt man von Klausen herauf, so hat man zunächst die barocke, 1652–58 von Giacomo und Andrea Delai geschaffene **Liebfrauenkirche** (Öffnungszeiten auf Anfrage beim Tourismusverein) vor sich, die als Dank für die Bewahrung vor der Pest von der Klausener Bürgerschaft gestiftet wurde. Vom Chor dieses achteckigen, fein stuckierten und mit einer Kuppel gekrönten Zentralbaus kommt man in die *Sakristei*. Dort wurde das Taufbecken einer wohl noch römischen Taufkapelle freigelegt. Gleich daneben steht die *Gnadenkapelle*, zu der die älteste Tiroler Marienwallfahrt führt. Sie hat ein gotisches Gewölbe; Rundapsis und Triumphbogen stammen noch von einem vorromanischen Bau. Entlang der *Ringmauer* aus der Festungszeit führt der Weg zur 1691–1707 unter Leitung von Johann Delai entstandenen **Klosterkirche** (tgl. 8–17 Uhr). Bis auf den mit schmiedeeisernem Gitter abgetrennten Besucherraum ist sie den Nonnen vorbehalten.

Auf die höchste Felskuppe Säbens ist schließlich die **Heiligkreuzkirche** (tgl. 8–17 Uhr) gebaut. Sie entstand um das Jahr 1000 und wurde 1679 in die heutige Form gebracht. Der Innenraum mutet höchst kurios an. Ein unbekannter Künstler aus Italien hat ihn in ein ›Theatrum sacrum‹ verwandelt und dabei das mitunter ausschweifende Rokoko schon vorweggenommen. Man sieht sich von gemalten Kulissen umgeben, die Blicke in

Ein unbekannter Künstler lässt die drei Marien in Säbens Klosterkirche durch Säulen spazieren

weite Räume und Gärten vortäuschen. Ein Papagei sitzt auf einer Stange, und droben an der bemalten Decke schwebt Christus geradewegs in den Himmel. Ein wahrhaft sakrales Panoptikum! In der Mitte des ebenfalls mit Illusionsmalerei bedeckten Altarraums findet man einen geschnitzten Kruzifixus, der ein Werk des Leonhard von Brixen sein dürfte.

Gufidaun und Lajener Ried

Gufidaun liegt Säben gegenüber auf der östlichen Flanke des Eisacktals. Im Dorf gibt es noch mehrere Ansitze und weitere historische Gebäude. Aus dem 16. Jh. stammt das Krösshaus, in dem das *Dorfmuseum Gufidaun* (Ostern–Allerheiligen Mo, Do, Fr 11–12 Uhr) untergebracht ist. Es zeigt Stücke aus der früheren bäuerlichen Arbeits- und Glaubenswelt. Im *Ansitz Hohenhaus* (Mitte Juni–Mitte Sept. Mi 18–20, Fr 9–11, sonst Mi 18–20, Fr 14.30–16.30 Uhr) versammelte die Gemeinde archäologische Funde aus der Region.

Vom östlichen Dorfrand grüßt *Schloss Summersberg* (Privatbesitz, nicht zu besichtigen). Über seinem malerischen Burghof ragt der runde ›Hexenturm‹ auf. Ein Wandertag, abseits der lärmenden Verkehrswege des Eisacktals, kann von Gufidaun über das weltabgeschiedene Albions – unterwegs passiert man den gemütlichen Gasthof Fonteklaus – nach **Lajen** führen. Dort hat Joseph Arnold ausgezeichnete klassizistische Deckengemälde in die ebenfalls in strengen klassizistischen Formen gebaute Pfarrkirche *St. Laurentius* gemalt.

Mitten in der herrlichen Wanderlandschaft des **Lajener Rieds** steht jener *Vogelweiderhof* (Besichtigung auf Anmeldung bei Familie Mair, Tel. 0471 65 57 12) von dem man sagt, dass in ihm der Minnesänger Walther von der Vogelweide (um 1170–1230) geboren sei.

i Praktische Hinweise

Information

Tourismusverein Klausen, Marktplatz 1, Klausen, Tel. 0472 84 74 24, www.klausen.it

Hotels

Ansitz zum Steinbock, F.-v.-Defregger-gasse 14, Villanders, www.zumsteinock.com. Übernachten in einem mittelalterlichen Ansitz, dazu anspruchsvolle Gourmetküche im Restaurant.

Von der Trostburg aus herrschte die Familie Wolkenstein über ihre Besitzungen

Ansitz Zehentner, Dorfplatz 8, Lajen, Tel. 0471655040, www.zehentnerhof.com. Außergewöhnlich schöner Hof mit Holzstube aus dem Jahr 1537. Es gibt Gästezimmer und Ferienwohnungen.

Restaurant

Turmwirt, Gufidaun 50, Klausen, Tel. 0472844001, www.turmwirt-gufidaun.com. In den holzgetäfelten Stuben des historischen Gerichtsschreiberhauses von Gufidaun werden Südtiroler Spezialitäten serviert (Do, Fr Mittag geschl.).

10 Waidbruck
Ponte Gardena

Die Trostburg ist die große Attraktion dieses Dorfes, das sich verkehrsgünstig ins enge Eisacktal zwängt.

Im hier sehr engen Tal der Eisack ist **Waidbruck**, mit 200 Einwohnern eine der kleinsten Gemeinden Südtirols, zwischen Brennerautobahn und Schiene eingezwängt. Auf halbem Weg von Brixen nach Bozen führen Straßen nach Kastelruth, zum Schlern und ins Grödner Tal.

Vom Oswald-von-Wolkenstein-Platz führt ein etwa zwanzigminütiger Spazierweg auf mittelalterlichem Pflaster hinauf zur **Trostburg** (Tel. 0471654401, www.burgeninstitut.com, Führungen: Gründonnerstag–Juni/Sept./Okt. Di–So 11, 14, 15, Juli/Aug. 10, 11, 14, 15, 16 Uhr). Die 1173 erstmals urkundlich genannte Veste bewacht den Eingang zum Grödner Tal. Die ältesten Bauteile, Palas und Bergfried, bauten die Herren von Trostburg, ein Familienzweig der Herren von Kastelruth. Friedrich von Wolkenstein, Vater des berühmten Minnesängers *Oswald von Wolkenstein* (um 1377–1445), ›erheiratete‹ die Trostburg 1370. Sein dichtender und weltfahrender Sohn Oswald wurde allerdings auf Burg Schöneck im Pustertal geboren. Einer seiner Nachfahren, Engelhard Dietrich von Wolkenstein, wollte es offenbar den Brixner Fürstbischöfen nachmachen und ließ die Burg zwischen 1594 und 1625 zu einem **Renaissanceschloss** ausbauen, dem er alle Zutaten einer Festung verlieh. Die Grafen Wolkenstein-Trostburg traten 1967 ihren Besitz an das Südtiroler Burgeninstitut ab, das die Trostburg sanierte und öffentlich zugänglich machte.

Höhepunkte sind die *gotische Stube* von 1410 mit ihrer gewölbten und geschnitzten Balkendecke und der *Rittersaal* (um 1600). In diesem vornehmen Renaissancesaal sind in acht Nischen die bedeutendsten Vertreter der Wolkenstein-Linien Trostburg und Rodenegg als lebensgroße Stuckfiguren (Hans Reichle) versammelt. 1604 wurde die Schlosskapelle *St. Antonius* geweiht, deren Altarblatt Fra Santo da Venezia gemalt hat.

Barbian

5 km oberhalb von Waidbruck breitet sich **Barbian** auf der westlichen Flanke des Eisacktales aus, die zugleich Osthang des Ritten ist. Dort oben verlief der alte Brennerweg. Barbians gotische Pfarrkirche *St. Jakobus* hat einen schiefen Turm, der ein ›Veteran‹ aus romanischer Zeit ist.

Bad Dreikirchen

Oberhalb von Barbian, auf 1120 m Höhe, liegt **Bad Dreikirchen** mit seinen drei Heilquellen. Dreikirchen war eine der ›Sommerfrischen‹, die sich Bozner Handelspatrizier auch auf dieser Seite des Ritten gebaut haben. Man erreicht das autofreie Dorf in einer halbstündigen Wanderung vom Besucherparkplatz etwas außerhalb von Barbian. Der heutige Name kommt von den drei Kirchen *St. Gertraud, St. Nikolaus* und *St. Magdalena* (Schlüssel beim ›Messnerwirt‹ oberhalb der Kirche), womit sie in der Reihenfolge ihres Alters genannt sind. Vermutlich wurden sie an der Stelle eines früh- oder gar vorgeschichtlichen Quellheiligtums errichtet. In St. Nikolaus (profaniert) kann man gotische Fresken, in den beiden anderen Kirchlein je einen gotischen Flügelaltar bewundern. Die drei Kirchen stehen zu einer schindelgedeckten Gruppe vereint.

i Praktische Hinweise

Information

Tourismusverein Barbian, St. Jakob 41, Tel. 0471654411, www.barbian.it

Hotels

Briol, Dreikirchen, Tel. 0471650125, www.briol.it. Auf 1310 m Höhe und nur zu Fuß oder mit dem Taxi zu erreichen, überrascht die Pension Briol mit ihrer Bauhaus-Architektur. Schlicht, aber fein und ganz in Holz eingerichtet sind die Zimmer.

Gasthof Bad Dreikirchen, Dreikirchen 12, Tel. 0471650055, www.baddreikirchen.it. Der historische Gasthof geht auf das 14. Jh. zurück und beherbergte berühmte Gäste, darunter den Begründer der Psychoanalyse Sigmund Freud und den Dichter Christian Morgenstern, der hier 1908 seine Frau kennen lernte.

Zu den Barbianer Wasserfällen und nach Saubach

Die Wanderung (einfach ca. 8 km, 2,5 h, Markierung rot/weiß und Kastanie) beginnt am Marktplatz von Barbian und folgt zunächst dem Keschtnweg in

Richtung Saubach. Schon bald erreicht man eine Abzweigung, die hinauf zu den **Barbianer Wasserfällen** führt. In insgesamt acht Kaskaden stürzt der Ganderbach zu Tal, besonders beeindruckend ist er zur Schneeschmelze im April und Mai. In den Sommermonaten dagegen kann er zu einem spärlichen Rinnsal verkümmern. Vom untersten Fall können trittsichere Bergwanderer nun an den Kaskaden entlang bis zu einem Steig hinaufklettern, der wieder nach Barbian zurückführt.

Kunstfreunde dagegen sollten zum Keschtnweg zurückkehren und nach **Saubach** weiterwandern. Dort beeindruckt die den hll. San Ingenuino und St. Albuin (beide waren frühe Bischöfe von Säben) geweihte spätgotische *Kirche* (um 1500). Die beiden Heiligen flankieren als Schnitzfiguren die Muttergottes im Schrein des spätgotischen Hochaltars. Der linke Seitenaltar trägt an den Flügeln und im Schrein ausschließlich Gemälde. Seine Mitteltafel ist besonders interessant: In der Verkündigungsszene steht zwischen Erzengel und Maria der Gekreuzigte.

Die 1811 aufgesetzte Zwiebelkuppel ergänzt perfekt den romanischen Turm von St. Valentin

11 Kastelruth und Seiser Alm

Castelrotto/Alpe di Siusi

Kastelruth und Seis liegen am Fuß der größten Hochalm Europas.

Kastelruth, das mit seinen Fraktionen ca. 6000 Einwohner hat, kann sich über einen Mangel an Gästen nicht beklagen. Zweimal im Jahr erlebt der Ort sogar einen Massenansturm, einmal wenn die sicher schönste *Fronleichnamsprozession* Südtirols am Sonntag nach dem eigentlichen Fronleichnamstag durch das malerische Dorf zieht, das andere Mal, wenn die Fans der Kastelruther Spatzen im Oktober zum *Spatzenfest* anreisen.

Ein Rundgang durch das Dorf nimmt nicht viel Zeit in Anspruch. Die Pfarrkirche *St. Peter und Paul*, 1756 bei einem Brand zerstört, wurde erst 1846–49 im so genannten Ingenieurstil wieder aufgebaut. Ihr Kirchturm, ein wuchtiger Campanile mit Zwiebelhaube und Laternentürmchen, ist das Wahrzeichen des Dorfes. Von der barocken Einrichtung der Vorgängerin blieben einige Figuren und der Marmortabernakel. Das frühere Altarbild von Franz Unterberger hängt an der Eingangswand.

Stattliche Tiroler Häuser säumen den Kirchplatz. Von ihm führt der Friedensweg zu den *Kofelkapellen* auf dem **Kofel**, der Anhöhe über dem Ort. Das römische Castrum hier oben wurde erst nach der Römerzeit, im 6. Jh., in den Kämpfen zwischen Langobarden und Bajuwaren zerstört. Später ersetzte es eine Burg der Herren von Kastelruth. Der Bergfried der 1262 von Bischof Bruno abgebrochenen Festung ist noch zu erkennen.

Auch im 3 km entfernten **Seis** (Siusi), haben sich einige historische Bauten erhalten. Die spätgotische Kirche **St. Valentin ob Seis** steht nicht nur höchst fotogen vor dem Felsmassiv des Schlern, sondern besitzt innen und außen großartige Wandmalereien (14.– 16. Jh.) im Stil der Bozner Schule. Eine Besonderheit sind die Villen, die sich reiche Tiroler um die Wende vom 19. zum 20. Jh. in dem Sommerkurort bauen ließen.

Von Seis aus führt der Oswald-von-Wolkenstein-Weg (ab Schlernweg, 2 h, 200 HM) zur **Ruine Hauenstein**. Hier wohnte der Dichter *Oswald von Wolkenstein* (1376/77?–1445) mit seiner Frau Margarethe von Schwangau und sieben Kindern, wenn er nicht in der Welt unterwegs war. Ein buntes Leben war ihm, das er in seinem Werk mit fröhlichem Sarkasmus beschreibt. In vielen Ländern sei er gewesen, zwei Königen habe er mit Rat und Tat gedient, zehn Sprachen benutzt und einen Schiffbruch im Schwarzen

Meer überlebt. »In dem Getose fuhr mein Kapital samt Zins zum Meeresgrund«, berichtet er. Von Burg und Lehensgut Hauenstein hatte er übrigens nur ein Drittel geerbt, der Rest wäre Eigentum der Schwester des letzten Hauensteiners gewesen. Doch Oswald von Wolkenstein erkannte ihr Recht niemals an, trotz Richterspruch und Haft.

Die **Seiser Alm** (9–17 Uhr für Autoverkehr gesperrt, Ausnahmegenehmigung nur für Hotelgäste, Zufahrt ab Seis mit der Seiser Alm Umlaufbahn, Tel. 04 71 70 42 70, wwww.seiseralmbahn.it oder ab Kastelruth mit Shuttlebussen) ist mit einer Fläche von 56 km² die größte Hochalm Europas. Als Teil des *Naturparks Schlern* ist sie – zumindest in der Theorie – streng geschützt. Von grünen Wiesen überzogen, überragt von Lang- und Plattkofel, ist sie eine Naturschönheit ersten Ranges.

Auf den Schlern

Wenn der Dolomitenstock des Schlern auch wie eine abweisende Felsenburg über der **Seiser Alm** aufragt, so kann sein höchster Punkt, der *Petz* (2564 m, 600 HM, 2,5 h einfach) von Compatsch aus doch leicht erwandert werden. Über die Jausenstation Saltner Schwaige geht es auf dem Touristensteig zum *Schlernhaus* (Tel. 04 71 61 20 24, www.schlernhaus.it) auf der Hochfläche des Massivs. Von dort aus ist das Gipfelkreuz in etwa 20 Min. erreicht.

i Praktische Hinweise

Information

Tourismusverein Seiser Alm, Compatsch 50, Seiser Alm, Tel. 04 71 72 79 04, www.seiseralm.it

Touristeninformation Kastelruth, Krausplatz 2, Kastelruth, Tel. 04 71 70 63 33

Informationsbüro Seis am Schlern, Schlernstraße 16, Seis, Tel. 04 71 70 70 24

Hotels

******Goldenes Rössl**, Krausplatz, Kastelruth, Tel. 04 71 70 63 37, www.cavallino.it. Das propere Eckhaus am Dorfplatz, 1393 erstmals urkundlich erwähnt, ist mit Holzmöbeln in traditionellem Stil ausge-

Ritt für einen Dichter

Die ›rossnarrischen‹ Südtiroler ehren den Ritter und Sänger Oswald von Wolkenstein seit 1983 mit einem Fest. An einem Wochenende Anfang Juni findet dieser **Oswald-von-Wolkenstein-Ritt** statt, ein Reitturnier auf Haflingern, das Sport und Kultur verbindet (www.ovwritt.com, Auskunft bei den Tourismusvereinen). Vom Start bei der Trostburg in Waidbruck ziehen die Mannschaften auf Oswalds Spuren von Turnierspiel zu Turnierspiel: Ringelstechen am Kofel in Kastelruth, ›Labyrinth‹ auf der Burgruine Hauenstein, Hindernisgalopp am Völser Weiher und Tor-Ritt auf Schloss Prösels. Und alles reitet in der heimischen Tracht! Ein herrliches Schauspiel.

TOP TIPP

stattet. Sauna, Solarium, Dampfbad und Massageraum im Haus.

******Natur Residence Dolomitenhof**, Hauensteinweg 3, Seis, Tel. 0471706128, www.dolomitenhof.it. Freundliche Appartements, Vollwertfrühstück, Beautystudio, Hallenbad und diverse Saunen. Familie Egger hat mit ihrem Haus das *Umweltsiegel Tirol-Südtirol* verdient.

*****Zum Turm**, Kofelgasse 8, Kastelruth, Tel. 0471706349, www.zumturm.com. Historisches Ambiente genießt man in diesem Gasthof.

Sport

Die **Seiser Alm** ist ein hervorragendes Wintersportgebiet. Liftanlagen verkehren zu leichten bis mittelschweren Abfahrten. **Kastelruth** hat sein Familien-Skigebiet ›Marinzen‹ direkt vor der Haustür. Loipen erschließen die Umgebung.

Reisefilm: Seiser Alm
QR Code scannen [s.S.5] oder dem Link folgen: www.adac.de/rf0011

12 Völs am Schlern
Fié allo Sciliar

Schloss Prösels, einst Sitz hoher Herren, und Heubäder, Kuren für jedermann.

Auf einer grünen Hochebene, unterhalb der grauen Wände des Schlern, liegt der Urlaubsort Völs. Ein ausgedehntes Wanderwegenetz führt zu Badeweihern und Aussichtspunkten.

Geschichte Vorgeschichtliche Funde am Peterbühel beweisen frühe menschliche Besiedlung. In geschichtlicher Zeit wird Völs bereits 888 genannt. 1525 griff der Bauernkrieg auch auf Südtirol über, und die Aufständischen besetzten Schloss Prösels. Nachdem sie vertrieben waren, kehrte wieder Ruhe ein.

Als Erholungsort wird Völs seit dem 19. Jh. geschätzt. Gaben die Bozner Reichen dem Ort auch nicht den Rang ihrer Sommerfrischen auf dem Ritten, so schätzten sie doch die frische Luft und die landschaftliche Schönheit. Zudem teilten sie mit den Leuten am Schlern und mit den

Weinbauern aus dem Unterland die Vorliebe zu einer Kur im ›*Heubad*‹, wie sie heute noch im gleichnamigen Gasthof zu **Völs** verabreicht wird.

Besichtigung Die spätgotischen Pfarrkirche **Mariä Himmelfahrt** wurde 1515 begonnen und um 1550 von italienischen Meistern unter Verwendung von Formelementen der Renaissance eingewölbt. Den Flügelaltar im Chor schuf 1489 Meister Narziss aus Bozen. Das romanische Kruzifix von beeindruckender Strenge im Chorbogen entstand um das Jahr 1200.

Auf dem Hügel im Kern von Völs steht die Kirche **St. Peter am Bühel**. Apsis und Turm des ältesten Gotteshauses im Schlerngebiet sind romanisch (um 1200), das Langhaus wurde um 1498 eingewölbt. Im Kern romanisch ist auch die doppelgeschossige Kapelle **St. Michael** auf dem Friedhof. Sie erhielt 1725 Malereien mit Motiven des Totentanzes. Das *Pfarrmuseum* (Führungen Juni–Okt. Do 10.30 Uhr) im Obergeschoss zeigt spätgotische sakrale Kunst.

Eine kurze Autofahrt oder eine gut halbstündige Wanderung ab Obervöls auf dem Weg Nr. 1 führt zum **Völser Weiher**. Tannen und Liegewiesen säumen sein Ufer, im Sommer verlockt sein glasklares Wasser zum Bad.

Am Fuße des Schlern (rechts) breitet sich das malerische Völs aus

Durchs Tschamintal zum Tierser Alpl

Der Tierser (s. S. 55) Ortsteil *Weißlahnbad* ist Ausgangspunkt für eine Wanderung ins ebenso wilde wie schöne *Tschamintal*. Vom Restaurant Tschamin Schwaige (St. Zyprian 81, Tel. 0471642010, www.tschaminschwaige.com) aus führt der Weg (Nr. 3, einfach 3,5 h, teils gesicherter Pfad) zunächst durch Wald, dann vorbei an zwei Waldwiesen, die zweite mit einer malerischen, allerdings unbewirtschafteten Almhütte. Ungehindert reicht der Blick von dort zu den Felstürmen der Valbongruppe. Es folgt ein steiler Anstieg zum Tierser Alpl (Tel. 047172 79 58, www.tierseralpl.com) auf 2440 m Höhe.

Musik am Schlern

Schloss Prösels ist im Sommer regelmäßig Schauplatz für Konzerte im Hof oder bei schlechtem Wetter im Rittersaal. Die Spanne reicht von Musicals, Jazz und Volksmusik bis zum ›**Kammermusikfest**‹ Ende Juli/Anfang Aug. (Programm: www.schloss-proesels.it). Auch einige Konzerte im Rahmen des ›**Schlern International Music Festival**‹ erklingen auf dem Schloss. Dabei treffen sich im Juli junge Orchestermusiker aus aller Welt in Völs, um unter Anleitung berühmter Solisten zu üben und aufzutreten. Bei den ›**Summer Classics**‹ in Seis spielen vorwiegend italienische Künstler, die Werke großer Komponisten interpretieren. Und schließlich locken die Kastelruther Spatzen jedes Jahr tausende Volksmusikfans in ihre Heimat, im Juni zum ›**Open Air**‹ und im Oktober zum ›**Kastelruther Spatzenfest**‹.

Schloss Prösels

Das Schloss (www.schloss-proesels.it, Führungen So–Fr Juli/Aug. 10, 11, 15, 16 und 17 Uhr, Juni/Sept. 11, 14, 15 und 16 Uhr, Mai/Okt. 11, 14, 15 Uhr) ist von Völs per Auto (Straße Richtung Süden) oder Wanderweg (3 Std., über Obervöls und Ums) leicht zu erreichen. Auf einem Bergrücken vor dem Schlern stand zunächst eine 1279 ›Castrum presil‹ genannte Burg, der Stammsitz der Herren von Völs, deren bedeutendster Spross *Leonhard d. Ä. von Völs-Colonna* war. Er übte 1498–1530 das Amt des Tiroler Landeshauptmanns aus. Mit Hilfe eines so genannten Filiationsbriefes erhielt er den Zunamen ›Colonna‹ und machte damit dieses altrömische Fürstengeschlecht völlig unplausibel zu den Stammvätern seines Hauses. Unrühmlichen Eingang in die Annalen fand er auch, weil er 1510 den ersten Hexenprozess in Tirol anstrengte. Dem Spruch der Inquisition fielen neun angesehene Völser Bäuerinnen zum Opfer. Bis 1517 baute er seine bescheidene Burg zum wehrhaften Renaissanceschloss mit Zwinger, Rondellen und drei Tortürmen aus. Fürstlich geriet der Innenhof mit Loggia und Freitreppe. Auch den Pfeilersaal ließ er errichten, in dem eine Rüstungssammlung zu sehen ist. Kampfkleidung japanischer Samurai und europäischer Ritter werden gezeigt. Zwei Säle im Palas dienen für kulturelle Veranstaltungen.

Völser Aicha

Höchst malerisch liegt St. Kathrein bei **Völser Aicha** in der Landschaft. Der Freskenzyklus an der Außenwand zeigt neben Darstellungen des hl. Christophorus, des Erzengels Michael und der Kreuzigung elf Szenen aus der Lebens- und Leidensgeschichte der hl. Katharina. Es dürfte sich dabei um Arbeiten der Bozner Schule aus der Zeit um 1420 handeln.

Seit seinem letzten Umbau 1517 überstand Schloss Prösels die Zeitläufte fast unverändert

Schroffe Felswände und ausgedehnte Geröllhalden prägen das Massiv des Rosengartens

Von Völser Aicha aus kann man auf der Rosengartenstraße ins **Tierser Tal** hineinfahren, wo sich die prachtvolle Dolomitenwelt der **Rosengartengruppe** öffnet. Der Wintersportort **Tiers** wird bereits im Jahr 999 in einer Urkunde genannt. In Weißlahnbad, 3 km ab Tiers, informiert in der *Steger Säge* das *Naturparkhaus Schlern-Rosengarten* (Mitte Juni–Sept. Di–Sa 9.30–13 und 14–17.30 Uhr, Juli/Aug. auch So) über Handwerkstradition, Flora, Fauna und Geologie der Region.

i Praktische Hinweise

Information

Informationsbüro Völs, Bozner Str. 4, Völs, Tel. 0471725047, www.seiseralm.it

Tourismusverein Tiers, St.-Georg-Str. 79, Tiers, Tel. 0471642127, www.tiers-rosengarten.com

Hotels

******Cyprianerhof**, St. Zyprian 69, Tiers, Tel. 04 71 64 21 43, www.cyprianerhof.com. Gasthof und Wanderhotel, ruhig zu Füßen des Rosengartens gelegen. Ausgezeichnet mit dem Südtiroler Umweltsiegel.

******Romantikhotel Turm**, Kirchplatz 9, Völs, Tel. 0471725014, www.hotelturm.it. Historisches Gebäude, das ins 13. Jh. zurückgeht. Der Küchenchef gibt auch Kochkurse im Haus und führt seine Gäste unter dem Motto ›Kräuter und wild wachsende Gemüse‹ zu Exkursionen in die Umgebung.

*****Dolomitenhotel Weißlahnbad**, Weißlahn 21,Tiers, 0471 642126, www.weisslahnbad.com. Das Wasser im Hallenbad des traditonsbewusst geführten Hauses stammt aus einer eigenen Quelle, die im 19. Jh. wegen ihrer Heilkraft bei Rheuma und Nervenschmerzen gerühmt wurde.

*****Hotel Heubad**, Schlernstraße 13, Völs, Tel. 0471725020, www.hotel-heubad.com. Das Hotel verabreicht komplette Kuren im fermentierenden Heu unter ärztlicher Kontrolle und verfügt über eine hauseigene, mit Naturmitteln arbeitende ›Beauty Farm‹.

Restaurant

Hofer Alpl, Ums 56 (Gemeinde Völs), Tel. 0471725288, www.hoferalpl.it. Auf der Hütte in 1364 m Höhe bekommt man kräftige, einheimische Hausmannskost.

Pustertal – zwischen Zillertalern und Dolomiten

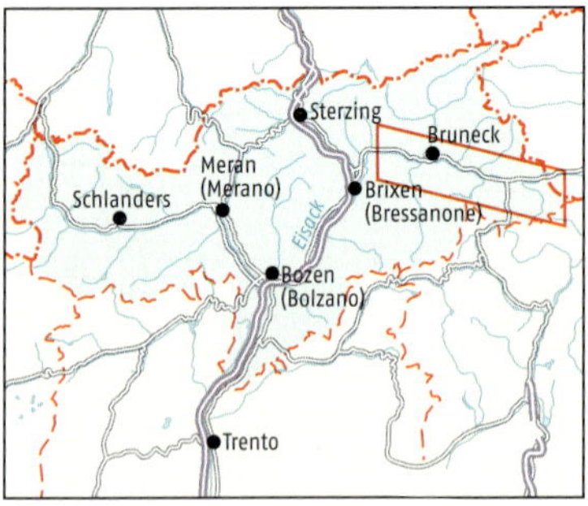

Als tiefer, grüner Graben liegt das etwa 50 km lange Pustertal zwischen den Dreitausendern der Zillertaler Alpen und den bleichen Felszacken der Dolomiten. Seine langen Seitentäler, wie etwa das Ahrntal, greifen auch in diese Alpenstöcke hinein. Mit seinem Ost-West-Verlauf ist es das einzige Haupttal Südtirols, das nicht in den Wein- und Obstgarten des Bozner Beckens mündet.

13 Mühlbach
Rio di Pusteria

Burg Rodenegg bewahrt die älteste romanische Profanmalerei Europas.

Mit seinen Fraktionen Meransen, Spinges und Vals ist **Mühlbach** der Pförtner sowohl für das Brixner Becken, als auch für das Pustertal, an dessen Eingang es liegt. Der Ort wurde schon 1269 zum Markt erhoben und befestigt. Handwerk und der Handel am Pustertalweg brachten Wohlstand. Das historische Ortsbild von Mühlbach mit dem schönen Marktplatz macht einen städtischen Eindruck. In der Pfarrkirche *St. Helena* und in der Friedhofskapelle *St. Florian* sind gute spätgotische Fresken erhalten.

In **Spinges** am Berghang oberhalb von Mühlbach erinnert eine Gedenktafel an der Kirche an die Dienstmagd Katharina Lanz, die als *Heldenmädchen von Spinges* in die Tiroler Geschichte eingegangen ist. Als die Franzosen 1797 nach Südtirol vorrückten, kam es am 3. April auf dem Friedhof von Spinges zu einem blutigen Nahkampf, an dem sich Katharina Lanz beteiligte. Nur mit einer Heugabel bewaffnet, stieß sie die anstürmenden Franzosen von der Friedhofsmauer hinunter.

Weit hinein ins Pustertal reicht der Blick von den Höhen über Rodeneck

Den eigentlichen Beginn des Pustertals markiert die **Mühlbacher Klause** (2 km ab Mühlbach, www.muehlbacher-klause.it, Juni–Sept. Do 9–12 und 14.30–18, Juli/Aug. Do 9–12 und 14.30–18, Sa 9–12 Uhr). Ihre Befestigungsanlagen reichten einst bis hinunter an den Fluss und riegelten das Pustertal so wirkungsvoll ab. Herzog Sigmund der Münzreiche von Tirol ließ sie in den 1450er-Jahren erbauen, um sein Herrschaftsgebiet gegen die Grafen von Görz zu sichern, die das Pustertal seit 1271 regierten. Zugleich diente die Klause als Zollstätte und Münze. Zuletzt war die Klause 1809 umkämpft, als dort ein Verband der Tiroler Landwehr die Truppen Napoleons aufzuhalten versuchte. Vorbildlich saniert, vermitteln ihre Mauern und Türme heute wieder einen Eindruck von der Gestalt mittelalterlicher Grenzbefestigungen.

Zu Mühlen und Pyramiden

Am Dorfplatz von **Terenten** (11 km ab Mühlbach auf der Pustertaler Sonnenstraße) startet ein Rundwanderweg (1,5 h, 230 HM, Markierung X/Mühle) zu den urtümlichen Mühlen (Schaubetrieb Juni–Mitte Okt. Mo 10–15 Uhr), in denen die Dorfbewohner einst ihr Korn mahlen ließen. Vorbei an den nach einem Erdrutsch entstandenen *Erdpyramiden von Terenten* geht es zurück in den Ort.

Burg Rodenegg

Die wehrhafte Burg Rodenegg (Tel. 0472454056, Führungen Mai–Mitte Okt. So–Fr 11 und 15 Uhr, Mitte Juli–Aug. auch 16 Uhr) geht auf das 12. Jh. zurück und erhebt sich über Rodeneck, der Nachbargemeinde von Mühlbach, auf einem Fels hoch über der Rienz. Sie wurde unter den Herren von Wolkenstein-Rodenegg zu einer Kunstkammer, brannte aber wegen eines außer Kontrolle geratenen Feuerwerks 1694 nieder. Erst Graf Arthur von Wolkenstein-Rodenegg (1861–1939) vollendete den Wiederaufbau. Berühmtheit erlangte Rodenegg, als 1972/73 in einem ebenerdigen Raum die ältesten **Profanfresken** Europas (um 1200) aufgedeckt wurden. Dargestellt sind Szenen aus dem Versepos ›Iwein‹, das der Minnesänger *Hartmann von Aue* um 1190 geschrieben hat. Es handelt von dem Artusritter Iwein, der Abenteuer suchte.

i Praktische Hinweise

Information

Tourismusverein Gitschberg-Jochtal, Katharina-Lanz-Str. 90, Mühlbach, Tel. 0472886048, www.gitschberg-jochtal.com

Sport

Eine Seilbahn verbindet das Skigebiet **Meransen-Gitschberg** (1400–2512 m, Kabinenbahn zum Gitschberg, Eis- und Rodelbahn) mit den Sessel- und Schleppliften von **Vals-Jochtal**.

Das Fresko an der Außenwand des Valentinskirchleins bei Pfalzen leuchtet in der Herbstsonne

14 Kiens
Chienes

Abstecher von der Pustertaler Sonnenstraße.

Nur wenige Kilometer nach Mühlbach passiert man **Vintl**. Vom von dort nach Norden ziehenden *Pfunderer Tal* führen Pfade bis hinüber ins Pfitscher Tal. Im Ort selbst gibt die *Loden Erlebniswelt* (Pustertaler Str. 1, Obervintl, Mo–Sa 9–17.30 Uhr, Juli/Aug. Mo–Sa 9–18.30 Uhr) mithilfe interaktiver Ausstellungsstücke Einblicke in Geschichte und Produktion von Loden. Zwischen Vintl und Bruneck verläuft auf der Nordflanke des Tales die **Sonnenstraße**, der schönste Weg durch das Pustertal.

Unten im Tal befindet sich allerdings **St. Sigismund** wenige Kilometer weiter. Die 1449–89 erbaute Kirche *St. Sigmund* ist dem Ortspatron geweiht. Im Schrein ihres gotischen Flügelaltars stehen unter Maßwerkbaldachinen die Muttergottes, flankiert vom hl. Jakobus (Muschel) und dem hl. Sigmund, der im 6. Jh. König der Burgunder war.

Auch **Kiens** liegt im Unteren Pustertal und wird durch den Kienser Bach in zwei Hälften geteilt. Der Ortsteil links des Baches stellt sich noch heute als eine Art ›Dorfburg‹ dar, deren Häuser sich um Pfarrhaus und ›Gassenwirt‹ scharen.

In **Ehrenburg** auf der anderen, der südlichen Talseite steht die barocke *Pfarrkirche* (1698–1701, Joseph Delai). Erst 1755 malte hier Joseph Adam Mölk die Deckenfresken. Die Darstellungen der ›Himmelfahrt Mariens‹ (Chor) und der ›Anbetung der Hl. drei Könige‹ (Langhaus) umgab er mit reichen Stuckdekorationen. Von der 1370 angebauten Gruftkapelle weiß die Überlieferung, dass sie an der Stelle eines heidnischen Grabes steht. Die um 1400 gefertigte Skulptur der ›Kornmuttergottes‹ (oft auch ›Ährenmadonna‹ genannt) auf dem Altar der Gruftkapelle wird auch heute noch von vielen Wallfahrern vertrauensvoll aufgesucht.

Auf einem Hügel nahe der Kirche erhebt sich **Schloss Ehrenburg** (Tel. 0474565221, Führungen April/Mai, Okt. Mi 15 Uhr, Juni/Sept. Mo–Sa 11 und 15 Uhr, Juli Mo–Sa 11, 12, 15 und 16 Uhr, Aug. tgl. 11, 12, 15 und 16 Uhr). Seit dem 12. Jh. ist es im Besitz der Grafen Künigl. An das ›Alte Schloss‹ wurden im späten 15. Jh. zwei Flügel angebaut. Ab 1522 schuf Lucio de Spaciis mit seinen Rundbogenarkaden den frühesten *Innenhof* der Renaissance in Südtirol. Fürstbischof Caspar von Künigl und sein Bruder Sebastian ließen ab 1732 die Räume in festlichem Barock ausstatten. Besonders eindrucksvoll sind der *Große Saal* mit seiner heraldischen Deckenmalerei und der vornehm stuckierte *Prunksaal*.

Fährt man von Kiens weiter nach Pfalzen, so passiert man den **Issinger Weiher**. (Badebetrieb Juni–Anf. Sept. tgl. 10–19 Uhr, Tel. 03 47 292 97 62, www.issinger-weiher.bz.it). In seinem klaren Wasser lässt es sich herrlich planschen. Unmittelbar nebenan befindet sich ein **Hochseilgarten** (Am Weiher-Issing, Pfalzen, Tel. 03 479 84 89 57, www.kronaction.com).

Kurz nach **Pfalzen** an der Sonnenstraße, auf halbem Weg nach Greinwalden, steht das 1434 geweihte *Valentinskirchlein*, dessen Außenwand schon mit Fresken (›Mariä Heimsuchung‹ und ›Kreuzigung‹, 1434) geschmückt ist. Innen hat Friedrich Pacher 1487 Passionsszenen in die nördlichen Chorjoche gemalt. Im Zehn-Gebote-Zyklus an der Nordwand konnten die Gläubigen wie in einem Beichtspiegel lesen. Hier sind für alle Gebote jeweils deren Befolgung und Übertretung dargestellt. Lesekundige konnten den Inhalt der Bilder in begleitenden Spruchbändern nachvollziehen.

i Praktische Hinweise

Information

Tourismusverein Kiens, Kiener Dorfweg 4 b, Kiens, Tel. 04 74 56 52 45, www.kiens.info

Hotels

******Tauber's Bio & Vitalhotel**, Pustertalerstr. 7, St. Sigmund/Kiens, Tel. 04 74 56 95 00, www.taubers-vitalhotel.com. Das Wellness-Hotel ist baubiologisch optimiert und spezialisiert auf vegetarische Bio-Vollwertkost.

*****Gassenwirt**, Dorfweg 42, Kiens, Tel. 04 74 56 53 89, www.gassenwirt.it. Schon seit 1602 steht der Gassenwirt in Kiens. Solide Zimmer im Alt- und Neubau.

Tulpenhof, Wiedenhofeggstr. 5–7, Vintl, Tel. 04 72 86 93 56, www.tulpenhof.com. Ferienwohnungen für 2–6 Personen. Freischwimmbad und Reitmöglichkeiten. Südtiroler Umweltsiegel.

Restaurants

Knapp, Ehrenburg, Tel. 04 74 56 53 24. Nur auf Anmeldung am Vortag wird gekocht, dann aber kräftige einheimische Gerichte, wie z. B. Türdlan, herausgebackene Roggenfladen mit einer Füllung aus Spinat, Quark oder Sauerkraut (Mo geschl.).

Obermair, Ehrenburg, Tel. 04 74 56 53 39, www.obermairhof.info. Das Hotel ist für seine hausgemachten, z. T. auch aus Buchweizen hergestellten Teigwaren bekannt (Mi geschl.).

Schöneck, Schloss-Schöneck-Str. 11, Mühlen, Tel. 04 74 56 55 50, www.schoeneck.it. Feinschmecker schätzen Lammbratl und Milchferkel (meist Mo und Di geschl.) in dem renommierten Lokal.

Dem Repräsentationsbedarf eines Fürstbischofs entsprechen die Barockräume der Ehrenburg

15 St. Lorenzen
San Lorenzo

Marktflecken mit römischer Vergangenheit.

St. Lorenzen liegt am Eingang des Gadertals. Überragt wird der Erholungsort von der ehemaligen Benediktinerinnenabtei Sonnenburg und der Michelsburg.

Geschichte In vorchristlicher Zeit siedelten die keltischen Saevaten auf dem Gemeindegebiet. Nach ihnen nannten die Römer ihr im 1. Jh. gegründetes Kastell **Sebatum**. Es bewachte die durchs Pustertal nach Österreich ziehende Römerstraße. Von der **Michelsburg** (Privatbesitz, nicht zugänglich) im Süden des Orts herrschten ab dem 11. Jh. Gaugrafen über das Pustertal. 1236 gaben die Brixner Bischöfe das Lehen mit dem zwischenzeitlich St. Lorenzen genannten Ort an Herzog Otto von Andechs-Meranien. Mit dem Aufstieg des nahen Bruneck seit Ende des 13. Jh. sank die Bedeutung von St. Lorenzen. So präsentiert es sich bis heute als ruhiges Landstädtchen.

Besichtigung In St. Lorenzen führen alle Wege zum **Franz-Hellweger-Platz**. Den Marktplatz umgeben schöne Häusern wie das Grafenhaus (Nr. 6, einst Sitz des Landgerichts) aus dem 16. Jh. Das **Antiquarium** (Franz-Hellweger-Platz 2, www.sebatum.it, Mo–Fr 8–12.30 Uhr) im Gemeindehaus versammelt Fundstücke aus der römischen Epoche. Inmitten des Platzes sprudelt der Laurentiusbrunnen.

Überragt wird der Marktplatz von der Pfarrkirche **St. Laurentius**, einem Bau aus romanischer Zeit, der bis ins späte 16. Jh. mehrfach verändert wurde. Prunkstück der Kirche ist die spätgotische Skulptur der ›*Traubenmadonna*‹ im Hochaltar. Sie allein blieb von einem in der Barockzeit abgerissenen Flügelaltar des Brunecker Meisters Michael Pacher, den dieser 1462 geliefert hatte. Das Jesuskind sitzt auf dem Schoß seiner Mutter und verspeist genüsslich Weintrauben. In der angebauten *Egererkapelle* ist an der Ostwand die ›Gregoriusmesse‹ (Papst Gregor betet vor Christus, dessen Blut in einen Kelch fließt) dargestellt, ein Werk der Pacher-Schule um 1500. In Gegensatz hierzu stehen die derb gemalten Szenen aus

Die zwei Türme von St. Laurentius, dahinter die Michelsburg auf ihrem bewaldeten Fels

dem Marienleben (im Gewölbe, um 1710) und die lebensgroßen, naturalistisch gestalteten Passionsfiguren von 1714, die eine Art Kreuzweg ergeben.

Vom Franz-Hellweger-Platz aus sieht man auch das Alte Rathaus, in dem neben der Tourist Info auch das **Museum Mansio Sebatum** (J. Renzler-Str. 9, Tel. 0474474092, www.mansio-sebatum.it, Mo–Fr 9–12 und 15–18, Sa 9–12, So 14–18 Uhr, Juni–Aug. Sa auch 15–18 Uhr) untergebracht ist. Es erklärt die Kultur der Kelten, führt durch die Zeit der römischen Landnahme und schließt mit der Epoche der Völkerwanderung.

Von der Felskuppe über St. Lorenzen blickt das **Hotel Sonnenburg** (Führungen Di 17 Uhr) über die Stadt. Es residiert im erhaltenen Teil jener *Suanapurc*, die der Edle Volkhold um 1020 den Benediktinerinnen vermachte. Ihre Abtei entwickelte sich zu einem Damenstift zur Versorgung adeliger Töchter. Weil der Brixner Kardinal Cusanus (1450–1464) das seines Erachtens zu locker geführte Kloster reformieren wollte, kam es zu blutigen Auseinandersetzungen mit der Äbtissin Verena von Stuben, die sich diesem Ansinnen widersetzte. Unter Kaiser Josef II., der eine erste Säkularisation kirchlichen Besitzes durchführte, wurde die Abtei schließlich 1785 aufgelöst.

Bei einem Besuch des Hotel kann man den trefflich restaurierten Bau auf sich wirken lassen. Auf Anfrage darf man auch außerhalb der Führungen die dreischiffige romanische *Krypta* der Stiftskirche mit um 1200 entstandenen Malereien besichtigen, der Schlüssel zum Kreuzgang wird an der Rezeption verwahrt. Aus der Klosterkirche stammt auch das eindrucksvolle romanische *Kruzifix*, das heute in der Spitalkapelle St. Johannes unterhalb der Sonnenburg zu sehen ist.

i Praktische Hinweise

Information

Tourismusverein St. Lorenzen, Joseph-Renzler-Str. 9, St. Lorenzen, Tel. 0474474092, www.st-lorenzen.com

Hotels

******Sonnenburg**, Sonnenburg 38, St. Lorenzen, Tel. 0474479999, www.sonnenburg.com. Das Hotel in der einstigen Abtei verbindet historisches Ambiente mit modernem Komfort.

*****Saalerwirt**, Saalen 4, St. Lorenzen, Tel. 0474403147, www.saalerwirt.com. Bequeme Zimmer und ein Badeteich vor dem Haus, dazu ein holzgetäfeltes Lokal.

Der Innenhof der Sonnenburg lässt noch ihre Vergangenheit als Festung erkennen

16 Bruneck
Brunico

Am Rand der Stadt Michael Pachers gibt es ein großes Freilichtmuseum.

Seit seiner Gründung im 13. Jh. ist Bruneck politischer und wirtschaftlicher Mittelpunkt des Pustertals. Von den heute fast 15 000 Einwohnern haben nicht allzu viele Platz im zwischen der Rienz und dem Burgberg eingezwängten historischen Kern.

Geschichte Die Urzelle Brunecks ist die um das Jahr 1000 erwähnte Ansiedlung Ragen, in der ein bischöflicher Meierhof stand. Zur Festigung seiner Herrschaft im Pustertal ließ Bischof Bruno von Kirchberg ab 1251 die nach ihm benannte Stadt und Burg anlegen. Fürstbischof Johannes II. Sax gab 1305 den Bürgern zehn Jahre Steuerfreiheit für die Hilfe bei Ausbau und Ummauerung der Stadt, die zwischen Burgberg und Rienz zunächst nur 15 Anwesen umfasste. Später wuchs der Ort mit den Vorstädten Außer- und Oberragen zusammen. Die Stadt lebte vom Handel an der **Strada d'Alemagna**, auf der Waren zwischen Venedig und Deutschland befördert wurden. Das 1698 in den Reichsfreiherrnstand erhobene Geschlecht Wenzl-Sternbach gelangte durch seine Kärntner Handelsbeziehungen und den Kupferbergbau im Ahrntal zu Wohlstand. Tonvorkommen ließen im 17. Jh. die Geschirr- und Ofenhafnerei aufblühen. Bis heute wird die Tradition der **Lodenwalkerei** und Buntweberei fortgeführt. Einigermaßen erschwinglich sind die Loden im Fabrikverkauf von *Moessmer* (Walther von der Vogelweide-Str. 6, www.moessmer.it).

Besichtigung Durch das mit Fresken des Hans von Bruneck geschmückte **Ursulinentor** 1 im Westen oder das **Florianitor** 2 im Norden gelangt man in die Fußgängerzone der *Stadtgasse* mit ihren schönen Bürgerhäusern. Nahe dem Ursulinentor steht die gotische **Ursulinenkirche** 3. Die Reliefs des gotischen Flügelaltar im Chor gehören zu den frühesten Altarschnitzwerken ganz Tirols. Sie entstanden um 1430 im ›Weichen Stil‹.

Die Stadtgasse führt in leichtem Bogen zum **Oberragentor** 4, hinter dem der gleichnamige Stadtteil liegt. Das schönste Haus dort ist der **Ansitz Sternbach** 5 mit seinen vier übereck gestellten Erkern. Wenn man beim Oberragentor scharf rechts abbiegt, kommt man zur Kirche **St. Katharina auf dem Rain** 6. Mit ihrem von einer barocken Doppelzwiebel gekrönten Turm ist sie das Wahrzeichen von Bruneck.

Ein kurzer Aufstieg führt zum **Schloss Bruneck** 7 (Tel. 0474 41 02 20, www.messner-mountain-museum.it, Mitte Mai–Okt. und Dez.–Ende März Mi–Mo 10–18 Uhr), das seine jetzige Gestalt ab 1519 erhielt. Das **Messner Mountain Museum Ripa** widmet sich hier den Bergvölkern der

Die Tiroler Flagge weht an den zinnenbekrönten Häusern der Brunecker Stadtgasse

Um den Ansitz Mair gruppieren sich die Bauernhöfe und Stallungen des Volkskundemuseums

Welt. Zu ihnen gehören sowohl die Sherpa des Himalaya als auch die Tiroler.

Wegen der engen Raumverhältnisse in der Altstadt wurde die **Pfarrkirche zu Unserer Lieben Frau** 8 in den Ortsteil Oberragen gebaut. Eine erste Kirche stand hier schon im frühen 13. Jh., der heutige Bau entstand 1851–53 nach Plänen Hermann von Bergmanns, dem Leiter der Wiener k. u. k. Baudirektion. Was dieser zusammen mit dem Maler Georg Mader schuf, kann man als ein Gesamtkunstwerk im Zusammenklang von Neoromanik und nazarenischer Malerei ansehen. Von der alten Ausstattung hat sich noch einiges erhalten, vor allem eine *Pietà* in Steinguss (um 1400) am linken Seitenaltar und ein *Kruzifixus* (um 1500), der entweder Michael Pacher oder wenigstens seiner Schule zugehört. Jenseits der Rienz steht die **Spitalkirche** 9 (1759/60), ein spätbarocker Bau mit Altarbildern von Franz Unterberger.

Das **Stadtmuseum Bruneck** 10 (Bruder-Willram-Str. 1, www.stadtmuseumbruneck.it, Di–Fr 15–18, Sa/So 10–12 Uhr, Juli/Aug. Di–Sa 10–12 und 15–18, So 10–12 Uhr) bezog einen modernisierten, mittel-

alterlichen Pferdestall. Da sich in Bruneck ab 1467 die Werkstatt des um 1435 vermutlich in Neustift geborenen Malers und Bildschnitzers *Michael Pacher* befand, sind dort einige seiner Werke zu sehen, überdies zeigt die Dauerausstellung Grafiken regionaler und internationaler Meister des 20. Jh. und weitere gotische Kostbarkeiten des 15. Jh.

Dietenheim

Etwas östlich von Bruneck liegt das Dorf Dietenheim mit dem **Museum für Volkskunde** (Herzog Diet Str., Tel. 0474 55 20 87, www.volkskundemuseum.it, Ostern–Okt. Di–Sa 9.30–17.30, So/Fei 14–18 Uhr, Aug. auch Mo geöffnet). Das Freilichtmuseum erstreckt sich um den *Ansitz Mair am Hof*. Mehr als ein Dutzend historische Bauwerke aus allen Landesteilen Südtirols sind hier versammelt. Das Museum will aber weniger die Vielfalt der Haus- und Hofformen zeigen, sondern dem Besucher die sozialen Schichten des Landadels, der Bauern, Kleinhäusler und ländlichen Handwerker demonstrieren. Im Hauptgebäude ist z. B. eine *›Drendl‹* genannte, mit Wasserkraft betriebene Dreschmaschine von 1833 zu sehen, im Freien ein *Kornkasten* von 1497 (ältestes datiertes Holzbauwerk der Ostalpen), eine *Mühle* aus St. Peter und ein *Kleinhäusler-Anwesen*, beide aus dem Ahrntal. Auch eine historische *Kegelbahn* aus Verdings bei Klausen fehlt nicht, und natürlich gibt es ein Gasthaus, das dem Besucher Speis und Trank offeriert.

TOP TIPP

Kronplatz

Weite Sicht aber hat man vom **Hausberg** Brunecks, dem 2272 m hohen **Kronplatz**. Von Reischach aus erleichtert eine Kabinenbahn den Aufstieg in seinen flachen Gipfelbereich. Der ›glatzköpfige‹ Berg ist von Dezember bis April ein schneesicheres, gut erschlossenes Wintersportgebiet. Snowboarder zieht es auf die Olanger Seite mit der steilwandigen Halfpipe.

i Praktische Hinweise

Information

Tourismusverein Bruneck, Rathauspl. 7, Bruneck, Tel. 0474 55 57 22, www.bruneck.com

Tourismusverband Ferienregion Kronplatz, Michael-Pacher-Str. 11 a, Bruneck, Tel. 0474 55 54 47, www.kronplatz.com.

Restaurants

Karl Bernardi, Stuckstr. 6, Tel. 0474 37 01 86, www.bernardi-karl.it. Nette Vinothek, zum Wein passen Fleisch- und Käsespezialitäten (So geschl.).

Weißes Lamm, Stuckstr. 5, Bruneck, Tel. 0474 41 13 50. Der Gasthof, von den Einheimischen liebevoll ›Lampl‹ genannt, geht auf das Jahr 1550 zurück. Zum Schoppen gibt es warme Gerichte und Tiroler Brotzeiten. Im ersten Stock hängen in der ›Andreas-Hofer-Stube‹ Bilder Tiroler Künstler, darunter auch von Franz Defregger, mit denen sie ihre aufgelaufene Zeche bezahlten (So geschl.).

Einkehrschwung am Kronplatz: Vom Gipfelplateau bietet sich beim Après-Ski ein weiter Blick

Der Rundwanderweg um den Neves-Stausee führt durch eine erhabene Bergkulisse

17 Tauferer Tal und Ahrntal
Valle di Turese Aurina

Man sagt, dass selbst die Hühner im Tauferer Tal Steigeisen tragen.

Aus dem Pustertal steigt nördlich von Bruneck das Tauferer Tal auf. Hinter Sand in Taufers wechselt es seinen Namen und zieht sich als Ahrntal bis in die Gletscherregion der Zillertaler Alpen und der Venedigergruppe hinauf.

Von St. Georgen am Taleingang geht es das zunächst noch weite, vom Ahrnbach durchflossene Tauferer Tal aufwärts nach **Gais**. 1018 schenkte es Kaiser Heinrich II. dem Bistum Bamberg. Um 1180 ließ der Bischof die romanischen Pfarrkirche errichten. Von der spätromanischen Malerei haben sich nur Reste in der südlichen Apsis erhalten, alle andere Farbigkeit stammt aus 19. und 20. Jh.

Quert man vom Gaiser Ortskern die Ahr, so erreicht man den Startpunkt des *Kulturwegs* (www.kulturweg-gais.it) hinauf zum *Schloss Neuhaus* (Tel. 0474504222, www.schloss-neuhaus.com) aus dem 13. Jh. Im Schatten des mächtigen Bergfrieds kann man in der Burgschenke Rast machen. Unterwegs erinnern Kunstwerke und Infotafeln an Künstler, die sich im Lauf der Jahrhunderte in Gais aufgehalten haben. Zu ihnen gehörte auch der amerikanische Dichter Ezra Pound.

Nächster Ort im Tauferer Tal ist **Uttenheim**, wo in der Pfarrkirche *St. Margarete* heiterer Spätbarock vorherrscht. Die Fresken malte 1774 Franz Anton Zeiller aus Reutte in Tirol. Eine asphaltierte Forststraße führt vom Dorf hinauf zu den Berghöfen von Lanebach (s. u.).

Flach wird das Tal bei Mühlen, wo das **Mühlwalder Tal** nach Westen abzweigt. Auf schmaler Straße kann man bis zum

Über Schloss Neuhaus zu den Berghöfen von Lanebach

Von Schloss Neuhaus (s. o.) aus erreicht man die waghalsig an den Steilhang gebauten Höfe von Lanebach. Über sie gibt es einen alten Spruch: ›In Lanebach stirbt kein Bauer im Bett. Den einen nimmt die Lahn (= Lawine) mit, der andere wird vom Holz erschlagen, der dritte verkugelt.‹ Mit ›verkugeln‹ ist abstürzen gemeint. Die anspruchsvolle Wanderung führt zunächst über die aussichtsreiche Wechselebene auf 1760 m nach Lanebach, der Abstieg dann hinunter nach Uttenheim, etwa 4 km nördlich von Gais.

Noch aus der ersten Bauphase des 14. Jh. stammt der mächtige Bergfried von Burg Taufers

Neves-Stausee (1856 m) 17 km weit taleinwärts vordringen. Mit teils abenteuerlicher Steigung führt eine mautpflichtige Straße von Oberlappach aus hinauf zum von drei Dreitausendern umgebenen See, dessen Staumauer von Mai bis Oktober begangen werden darf. Auf einem Wanderweg kann man ihn umrunden, Parkplätze sind reichlich vorhanden.

Hinter Mühlen gibt der Tauferer Boden Platz für **Sand in Taufers**. Vor der großartigen Kulisse der Zillertaler Alpen ragt dort **Burg Taufers** (Tel. 0474678053, www.burgeninstitut.com, Führungen Nov., Jan.–Mitte April, Mai Di/Fr/So 15 Uhr, Juni–Anfang Juli und Sept./Okt. tgl. 10, 11, 14, 15.15 und 16.30 Uhr, Anfang Juli–Aug. tgl. 10–16.30 Uhr etwa jede Stunde, 2. Aprilhälfte und Dez. tgl. 11 und 15 Uhr) auf. Mitte des 13. Jh. von den Herren von Taufers gegründet, kam die Burg, die das Tauferer Tal gegen das Ahrn-

TOP TIPP

Motive aus den Türkenkriegen zieren den Kachelofen in der Bibliothek von Burg Taufers

tal abriegelt, 1340 an die Grafen von Tirol. Um 1500 wurde, Wohnturm und Bergfried ausgenommen, alles wehrhaft und wohnlich zugleich umgebaut. Durch trutzige Vorbauten gelangt man in den weiten Burghof. Bei Führungen kann man einige der mit Mobiliar und Kunstwerken eingerichteten Räume, darunter Waffenhalle, Gerichtssaal, Bibliothek und Rittersaal, besichtigen. Viele zeichnen sich durch ihre kunstvolle Holztäfelung aus. Die Burgkapelle zieren Fresken (1482) Michael Pachers oder seiner Schule.

Sands Rathaus beherbergt das *Naturparkhaus Rieserferner-Ahrn* (Mai–Okt. und 27. Dez.–März Di–Sa 9.30–12.30 und 16–19 Uhr, Tel. 0474677546). Hauptthema ist die Geologie der Gletscherwelt.

Die Bergwelt im Blick hat man durch die Fenster des opulent ausgestatten Freizeitbades **Cascade** (Industriestraße 2, Tel. 0474679045, www.cascade-suedtirol.com, tgl. 10–22 Uhr). Naturbadeteich und Saunen, Dampfbäder und Kinderbecken stehen zur Verfügung.

Am Rand von Sand steht die Pfarrkirche **Mariä Himmelfahrt** (Pfarre 14, www.pfarretaufers.it). Von Valentin Winkler 1502–27 erbaut, ist sie mit ihrem prachtvollen Netzgewölbe ein Höhepunkt spätgotischer Architektur. Die Mauern sind aus Granitquadern aufgerichtet. Aus Granit sind auch die schöne Kanzel und das vor der Kirche stehende Sakramentshäuschen. Der große Hochaltar kam wie der größte Teil der übrigen Ausstattung erst im 19. Jh. in die Kirche. Er ist der Versuch einer Nachbildung des Creglinger Marienaltars des Tilman Riemenschneider. In der Nähe der Kirche befindet sich das kleine *Pfarrmuseum* (Tel. 0474678543, Juni–Mitte Okt. Mi–Sa 16–18, So 10–12 Uhr). Es bewahrt sakrale Kunst aus den Filialkirchen der Umgebung.

Ostwärts öffnet sich das **Reintal**. Es zieht sich über Rein in Taufers bis zum Ewigen Schnee der Rieserfernergruppe (Hochgall, 3435 m) hinauf. Vom *Kofler zwischen den Wänden* (Zufahrt mit dem Auto ab Ahornach 5 km, Wanderung ab Rein 2 h, Markierung rot-weiß, Tel. 0474691005, www.kofler-zd-waenden.com), dem im Reintal gelegenen unzugänglichsten Hof Südtirols, heißt es, dass dort selbst die Hühner Steigeisen tragen. Bei einer Brotzeit oder Übernachtung hier oben kann man das selbst überprüfen.

Hinter Sand in Taufers beginnt das **Ahrntal**, im Norden majestätisch begrenzt von den Zillertaler Alpen. Hinter Luttach, wo das *Weißenbachtal* nach Westen abzweigt, wendet sich das Ahrntal nach Nordosten und steigt dann mäßig nach **St. Johann in Ahrn** an. Die dortige Pfarrkirche ist ein hervorragendes Beispiel Tiroler Spätbarocks. Baumeister war Joseph Abethung. Bei den Fresken handelt es sich um ein Hauptwerk von Joseph Schöpf, der auch die Altarblätter gemalt hat: barocke Deckenbilder mit ersten klassizistischen Ausformungen.

Anschließend geht es weiter nach **Steinhaus**. Seinen Namen hat der Ort vom aus Stein erbauten *Faktorhaus* (um 1550, heute Rathaus) des Bergwerkbetriebs Prettau. Um die barocke *Pfarrkirche* (1704) reihen sich repräsentative Gebäude. Im *Erzstadel* (1700) wurde das Erz gelagert, das im obersten Ort des Tales, in Prettau (1473 m) gewonnen und bei Luttach verhüttet wurde. Wie die Menschen im Tal mit dem Bergbau lebten, zeigt das

Malerische Wanderwege erschließen die Bergwälder des Speikbodens

Auf den Speikboden

Eine *Sesselbahn* (Drittelsand 7, Sand in Taufers, Tel. 0474678122, www.speikboden.it) erschließt das Wander- und Skigebiet des Speikbodens. Von der Bergstation (1958 m) aus führt eine leichte Wanderung (Nr. 27, ca. 3 h, 558 HM) hinauf zum Gipfel dieses Bergmassivs (2517 m). Von dort oben aus hat man die Zillertaler Alpen und die Rieserfernergruppe im Blick, auch die Drei Zinnen in den Dolomiten sind zu sehen.

Von Weiden umgeben ist die Jakobskirche oberhalb von Nasen, im Hintergrund liegt Olang

Bergbaumuseum im Kornkasten (Steinhaus 99, Tel. 0474 65 10 43, www.bergbaumuseum.it, April–Okt. Di–So 9.30–16.30, Do bis 22 Uhr, 26.Dez.–März Di/Mi 9–12 und 15–18, Do 15–22, Sa/So 14–18 Uhr).

Die Stollen von **Prettau** wurden als Schaubergwerk des *Südtiroler Bergbaumuseums* (Hörmanngasse 38, Tel. 0474 65 42 98, www.bergbaumuseum.it, April–Okt. Di–So 9.30–16.30 Uhr, letzte Führung 15 Uhr) zugänglich gemacht. Schon 1426 findet sich der erste urkundliche Beleg für die Arbeit im Bergwerk, und mit Unterbrechungen blieb es bis 1971 in Betrieb. Aus dieser letzten Bergbauphase stammt die Grubenbahn, mit der man in den St.-Ignaz-Erbstollen einfahren kann.

Zu den Reinbachfällen

Wenige Hundert Meter hinter dem Gasthof Bad Winkl (Kematen 5) beginnt der Franziskusweg (einfach 1,5 h, 300 HM), dessen Beginn ein hölzerner Torbogen markiert. Über ihn erreicht man die mit lautem Tosen in die Tiefe stürzenden Reinbachfälle, die größten Südtirols. Der Weg endet am Toblhof, wo man auch einkehren kann.

Praktische Hinweise

Information

Ferienregion Tauferer Ahrntal, Ahrner Str. 95, Steinhaus, Tel. 0474 65 20 81, www.tauferer.ahrntal.com

Hotel

******Feldmilla**, Schlossweg 9, Sand in Taufers, Tel. 0474 67 71 00, www.feldmilla.com. Im Feldmilla sind moderne Formen keine Dreingabe, sondern die Seele des Hauses. Schicke Zimmer, großes Spa.

Ferienhaus

Mountain Chalet Obertreyen, Michlreis 14, Sand in Taufers, Tel. 0474 55 14 69, www.chaletobertreyen.com. So sieht alpiner Luxus aus: Viel altes Holz und ein Hirschgeweih über dem Kamin, dazu bequeme Ledersofas und reichlich Platz in einem alten Bauernhof.

Reisefilm: Tauferer Tal
QR Code scannen [s.S.5] oder dem Link folgen: www.adac.de/rf0010

18 Olang
Valdaora

Das ›Spitzige Stöckl‹ an der Straße zur Passhöhe Furkelsattel ist einer der schönsten Bildstöcke Südtirols.

Ober-, Mittel- und Niederolang, die drei größten Fraktionen der Gemeinde Olang, liegen im Tal der Rienz auf einem Schuttkegel, den ein Gletscher der Eiszeit hier abgelagert hat. Die Pfarrkirche *St. Ägidius* in **Mitterolang** ist ein gotischer Bau (1404), der im 18. Jh. barockisiert wurde. Das Hauptbild des Hochaltars, eine prächtige ›Anbetung der Hl. drei Könige‹, stammt vom Michael-Pacher-Schüler Marx Reichlich. An der Ortseinfahrt entdeckt man das *Tharerstöckl* (1665). Ein Gemälde an der Außenwand dieser Kapelle erinnert daran, dass hier 1810 Peter Sigmayr, Tharerwirt zu Olang, von einem französischen Kommando erschossen wurde. Er hatte sich freiwillig gestellt, um seinen blinden Vater aus Geiselhaft zu befreien. Seinem Gedenken gilt auch das 1910 von Erzherzog Franz Ferdinand eingeweihte Denkmal auf dem Dorfplatz.

Die Straße von Mitterolang durch das Furkeltal führt am **Spitzigen Stöckl** (um 1460) vorbei, einem der originellsten Bildstöcke Südtirols. Er steht in aussichtsreicher Gegend, hat ein Pyramidendach und ist am Schaft und an den Kragbögen vollständig bemalt. Anlass für die Aufrichtung des Bildstocks war die Pest von 1448.

Im Furkeltal, bei Gaßl, liegt die Talstation einer Sesselbahn, mit der sich Olang Anteil am Wander- und Wintersportgebiet auf dem **Kronplatz** (2272 m) gesichert hat. Folgt man der Straße durchs Tal weiter, so erreicht man den *Furkelsattel* (1737 m), über den es wieder hinunter nach St. Vigil in Enneberg, einem Seitental des Val Badia [Nr. 63] geht.

Über eine Abzweigung an der Straße zum Furkelsattel erreicht man **Bad Bergfall** (Tel. 0474592084, www.badbergfall.com), das wohl älteste Heilbad Südtirols. Ein gut zwanzigminütiger Spaziergang durch den Wald führt von Bad Bergfall zu den Schwefelquellen. Dort wurden Schmuckstücke und Münzen aus der römischen Kaiserzeit gefunden. Sie lassen auf eine schon seit zwei Jahrtausenden lebendige Badetradition schließen.

i Praktische Hinweise

Information

Tourismusverein Olang, Florianiplatz 4, Olang, Tel. 0474 49 62 77, www.olang.info

Hotels

*****Hotel am Park**, Peter-Sigmayr-Platz 12, Olang, Tel. 0474 49 61 46, www.ampark.com. Das kinderfreundliche Hotel mit Spielplatz, Liegewiese und hauseigenen Fahrrädern für die Gäste besitzt das Südtiroler Umweltsiegel.

*****Apparthotel Jägerhof**, Hans-von-Perthaler-Str. 7, Olang, Tel. 0474 49 61 18, www.apparthotel-jaegerhof.it. Die Zutaten des Frühstücks kommen aus eigener Landwirtschaft. Es gibt u.a. geführte Kräuterwanderungen.

19 Antholzer Tal
Val di Anterselva

Die Attraktion des Tales ist der Antholzer See im Naturpark Rieserfernergruppe.

Das 25 km lange Antholzer Tal erstreckt sich vom Pustertal bis hinauf zu den Dreitausendern der Rieserfernergruppe. Bekannt ist es vor allem für seine exzellenten Biathleten und Langläufer sowie die alljährlich im Tal stattfindenden Rennen in diesen Sportarten.

Erster Ort im Tal ist **Oberrasen**. Dort schuf der Brixner Architekt Othmar Barth für die *Pfarrkirche St. Andreas* 1959 einen Neubau, der den gotischen Turm und ein altes Hausteinportal (um 1500) integrierte. Mit der modernen Ausstattung kontrastieren bestens einige Werke aus der alten Kirche, so vor allem das den Kirchenpatron darstellende Altarblatt von 1744. Die Boznerin Maria Delago schuf die neue Altarmensa aus Marmor, den Bronzetabernakel und das Bronzerelief der Kreuzigung am rechten Seitenaltar. Die Glasgemälde, eine Verkündigung und eine Sternsingergruppe, lieferte Heiner Gschwendt aus Klausen.

In Oberrasen steht auch das wunderschöne Hotel im *Ansitz Heufler* (Oberrasen 37, s.u.) aus dem Jahr 1558. Schon außen mit Walmdach, Ecktürmchen und einem Erker über drei Stockwerke überzeugend, begeistert er mit den Gewölben im Parterre und getäfelten Herrschaftsstuben im ersten Stock. Besonders urig ist die Bierstube mit ihren alten Holzmöbeln.

Im mineralienreichen Tal gibt es auch einige *Heilquellen*. Kalisch-erdiges Eisenwasser mit hoher Radioaktivität sprudelt beim Hotel **Bad Salomonsbrunn** (Antholzerstr. 1, www.badsalomonsbrunn.com) aus dem Boden. Die Radonquelle genoss seit dem 15. Jh. den Ruf eines ›Weiberbads‹, weil die Anwendungen bei Frauenleiden und auch bei Kinderlosigkeit helfen sollen. Heutzutage hoffen

Die Biathlon-Wettbewerbe im Antholzer Tal zählen zu den größten Sportereignissen Südtirols

Im Wasser des Antholzer Sees spiegelt sich das Bergmassiv der Rieserferner-Gruppe

Kurgäste auf Heilung ihrer Knochen-, Gelenks- und Muskelerkrankungen.

Die Weiterfahrt führt nach **Antholz-Mittertal**. Dessen Pfarrkirche wurde 1798 im spätesten Barockstil gebaut. Das Langlauf- und Biathlonzentrum rund um die **SüdtirolArena** (SüdtirolArena 33, Tel. 0474 49 23 90, www.biathlon-antholz.it) wurde in Antholz-Obertal eingerichtet. Regelmäßig werden dort Biathlon-Weltcups ausgetragen, und auch Hobbysportler locken die Loipen durch die umliegenden Wiesen und Wälder.

Oberhalb des Sportzentrums breitet sich der auf 1418 m Meereshöhe gelegene **Antholzer See** aus, der zu den schönsten Bergseen der Alpen zählt. Ein Spaziergang (1 Std.) um dieses fischreiche, von gewaltiger Bergkulisse gerahmte Juwel ist sehr zu empfehlen.

Hinter dem See beginnt die kurvenreiche Passstraße zum Staller Sattel (2052 m) mit dem Grenzübergang in das österreichische Defereggental. Eine Ampel regelt den Verkehr über die schmale Passstraße, die allerdings nur tagsüber von 7 bis 21 Uhr, frühestens vom Mai bis in den Oktober hinein befahren werden darf.

i Praktische Hinweise

Information

Tourismusverein Antholzertal, Mittertal 81, Antholz, Tel. 0474 49 21 16, www.antholz.com

Tourismusverein Rasen, Niederrasen 60, Tel. 0474 49 62 69, www.rasen.it

Hotel

*****Hotel Seehaus**, Obertal 16, Antholz, Tel. 0474 49 23 42, www.hotel-seehaus.com. Das Hotel am Antholzer See bietet

Durchs Rasner Möser

Am Kulturhaus von Oberrasen startet der kurzweilige Spaziergang durch das Biotop des **Rasner Möser**. Dieses von kleinen Teichen durchsetzte Moorgebiet entstand aus einem verlandeten See und zeichnet sich durch seinen enormen Artenreichtum aus. So gedeiht hier der Sonnentau, die einzige Fleisch fressende Pflanze Südtirols. Den Lehrpfad durch das Moor begleiten Infotafeln.

Der außergewöhnlich hohe Bergfried von Burg Welsperg wacht seit 1140 über das Gsieser Tal

eine Restaurant-Terrasse mit Seeblick. Im Winter führt eine Langlaufloipe direkt an der Haustür vorbei.

Ansitz Heufler, Oberrasen 37, Tel. 0474 49 62 18, www.ansitz-heufler.it. Solide Zimmer und ein Restaurant im historischen Ansitz mitten in Oberrasen.

20 Welsberg
Monguelfo

Geburtsort Paul Trogers.

Welsberg liegt am Eingang des Gsieser Tales. Am Ortsrand erhebt sich der Eggerberg, über den sich der *›Römerweg‹* nach Toblach zieht – eine schöne, besonders für die Herbstzeit zu empfehlende Familienwanderung (4 Std.). Die waldreiche Umgebung ist alles andere als karg, auch wenn Welsberg fast 1100 m hoch liegt.

Geschichte Reiche Funde aus vorgeschichtlicher und römischer Zeit weisen eine frühe Besiedlung nach. Als Bayernherzog Tassilo III. 769 dem Scharnitzer Abt Atto den Ort Innichen zur Gründung eines Missionsklosters übergab, schenkte er das Gebiet bis zum Taistner Bach, also auch das heutige Welsberg, als Ausstattung. Diese gelangte mit Innichen an das Bistum Freising, als 783 Atto dort als Bischof eingesetzt wurde. Offenbar zunächst eine klösterliche Siedlung, wird Welsberg als ›Cella‹ 1259 erwähnt. An diesen Namen erinnert noch der Ansitz Zellheim. 1173 wird ein Amelrich de Welfesberch genannt, dessen Familie (angeblich mit den Welfen verwandt) das westliche Stiftungsgebiet von Innichen für die Grafen Görz verwaltete. Die Welsberger, 1693 in den Grafenstand erhoben, hatten seit 1568 das Amt des Erblandtafelmeisters von Tirol inne. Auf dem Welsberger Friedhof wurde mit Heinrich Reichsgraf zu Welsberg-Raitenau 1907 der letzte seines Geschlechts begraben, die Thun-Welsberg, ein Zweig der Grafen Thun, führen aber den Namen weiter.

Besichtigung Die barocke Pfarrkirche **St. Margareth**, 1736–38 gebaut und 1908 um ein Joch verlängert, besitzt drei *Altarbilder* von Paul Troger (1698–1762). Längst im Habsburgerreich zum Star geworden, schenkte sie der Maler seiner Heimatgemeinde im Jahr 1739. Dargestellt sind die hl. Margarethe mit den Heiligen Georg, Ulrich, Peter und Paul (Hauptaltar), der Almosen austeilende hl. Nepomuk sowie die ›Anbetung der Heiligen Drei Könige‹ (Seitenaltäre). Wirkungsvolles Helldunkel und gekonnte Komposition zeigen die Meisterschaft Trogers, der in Bologna und Venedig ausgebildet worden und vornehmlich im Donauraum tätig war. Sein Hauptwerk in Südtirol sind die Fresken im Brixner Dom. Am Dorfplatz von Welsberg steht ein **Tabernakelbildstock**, dessen Malereien zum Teil von Michael Pacher stammen sollen. Die verästelt-wuchernden Formen im Netzgewölbe der **Kirche zu Unserer Lieben Frau auf dem Rain** (Chor 1526, Langhaus 1551) am nordöstlichen Ortsrand bezeugen die Zeit der ausklingenden Gotik. Die Wandgemälde im Chor sind wohl Arbeiten des Simon von Taisten.

Über einer Schlucht des Gsieser Baches erhebt sich auf einem steilen Hügel **Burg Welsperg** (Juli–Mitte Sept. Mo–Fr 10–13 und 16–18.30, So 16–19, Mitte–Ende Sept. Mo–Fr 15–17 Uhr, www.schlosswelsperg.com), deren heutige Gestalt vorwiegend aus dem frühen 17. Jh. stammt. Mittlerweile finden in der Burg Wechselausstellungen und Konzerte statt.

i Praktische Hinweise

Information

Tourismusverein Gsieser Tal–Welsberg–Taisten, Pustertaler Str. 9, Welsberg, Tel. 0474 94 41 18, www.welsberg.com

21 Taisten
Tesido

Bauernhöfe der echten Pustertaler Art und bedeutende Wandmalereien.

Das 1200 m hoch gelegene Taisten hat sein bäuerliches Bild mit schönen alten Höfen bemerkenswert gut bewahrt. Vom Wiesenhang, auf dem sich das zu Welsberg gehörende Dorf aufbaut, schaut man zu den Pragser und Sextener Dolomiten hinüber.

In der Dorfmitte steht ein ›**Tabernakelbildstock**‹ (15. Jh.) der schönsten Art, bemalt mit Passionsszenen und Darstellungen von Kirchenvätern, vermutlich von Leonhard von Brixen.

Überaus gelungen ist die Umgestaltung der ursprünglich gotischen **Pfarrkirche** in einen nahezu homogenen Rokokobau (1770/71) durch den aus Götzens bei Innsbruck stammenden Baumeister und Stuckateur Franz Singer. Von den Deckenfresken des Franz Anton Zeiller ist die ›Vermählung Mariens mit Joseph‹ im Querschiff besonders bemerkenswert. Vom gotischen Vorgängerbau blieb nur die *Welsberg-Kapelle* (1471) mit Grabsteinen und Totenschilden derer von Welsberg. Die Mariendarstellung auf dem Schlussstein des Rippengewölbes wird Michael Pacher zugeschrieben.

Auf das 12. Jh. geht die Kirche **St. Georg** zurück, sie wurde 1498 spätgotisch eingewölbt. Ihre Außenwand ziert ein riesiges Christophorus-Fresko (Frontseite) und eine thronende Muttergottes (Nordseite), beides Arbeiten des um 1460 hier geborenen Simon von Taisten. Das Christusbild am Eingang, die Bilder der Menschwerdung Christi an der Stirnwand der unteren Apsis und die Reihe von Heiligen und Bischöfen malte 1459 Leonhard von Brixen.

i Praktische Hinweise

Information

Tourismusverein Gsieser Tal–Welsberg–Taisten, Sonnenstr. 28, Taisten, Tel. 0474 95 00 00, www.taisten.com

›Esther vor Ahasver‹, Deckengemälde von Franz Anton Zeiller in der Pfarrkirche von Taisten

22 Gsieser Tal
Valle di Casies

Ein stilles Tal für Naturliebhaber unter hohen Berggipfeln.

Das grüne Gsieser Tal wird vom Pidigbach durchflossen und endet nach 20 km am Gsieser Törl. Zu beiden Seiten steigen bewaldete Hänge an, und da die Gipfel dort oben nicht zu den berühmten zählen, haben es Fauna und Flora im Gsieser Tal noch immer gut. Auch viele alte Bauernhöfe blieben erhalten, darunter so genannte *Paarhöfe*, bei denen Wohnhaus und Wirtschaftsgebäude (›Feuerhaus‹ und ›Futterhaus‹) getrennt sind.

Die Frömmigkeit der hiesigen Bauern erweisen sich in den alten Kirchen des Tals. So hängt in der Mariahilfkapelle (1685) von **Durnwald** ein romanisches Kruzifix aus der 1. Hälfte des 13. Jh. Die spätbarocke Pfarrkirche in **St. Martin** hat vom gotischen Vorgängerbau nur den Turm behalten. Die Deckengemälde im Chor zeigen die ›Anbetung des Christkinds durch die Stände‹, gemalt von Johann Mitterwurzer (1788). Auf dem Dorfplatz von St. Martin erinnert das *Kriegerdenkmal* auch an den 1776 hier geborenen Kapuzinerpater Joachim Haspinger, einen der hitzigsten Köpfe des Tiroler Freiheitskampfes von 1809.

i Praktische Hinweise

Information

Tourismusverein Gsieser Tal–Welsberg–Taisten, St. Martin 10 a, Tel. 04 74 97 84 36, www.gsieser-tal.com

Zu den Ochsenfeldseen und aufs Hochkreuz

Schöne, oft auch recht stille Wanderungen führen durch die Bergwelt des Gsieser Tals. So startet beim Karbacher Hof über St. Martin der Pfad (Weg 43, ca. 7 h) hinauf zu den zwei kleinen *Ochsenfeldseen* und weiter zur Ochsenfelder Alm.

Den höchsten Berg des Tals, das *Hochkreuz* (2740 m), erreicht man von der Talschlusshütte in St. Magdalena (ca. 8 h, 1300 HM). Auf der schweren Wanderung wird die Wasserscheide zwischen Adria und Schwarzem Meer passiert.

Urlaub auf dem Bauernhof

Mudlerhof, Preindl 49, Tel. 04 74 97 84 46, www.mudlerhof.it. Hier erleben Familien die ganze Vielfalt des bäuerlichen Lebens, sogar das Frühstücksei holt man persönlich von den Hühnern ab.

23 Pragser Tal
Val Braies

Bleiche Dolomitenwände spiegeln sich im dunklen Wasser des Pragser Wildsees.

Das Pragser Tal zweigt kurz hinter Welsberg nach Süden ab. Zu einem Teil im *Naturpark Fanes-Sennes-Prags* gelegen, ist es mit dem Pragser Wildsee und dem blumenreichen Bergsattel der Plätzwiese einer der großen landschaftlichen Höhepunkte des Pustertals. Besonders an stillen Herbsttagen bietet es ein unvergessliches Landschaftserlebnis.

Von der Pustertaler Straße kommt man zunächst ins Tal von Außerprags, wo sich ›bei der Sag‹ (Säge) die Wege gabeln. Links geht es durch das **Altpragser Tal** zum Gasthof ›Brückele‹. Da die Weiterfahrt für den Privatverkehr gesperrt ist, lässt man sein Gefährt am besten am dortigen Großparkplatz stehen. Shuttlebusse bringen die Urlauber dann ziemlich steil hinauf zur **Plätzwiese** (1993 m), einer der größten Hochterrassen in den Dolomiten. Blumenwiesen und einzelne, vom Wind gezeichnete Zirben bestimmen das Bild, darüber die Gipfel und Wände der Pragser Dolomiten. Im Osten ragt der Dürrenstein (2839 m) auf, der von geübten Bergwanderern bezwungen werden kann. Zwei Stunden Aufstieg über Schuttkare und Geröll werden mit einer herrlichen Aussicht belohnt.

Wendet man sich bei der genannten Weggabel ›Säge‹ nach rechts, erreicht man im **Innerpragser Tal** zunächst das Dorf *Schmieden* mit seiner kleinen Filialkirche *Zum leidenden Heiland* (1735). Wo der Narschtbach in den vom Wildsee kommenden Pragser Bach mündet, geht es links nach *Bad Neuprags*, einen wie Altprags im 20. Jh. in Bedeutungslosigkeit versunkenen Kurort.

Gegenüber liegt der Ort **St. Veit**, dessen *Pfarrkirche* auf das 14. Jh. zurückgeht. Um 1500 erhielt das Langhaus die Spitzbogenportale und das gotische Netzgewölbe. Die Einrichtung ist neugotisch. Das Fresko mit dem Kirchenpatron St.

Schroff stürzen die Felswände der Dolomiten zum wildromantischen Pragser Wildsee hin ab

Veit und der Gottesmutter wurde 1748 gemalt. Von hier sind es noch 2 km bis zum **Pragser Wildsee**, der mit dem Karersee gewiss der schönste See in den Dolomiten ist. Wald umgibt das dunkle Gewässer, in dem sich die über dem Südufer aufragenden Wände des *Seekofels* (2810 m) spiegeln. Man kann ihn besteigen, benötigt dazu aber vier mühsame Stunden. Einfacher ist es, den See in einer etwa einstündigen Wanderung zu umrunden.

i Praktische Hinweise

Information

Tourismusverein Pragser Tal, Außerprags 78, Prags, Tel. 0474748660, www.pragsertal.info

Hotels

*****Hotel Pragser Wildsee**, St. Veit 27, Prags, Tel. 0474748602, www.lagodibraies.com. Man kann sich kaum eine schönere Lage für ein Hotel vorstellen als hier, unmittelbar am Ufer des Pragser Wildsees. Empfohlen sei eines der teureren Zimmer mit Blick aufs Wasser.

*****Hohe Gaisl**, Plätzwiese 60, Prags, Tel. 0474748606, www.hohegaisl.com. Aus rohem Fels erbaut, steht das Hotel auf der Plätzwiese. Ein idealer Ausgangspunkt für ausgedehnte Wanderungen, die Zimmer sind rustikal eingerichtet.

24 Niederdorf
Villabassa

Hier wirkte ›Frau Emma in Europa‹ als Wirtin vom ›Schwarzen Adler‹.

Niederdorf ist das westliche Eingangstor zum *Hochpustertal*. Der Erholungs- und Wintersportort war im Mittelalter eine wichtige Station am Handelsweg nach Venedig. Niederdorf gehört zu den Pionierorten des Fremdenverkehrs, der hier schon seit der Mitte des 19. Jh. blühte.

Anteil am Aufschwung hatten Menschen wie die aus St. Johann in Tirol stammende **Emerentia Hausbacher**, die 1843 den Postmeisterssohn Josef Hellenstainer, den Erben des ›Schwarzen Adler‹ zu Niederdorf, heiratete. Inzwischen ist das Hotel (s.u.) auch nach ihr benannt. Sie wurde eine hervorragende Wirtin, die von allen Gästen verehrt und gelobt wurde. Auch Schriftsteller wie Ludwig Steub, der amüsante Landesbeschreiber von Tirol und Oberbayern, sangen ihr Lied. Als ›Frau Emma in Europa‹ ging sie mit dem gleichnamigen Roman Peter Paul Rainers in die Literaturgeschichte ein. Der Buchtitel geht auf eine überprüfbare Anekdote zurück, wonach die tüchtige Adlerwirtin von Niederdorf der Brief eines amerikanischen Gastes erreichte, auf dem als Adresse lediglich stand: ›Frau Emma in

Aufs Toblacher Pfannhorn

In Kandellen im von Toblach gen Norden abzweigenden Silvestertal startet die kräftezehrende Tour (1063 HM, einfach 3,5 h, Weg Nr. 25) aufs Pfannhorn (2663 m). Seine Position zwischen Zentralalpen und Dolomiten ermöglicht eine enorme Rundumsicht

Europa – Austriche‹. Im 21. Jh. wäre dieser Service undenkbar. Die Kinder der ›Frau Emma‹ gründeten mehrere Hotels in Tirol, auch das Hotel ›Pragser Wildsee‹.

Vom Hotel der Frau Emma aus passiert man das *Gerichtshaus* (16. Jh.) mit dem Fresko eines ›Wilden Mannes‹. Im *Haus Wassermann* logierte 1764 Isabella von Parma auf dem Weg zu ihrem künftigen Ehemann Kaiser Josef II. nach Wien. Nun vermittelt hier das **Fremdenverkehrsmuseum Hochpustertal** (Hans-Wassermann-Str. 8, Juli–Sept. Di–So 16–19, Dez.–Febr. und Mai/Juni Fr/So 16–19, Sa 9–12 und 16–19 Uhr) einen Überblick von den Anfängen des Fremdenverkehrs bis zum aktuellen Tourismus. Eine morbide Faszination üben die vielen Tausend Sterbebilder aus, die die einstigen Besitzerinnen des Hauses Wassermann zusammentrugen. Mittlerweile sind sie in digitalisierter Form an Computern im Museum zu sehen.

Die spätbarocke Pfarrkirche **St. Stephan**, 1799 geweiht, lässt starke Anklänge des Klassizismus erkennen. Die Deckengemälde schuf 1796 Franz Altmutter, die Bilder der beiden *Seitenaltäre* (›Mariä Himmelfahrt‹ und ›Tod des hl. Joseph‹) sind Werke des Barockmalers Martin Knoller. Die Außenfresken der gotischen **Annakirche** (um 1500) am Friedhof stammen von Simon von Taisten.

Auch die spätgotische Kirche **Maria Magdalena** (1491) trägt innen Fresken des Meisters Simon von Taisten. Das Gotteshaus stiftete Leonhard, der letzte Graf Görz, weil seine Frau in Bad Altprags Heilung fand. Der barocke Aufbau des Hochaltars (1667) birgt einen spätgotischen Schrein (um 1520) mit einem Relief der ›Anbetung der Hl. Drei Könige‹.

i Praktische Hinweise

Information

Tourismusverein Niederdorf, Bahnhofstr. 3, Tel. 0474745136, www.niederdorf.it

Hotel

*****Emma**, Frau-Emma-Str. 5, Niederdorf, Tel. 0474745122, www.hotel-emma.it. Geschichtsträchtiges Haus: Nachdem Emma Hellensteiner den Schwarzen Adler in der zweiten Hälfte des 19. Jh. zu einem der führenden europäischen Häuser machte, wurde sie zur berühmtesten Wirtin Tirols gekürt. Inzwischen ist das Hotel nach ihr benannt, und die Betreiber eifern bis heute dem Vorbild der berühmten Namenspatronin nach.

25 Toblach
Dobbiaco

Beliebter Urlaubsort mit musikalischer Tradition.

Im Winter ist Toblach ein sonnenreiches Skigebiet, im Sommer ein angenehmer Erholungsort. Das *Toblacher Feld* am Rand des Toblacher Ortskerns ist zugleich Weg- und Wasserscheide. Mitten in dieser Talweitung zweigt von der Pustertalstraße die ›Strada d'Alemagna‹ ab, der uralte Handelsweg zwischen Venedig und Augsburg, und am südlichen Talhang, auf halbem Weg nach Innichen, liegt die Quelle der Drau. Diese schickt ihre Wasser nach Osten zur Donau und zum Schwarzen Meer. Nicht recht viel mehr als 1 km von der Drauquelle entfernt, fließt die an den Drei Zinnen entspringende Rienz vorbei, wendet sich aber am Toblacher Feld nach Westen und leitet damit ihr Wasser über Eisack und Etsch zur Adria.

Geschichte Als ›Vicus in Duplago‹ erscheint Toblach 827 erstmals in einer Urkunde des benachbarten Klosters Innichen, als eine geschlossene Siedlung also, deren Höfe Innichen zinspflichtig waren. Bedeutung erlangte der Ort erst, seit ab dem 13. Jh. die ›Strada d'Alemagna‹ immer dichter befahren wurde. Toblach war Warenniederlage, Zoll- und Rodstätte (Rod oder Rott = Güterfernverkehr). 1458 erteilte Johann Graf von Görz ein Jahrmarktsprivileg. Die Grafen Görz richteten in Toblach auch ein Urbaramt (= Liegenschaftsverwaltung) ein. Mit der Vollendung der Eisenbahnlinie durch das Pustertal entstand um den Bahnhof ab 1871 **Neu-Toblach**, eine vornehme Hotel- und Villenkolonie mit dem **Grand Hotel Toblach** an der Spitze, das rasch weltweiten Ruf genoss. Der deutsche Kronprinz

Das einstige Grand Hotel von Toblach dient der Gemeinde inzwischen als Kulturzentrum

Friedrich Wilhelm erwartete hier im Herbst 1887 vergeblich Heilung für sein Krebsleiden, dem der ›Kaiser der 99 Tage‹ im Sommer darauf erlag.

Besichtigung Die Pfarrkirche **Johannes Baptist**, die stattlichste Barockkirche des Pustertales, wurde 1769–82 gebaut, der Turm kam erst 1803 hinzu. Der *Hochaltar* mit prachtvollen Engelsfiguren ist ein Meisterwerk des in Stilfes bei Sterzing

Die Pfarrkirche Johann Baptist in Toblach ist die prunkvollste Barockkirche des Pustertales

geborenen Barockbildhauers Johann Perger, der auch die Figuren der großen Seitenaltäre geschaffen hat. Der *Stuck* ist Andrä (Chor) und Franz Singer (Langhaus) zu verdanken. Die *Deckenfresken* von Franz Anton Zeiller haben folgendes Programm: Zacharias wird im Tempel die Geburt seines Sohnes Johannes verkündet (Chorkuppel), Mariä Heimsuchung (Triumphbogen), Johannes vor Herodes und Herodias, der Prediger in der Wüste, Martertod des Johannes vor dem Festmahl des Herodes mit Salome (Langhaus). Zeiller schuf auch alle Altarbilder und die Kreuzwegstationen. Neben dem Hauptportal sieht man ein *Renaissance-Epitaph* (1530) für Caspar Herbst und seine Gemahlin, die Gräfin Helena Frangipani. Mit Caspars Bruder Christoph zusammen stiftete das Paar 1519 den **Kreuzweg** mit fünf Passionskapellen, der von der Pfarrkirche zur Heiliggrabkirche am Viktoribühl in Lerschach führt.

Dem Adelshaus Herbst hat Toblach auch sein schönstes historisches Haus zu verdanken. Die um 1500 erbaute, zinnen- und erkergeschmückte **Herbstenburg** (Privatbesitz) steht gleich neben der Pfarrkirche. Bis zum Bau eines eigenen Amtshauses war der von den Brüdern Caspar und Christoph Herbst errichtete Ansitz das Gericht. Die beiden Brüder hatten im Venezianerkrieg (Anf. 16. Jh.) Kaiser Maximilian I. mit Nachschub beliefert und so das Geld verdient, mit dem sie sich dieses prächtige Haus finanzierten.

In unmittelbarer Nähe des Bahnhofs befinden sich die prachtvoll sanierten Bauten des alten **Grand Hotels** von Toblach. In dem Kulturzentrum finden alljährlich im Juli und August die ›Gustav-Mahler-Musikwochen‹ (www.gustav-mahler.it) statt. Sie erinnern daran, dass der Komponist drei kreative Sommer im benachbarten Altschluderbach [s. u.] verbrachte. Außerdem informiert hier das *Naturparkhaus Toblach* (Tel. 0474 97 30 17, Jan.–März und Mai–Okt. Di–Sa 9.30–12.30 und 16–19 Uhr, Juli/Aug. auch Do und So 19–22 Uhr) über die Geologie des Gebirges und die schweren Gefechte in den Bergen während des Ersten Weltkriegs. Hinter dem Gebäude beginnt ein Walderlebnisweg mit einem schönen Kinderspielplatz.

Nahe des Kulturzentrums befindet sich das Betriebsgelände der **Sennerei Drei Zinnen** (Pustertalerstr. 3, Tel. 0474 97 13 00, Di–Sa 8–18, So 10–17 Uhr). In der dortigen Schaukäserei lernt der Besucher den Weg von der Milch zum Käse kennen. Anschließend kann man an einer Führung vorbei an den modernen Produktionsanlagen teilnehmen – allerdings aus hygienischen Gründen immer durch Glasscheiben vom Geschehen getrennt. Da die Sennerei nur werktags von 8–12 Uhr in Betrieb ist, empfiehlt sich ein Besuch am Vormittag.

Sportbegeisterte Urlauber finden rund um die **Nordic Arena Toblach** am Ortsrand beste Bedingungen vor. Im Winter beginnen hier die Loipen durchs Tal, im Sommer kann man den Parcours auf Inlineskates befahren. Schwindelfrei sollte sein, wer sich an den Drahtseilen des **Abenteuerparks** (Tel. 0039/34 05 67 89 60, www.abenteuerpark.it, Mai–Okt., Anmeldung anzuraten) von Baum zu Baum schwingen will. Bei schlechtem Wetter ist die **Kletterhalle** eine gute Alternative.

Mit dem Rad durchs Höhlensteintal

Bei Toblach zweigt das Höhlensteintal gen Süden vom Tal der Drau ab. Einst verband eine Bahntrasse durchs Tal Toblach mit dem 33 km entfernten Cortina [Nr. 62], inzwischen nutzen Radler die geschotterte, nur gemächlich ansteigende Strecke. Vorbei am Toblacher See (4 km ab Toblach) und dem Dürrensee (12,5 km ab Toblach), durch dichte Wälder und mit Blick auf die Drei Zinnen, geht es hinauf zum Pass von Schluderbach (1438 m) und anschließend wieder gemächlich zu Tal nach Cortina. Für die Rückfahrt bietet sich der Bus (Auskunft bei Tourist Info Toblach) an. In den Wintermonaten dient der Radweg als **Loipe**, die Tunnel am Weg werden dann künstlich beschneit.

Ausflüge

Am Fuß des Radsberges befindet sich **Aufkirchen**. In der hiesigen gotischen *Wallfahrtskirche zur Schmerzhaften Muttergottes* gibt es eine Reliefgruppe (1475) der ›Beweinung Christi‹ zu bewundern. Außen prangt ein großes Christophorus-Fresko des Simon von Taisten, von dem auch die Malereien am Triumphbogen stammen. Friedrich Pacher werden die Bilder an den Schlusssteinen und Vierpassen des Gewölbes zugeschrieben.

Im nach Norden vorstoßenden **Silvestertal** liegt *Wahlen* mit der Pfarrkirche *St. Nikolaus*, die ein 1512 entstandenes, alle Züge der spätesten Gotik tragendes Netzrippengewölbe besitzt. Ganz hinten im Tal steht einsam auf ausgedehnter Weide das Kirchlein *St. Silvester auf der Alpe* aus romanischer Zeit. Ein Freskenzyklus (Mitte 15. Jh.) der Brixner Schule bedeckt hier den ganzen Altarraum.

Musikliebhaber und Tierfreunde gleichermaßen kommen im **Wildpark** (Altschluderbach 3, Tel. 0474 97 23 47, Mai/Okt. Fr–Mi 10–16, Juni–Sept. tgl. 9–17 Uhr) von Altschluderbach auf ihre Kosten. Auf dem ausgedehnten Freigelände tummeln sich Luchs und Hirsch, Waschbären und sogar Lamas. Als Gustav Mahler seine Sommer in der Gegend verbrachte, wohnte er beim Trenker, der heutigen ›Gustav-Mahler-Stube‹. Der Ansitz aus dem frühen 16. Jh. befindet sich am Eingang des Wildparks. Auf seine Arbeitsstätte, ein schlichtes Holzhäuschen, stößt man beim Rundgang durch den Wildpark. Hier komponierte Mahler seine 9. und die unvollendete 10. Sinfonie.

i Praktische Hinweise

Information

Tourismusverein Toblach, Dolomitenstr. 3, Tel. 0474 97 21 32, www.toblach.it

Hotels

Ariston Dolomiti, Rathausplatz 2, Tel. 0474 97 33 19, www.ariston-dolomiti.it. Designhotel mit alpinen Stilelementen. Schicke Bar im gleichen Haus.

Sanfte, von blühendem Löwenzahn überzogene Hänge ziehen sich ins Tal von Innichen hinab

Weberhof, Sandmühle 8, Toblach, Tel. 0474 97 24 91, www.weberhof.it. Appartments mit Küche. Die Nähe zum Toblacher Badesee und der Spielplatz ziehen besonders Familien an.

Restaurant

Gustav-Mahler-Stube, Altschluderbach 3, Tel. 0474 97 23 47. Heute wird nur noch in der Küche des Restaurants ›komponiert‹, wobei besonders die Nachspeisen von vielen Gästen als ›Gedicht‹ gepriesen werden (Mai/Okt. Do und Nov.–April geschl.). Appartements im Haus.

26 Innichen
San Candido

Der ›Dom von Innichen‹ – der bedeutendste romanische Sakralbau Tirols.

Innichen ist ein viel besuchter **Erholungs-** und **Wintersportort** mit einem Dutzend guter Hotels, einer modernen Sportanlage und weiten Wanderwegen. Der uralte Klosterort liegt an der Einmündung des Sextentals in das Pustertal. Wenige Kilometer weiter östlich folgt der Grenzübergang zum österreichischen Osttirol, das die mutwillige Grenzziehung von 1919 besonders stark betroffen hat. Geistige Bande, in mehr als einem Jahrtausend geknüpft, wurden zerrissen, und Osttirol verlor seine Verkehrsverbindung zu Nordtirol, die bis dahin über Innichen, das Puster- und Eisacktal hergestellt war. Die europäische Einigung hat diese Wunde aber inzwischen weitgehend geheilt.

Geschichte 769 schenkte Bayernherzog Tassilo III. Atto, dem Abt des Klosters Scharnitz, ein Gebiet im Pustertal, das in der Gründungsurkunde als ›inanis et inhabitabilis‹ bezeichnet wird, als leer und unbewohnbar. Atto hatte den Auftrag, hier ein **Kloster** zur Missionierung der Slawen zu errichten. Schon ein paar Jahre später kam für Innichen ein Wechselfall der Geschichte: Abt Atto wurde 783 zum Bischof im bayerischen Freising gewählt und brachte das eben gegründete Kloster im Pustertal an das Hochstift. So blieb Innichen bis zur Säkularisation von 1803 im Besitz Freisings.

965 erteilte Kaiser Otto I. (›der Große‹) dem Kloster mit der Immunität eigenes Herrschaftsrecht und vergrößerte den Besitz um Güter bis hinunter nach Treviso. Um 1143 wurde die Abtei in ein selbstständiges Kollegiatsstift umgewandelt, in dem unter Leitung eines Propstes Priester, so genannte Kanoniker, zusammenlebten und die Seelsorge betrieben. Da sich die Vögte im Brixner Bistum nach und nach die Herrschaftsrechte mit und ohne Gewalt aneigneten und die Grafen Görz den Freisinger Besitz im Pustertal

Die Stiftskirche von Innichen markiert den Höhepunkt romanischer Architektur in Südtirol

am Ende als Erblehen erhielten, blieb Freising nur der enge Bereich der Hofmark Innichen. Der Ort selbst, der 1303 ›Oppidum‹ genannt wird, erhielt eine Wehrmauer. Die mit der Seelsorge und Mission verbundene Siedlungstätigkeit strahlte in den ersten Jahrhunderten nach der Gründung bis nach Oberkrain aus. 1785 löste der reformfreudige Kaiser Josef II. das Stift auf, 1792 machte dies sein Sohn und Nachfolger Franz II. wieder rückgängig. 1808 säkularisierte das Königreich Bayern das Kloster erneut. Schon 1818 machte Kaiser Franz II. aber auch diese Maßnahme wieder rückgängig.

Besichtigung Innichens Altstadt erstreckt sich rund um den von stattlichen Bürgerhäusern gesäumten Michaelsplatz. Seinen Namen verdankt er der barocken Pfarrkirche **St. Michael** (tgl. 8–18 Uhr) von 1760. Von ihrem 1735 abgebrannten romanischen Vorgängerbau ist nur der runde Turm geblieben. Dem Tiroler Barock fremd ist die mit sechs Pilastern, Volutengiebel und Figurennischen reich gegliederte Fassade. Der Glanz des Innenraums ist vor allem dem Talent des aus Schwaz stammenden Christoph Anton Mayr zu verdanken, der neben den üppigen gemalten Stuckdekorationen auch die *Deckengemälde* geschaffen hat, im Chor den ›Engelssturz‹ und die ›theologischen Tugenden‹, im Langhaus den Erzengel Michael als Beschützer der Kirche und Patron der Sterbenden, dazu Bilder aus dem Marienleben und Allegorien der Erdteile sowie der Mäßigkeit und des Überflusses.

TOP TIPP

Hinter der Pfarrkirche erhebt sich mit der **Stiftskirche zu den Heiligen Candidus und Korbinian** (tgl. 8–18 Uhr) der bedeutendste romanische Kirchenbau in ganz Tirol. Von der Gründungskirche des späten 8. Jh. ist nichts erhalten. Nach der Umwandlung der Abtei in ein Kollegiatsstift (1143) wurde eine neue Kirche errichtet, die um 1200 zumindest teilweise abgebrannt ist. Auf ihren Fundamenten wurde ein dritter, der heutige Bau aufgeführt, der 1284 seine Weihe erhielt: eine dreischiffige Basilika mit Querschiff, Vierungskuppel und drei Apsiden am Chor. Erst 1320–26 wurde der Turm – noch im Stil der Romanik – angebaut, 1468 die zweistöckige Vorhalle mit der darüberliegenden Dorotheenkapelle (heutige Empore) und 1524 die nördlich anschließende Nothelferkapelle mit einem Sternengewölbe. Zur 1200-Jahrfeier 1969 wurde das Münster restauriert und von allen neoromanischen und pseudobyzantinischen Zutaten befreit. Außerdem stellte man die im 19. Jh. eingeebnete Krypta des 13. Jh. wieder her.

Von ergreifender Schönheit ist das **Südportal** mit einem Steinrelief im Tympanon, das den thronenden Christus, umgeben von den Symbolen der vier Evangelisten, ziert. Die Wand über dem Bogenfeld zeigt ein Fresko (um 1480) von Michael Pacher mit Kaiser Otto I., flankiert von den beiden Heiligen Candidus und Korbinian. Durch das Westportal gelangt man zunächst in die gotische Vorhalle. An deren Südseite führt eine Treppe zur Empore, der einstigen **Dorotheenkapelle**, in die Leonhard von Brixen ein ausgezeichnetes Fresko der Kreuzigung gemalt hat. Das romanische Portal mit seinen reich gestalteten Säulenkapitellen öffnet die Vorhalle zum monumentalen Kirchenraum, in dem sofort das bedeutendste Kunstwerk ins Auge fällt: Über der modernen Altarmensa erhebt sich die **Kreuzigungsgruppe** (um 1250), die eindrucksvollste romanische Plastik Südtirols. Der triumphierende Gekreuzigte mit der Krone steht als neuer Adam auf dem Haupt des alten Adam, zu seinen Seiten sind Maria und Johannes nicht verzweifelter Trauer hingegeben, sondern erkennen gefasst und voll ernster Würde das Opfer, das der Sieg über Hölle und Tod von ihnen verlangt. In der Kuppel der Vierung schildert ein um 1280 entstandener **Freskenzyklus** die Schöpfungsgeschichte und die Vertreibung aus dem Paradies. Unterhalb des Chors befindet sich die dreischiffige **Krypta**, in der die strenge romanische Schnitzfigur des hl. Candidus (oder Korbinian?) steht.

Im benachbarten Kapitelhaus fand das **Stiftsmuseum** (Juni–15. Okt. Do–Sa 17–19, So 10–12 Uhr, 15. Juli–Aug. zusätzlich Di–Sa 10–11 und Di 20–22 Uhr) seinen Platz. Es zeigt in sieben Schauräumen Objekte barocker Volksfrömmigkeit, Plastiken aus sechs Jahrhunderten sowie kostbare Buchmalereien, Drucke, Kupferstiche und den Domschatz.

Museumsgründer Michael Wachtler in seiner Dolomythos-Ausstellung

Übers Wildbad Innichen auf das Haunoldköpfl

Innichens Zentrum ist Startpunkt einer einfachen, aber langen Wanderung (zunächst Weg Nr. 4, dann Nr. 7, 8 h, 1000 HM) zum Haunoldköpfl (2158 m), einem optisch unspektakulären, dafür aber umso aussichtsreicheren Gipfel. Unterwegs passiert man das *Wildbad Innichen*, das schon 1586 als ›freyes Wiltpad‹ genannt wird und als ›Bauernbadl‹ großen Zulauf hatte. Die Quellen des verfallenen Bades nützt heute ein Mineralwasserbetrieb. Anschließend geht es durch dichten Bergwald weiter zum Haunoldköpfl. Der Rückweg über den Weg 7a führt vorbei an der urigen Dreischusterhütte (Tel. 0474 96 66 10, www.dreischuster-huette.com) im Innerfeldtal nach Innichen.

In der vom Michaelsplatz abzweigenden Peter-Paul-Rainer-Straße richtete das Innicher Unikum Michael Wachtler das Museum **Dolomythos – Die Wunderwelt der Dolomiten** (Nr. 11, Tel. 0474 91 34 62, www.dolomythos.com, Mo–Sa 10–12 und 15–19, Mitte Juli–Anfang Sept. tgl.) ein. Mit Fossilien, Mineralien, Schautafeln und Erzählungen werden die Dolomiten als Lebens- und Kulturraum dargestellt.

Folgt man der Rainer-Straße weiter Richtung Bahnhof, so erreicht man die originelle Baugruppe der **Altöttinger-** und der **Heiliggrabkapelle** (Auskunft zur Besichtigung durch Tourismusverein Innichen, s. u.). Es handelt sich um Nachbildungen der Gnadenkapelle im bayerischen Altötting und der Grabeskirche von Jerusalem, 1653 gestiftet vom reichen Innicher Gastwirt Georg Paprion, der für seine Pilgerfahrten bekannt war. Das Deckengemälde zeigt Gottvater, der seinen Sohn zur Erde schickt.

i Praktische Hinweise

Information

Tourismusverein Innichen, Pflegplatz 1, Innichen, Tel. 0474 91 31 49, www.innichen.it

Hotel

Post Hotel Alpina, Vierschach bei Innichen, Tel. 0474 91 31 33, www.posthotel.it. Geräumige Appartments in einer großzügigen Hotelanlage.

27 Sextental
Val di Sesto

Hier soll die Zeit mit der ›Sextener Sonnenuhr‹ gemessen werden.

Die Urlaubsgäste schätzen die Nähe zum *Naturpark Sextener Dolomiten*, einem Dorado für Kletterer und Bergwanderer.

Geschichte Über den Kreuzbergsattel (1636 m) lief schon in vorgeschichtlicher Zeit ein Handelspfad aus dem Piavetal, den die Römer zur Straße ausbauten. Diese führte von der Adria bis in die Hauptstadt ihrer Provinz Raetien, das heutige Augsburg. Sexten wird im Jahr 965 erwähnt, als Kaiser Otto I. dem Kloster Innichen Privilegien und weiteren Besitz verlieh. In der Urkunde werden drei Almen genannt. Cunasella, das heutige Gsellwiesen, Viscalina, das schöne Fischleintal, und eben Sexta, unser Sexten. Im Lauf der Zeit wuchs um die 1290 erstmals genannte Kirche St. Veit eine zusammenhängende Siedlung, der heutige Hauptort des Tales.

TOP TIPP Auf die Dreizinnenhütte

Vom Sextental zweigt bei der Lanzinger Säge das **Innerfeldtal** ab. Die Straße endet nach 4 km unterhalb der *Dreischusterhütte* (1626 m, Tel. 0474 96 66 10, www.drei-schuster-huette.com). Sie ist Ausgangspunkt der anstrengenden, aber ebenso lohnenden Wanderung zur *Dreizinnenhütte* (2405 m), von der man einen herrlichen Blick auf die senkrechten Nordwände der Drei Zinnen hat. Ungefähr 6 h muss man für Hin- und Rückweg einplanen.

Dreizinnenhütte und Kapelle (Mitte) vor den Zacken des gleichnamigen Massivs

Der Krieg drang erst im 20. Jh. in das Tal ein. Während des Ersten Weltkriegs lag Sexten unmittelbar an der **Dolomitenfront**. Die Italiener setzten mit Artilleriefeuer im August 1915 Kirche und Dorf St. Veit in Brand, dazu Moos und das dortige St.-Josefs-Kirchlein. Noch heute zeugen viele Spuren von den erbitterten Kämpfen in den Klüften und Wänden der Dolomiten zwischen den ›Alpini‹, drüben und den hiesigen ›Standschützen‹, von denen der berühmteste wohl **Sepp Innerkofler** aus Sexten war, Spross einer Bergführer-Dynastie. Als er am 4. Juli 1915 mit seiner Patrouille den Paternkofel erstürmte, verlor er sein Leben. Die Italiener bargen später seinen Leichnam und beerdigten ihn mit allen militärischen Ehren. Später wurden die sterblichen Überreste auf den Friedhof von Sexten-St. Veit überführt. Der Krieg unterbrach den Aufschwung, den das Sextental seit der Mitte des 19. Jh. dank des Fremdenverkehrs genommen hatte, zum Glück nur kurz.

Besichtigung Die Pfarrkirche **St. Peter und Paul** (tgl. 8–19 Uhr) in Sexten-St. Veit wurde nach der Zerstörung im Alpenkrieg 1921/22 wieder aufgebaut und 1923 von Albert Stolz mit einem Deckengemälde versehen. Nach Plänen des Bozner Architekten Marius Amonn wurde damals auch der stimmungsvolle **Friedhof** angelegt. Die Arkaden sind mit Fresken der Brüder Albert, Ignaz und Rudolf Stolz und mit Plastiken von Franz Santifaller und Ignaz Gabloner geschmückt. Die Kriegergedenkkapelle ziert ein Fresko des hl. Georg von Gretl Stolz. Von hohem künstlerischen Rang ist der *Totentanz* von Rudolf Stolz (1874–1960) in der runden Friedhofskapelle. Er entstand unter dem Eindruck des Ersten Weltkrieges.

Auch für die Kirche St. Joseph in **Moos** schuf Rudolf Stolz 1922 die Deckenbilder und 1956 die beiden Wandgemälde. Weitere Arbeiten dieses Künstlers kann man im *Rudolf-Stolz-Museum* (Dolomitenstraße 16, Juli/Aug. Di–Fr 15–19 und 20–22, Sa/So 10–12 und 15–22 Uhr, Juni/Sept./Okt. Mi, Fr 16–18 und So 10–12 Uhr) sehen.

Geradezu traumhaft schön ist das in Moos vom Sextental nach Süden abzweigende **Fischleintal**, das am Fischleinboden vor den bizarren Wänden und Kofeln des *Naturparks Sextener Dolomiten* endet. Am Taleingang liegt das Kneipphotel *Bad Moos* (Fischleintalstr. 27, www.badmoos.it) mit seinen Heilquellen. 500 m vom Resort entfernt befindet sich die

Talstation des Gondellifts, der Wanderer unter den Gipfel der Sextener Rotwand (2936 m) befördert.

Diese Rotwand gehört zu den fünf Dolomitengipfeln, die zusammen die **Sextener Sonnenuhr** ergeben. Wenn man an der richtigen Stelle steht, im Fischleintal auf dem Hügel Heidegg (auch Haideck auf manchen Karten), dann bilden der Neuner-, Zehner-, Elfer-, Zwölfer- und Einserkofel jene ›Zeiger‹, über denen zur dazugehörigen Stunde die Sonne steht, wobei der Zehnerkofel die bereits genannte Rotwand ist.

Am Mitterberg, der zum Sextener Hausberg, dem Helm (2433 m, Kabinenbahn), überleitet, steht der **Tschurtschenthalerhof** (Mitterberg 16, Tel. 0474710087, Mo geschl.). Seit 700 Jahren wird er immer vom Vater auf den ältesten Sohn vererbt. Man kann dort bodenständig essen und das Bauernmuseum besuchen, für das die Familie ihre alten Werkzeuge zusammengetragen hat.

i Praktische Hinweise

Information

Tourismusverein Sexten, Dolomitenstr. 45, Sexten, Tel. 0474710310, www.sexten.it

Die Pfarrkirche St. Peter und Paul in Sexten-St. Veit ist in alter Schönheit wiedererstanden

Hotel

******Alpenblick**, St. Josef-Str. 19, Sexten, Tel. 0474710379, www.alpenblick.it. Ansprechendes Hotel mit geschmackvoll eingerichteten Suiten. Da der Pool für Kinder erst ab 15 Uhr freigegeben ist, sollten Familien es allerdings meiden.

TOP TIPP ****Dolomitenhof**, Fischleintal 33, Sexten, Tel. 0474713000, www.dolomitenhof.com. Das Haus, inzwischen längst vergrößert und modernisiert, wurde vom Bergführer und ›Standschützen‹ Sepp Innerkofler begründet. Es liegt im Talgrund des Fischleinbodens.

Sport

Das Gebiet um den **Helm** und das **Hahnspielgebiet** (Kabinenbahnen von Sexten und Vierschach) sowie die **Rotwandwiesen** (Kabinenbahn) sind neben den Liften am **Kreuzbergsattel** die bevorzugten Gebiete der Alpin-Skifahrer. Für Langläufer ist die Doppelspur ins herrliche **Fischleintal** ein Hochgenuss. Außerdem locken Eis- und Rodelbahnen Wintersportler an.

Bozen – Hauptstadt mit eigener Sommerfrische

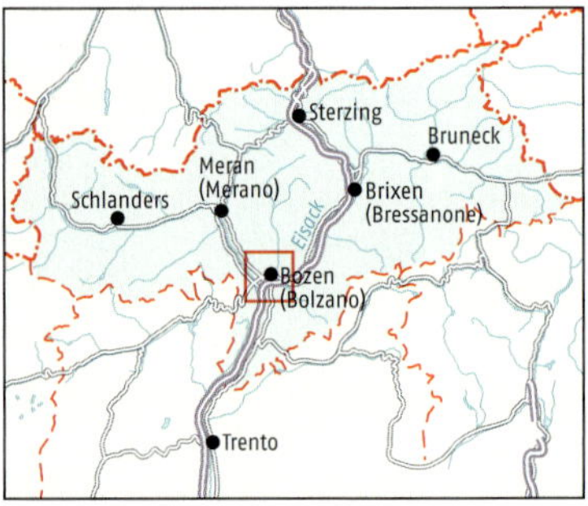

Bozen, die Hauptstadt von Südtirol, ist die einzige **Großstadt** Südtirols. Flair und Schönheit dieser alten Handelsstadt findet man noch im Stadtkern sowie in umliegenden, längst mit Bozen zusammengewachsenen Dörfern. Beispielsweise in dem von *Weingärten* geschmückten, malerischen **St. Magdalena**, dessen gleichnamige Pfarrkirche mit mittelalterlichen Fresken aufwarten kann. Weltlicher sind die Inhalte der Wandmalereien auf **Schloss Runkelstein**: Da führen etwa galante Ritter edle Damen zum Tanz, oder eine höfische Gesellschaft gibt sich dem Jagdvergnügen hin.

Doch auch die Bozner selbst können sich mit den stilvollen *Promenaden* ihrer Stadt, allen voran die **Laubengasse**, und großartigen *Kirchen* über einen Mangel an Attraktionen nicht beklagen. Überdies liegt unmittelbar vor der Haustüre ihre Sommerfrische: auf dem Ritten, auf dem Salten, im stillen Sarntal und im Eggental, wo die **Große Dolomitenstraße** ihren Anfang nimmt.

28 Bozen
Bolzano

TOP TIPP *300 m lang ist Bozens schönstes Stück – die Laubengasse.*

Der schönste Weg nach Bozen (103 000 Einw.), zumindest im Sommer, wenn kein Schnee die Straße blockiert, führt, vom Brenner kommend, von Sterzing zum Penser Joch und durch das Sarntal. Dann hat man erstens die kürzeste Strecke gewählt und zweitens kommt man dort an, wo die Sarntaler Schlucht und die steilen Hänge von Salten und Ritten den Stadterweiterern kein Spielfeld gelassen haben. Über die Talfer hinweg, mit Schloss Maretsch im Vordergrund, hat man so einen recht schönen Blick auf die Bozner Altstadt mit ihrem turmgekrönten Dachgewinkel, über dem die Zinnen des Rosengartens aufragen.

Geschichte Etwa 150 bisher nachweisbare vorgeschichtliche Siedlungsstellen und Wallburgen in der Umgebung von

Cafés säumen den von Walther von der Vogelweide überragten Waltherplatz

Bozen geben Zeugnis, dass dieser Raum schon seit der Mittleren Steinzeit bewohnt wurde. Als Kaiser Augustus 15 v. Chr. seine beiden Stiefsöhne Drusus und Tiberius mit zwei Heersäulen zur Eroberung des Alpen- und nördlichen Voralpenraums zwischen Bodensee und Inn aussandte, schlug Drusus, vermutlich beim heutigen Stadtteil Rentsch, eine **Brücke**, die als *Pons Drusi* den ersten Namen für Bozen liefert. Die moderne Drususbrücke über die Talfer erinnert nur dem Namen nach, nicht aber mit der Örtlichkeit an diesen römischen Brückenschlag. Die Römer bauten Straßen von Pons Drusi über den Reschen und den Brenner, verbesserten dabei allerdings nur schon bestehende Handelspfade.

Mit dem 680 genannten bajuwarischen *Castellum Bauzanum*, das wahrscheinlich am Virglberg lag, ist Bozen endgültig historisch beglaubigt. 769 stellte Bayernherzog Tassilo III. hier die Urkunde für die Gründung des Klosters Innichen aus.

Aus drei **Urzellen** wuchs im Mittelalter die Stadt Bozen zusammen: der Siedlung an der Eisackbrücke, dem um 1050 als ›Villa Bozani‹ erwähnten ›Dorf‹ und dem vom Bischof von Trient im 12. Jh. hinzugefügten *Kornplatz* mit der heutigen *Laubengasse*. Zu dieser bischöflichen Altstadt gesellten sich im 13. Jh. die Viertel der mit Bischof Friedrich von Trient verwandten Edelfreien von Wangen (Ort am Westabhang des Ritten) und der Grafen von Tirol. Graf Meinhard II. von Görz-Tirol (1258–1295) schmiedete gegen die Rechte der reichsfürstlichen Bischöfe von Brixen und Trient das Land Tirol zusammen. Der immer noch fürstbischöfliche Kern Bozens war ihm ein Dorn im Auge. Er brachte zunächst das Viertel der Wangener um die Bindergasse und den heutigen Rathausplatz an sich. 1277 nahm er Alt-Bozen ein und brach Tore und Mauern.

1314 baute der Bozner Bürger **Heinrich Kunter** den nach ihm benannten Weg durch die Eisackschlucht, der 1480 zur Straße verbreitert wurde. Dies verbesserte Bozens wirtschaftsgeographische Lage noch mehr. Die Situation hätte kaum besser sein können: Der Weg über die Alpen gabelt sich hier in die Brenner- und Reschenroute, die Etsch war ab Branzoll schiffbar – für kleinere Lasten schon ab Andrian. Auf dem bereits 1202 nachweisbaren alljährlichen Genesiusmarkt knüpften Kaufleute aus Nordita-

lien und Süddeutschland Verbindungen. Einige italienische Kaufleute gründeten bald feste Niederlassungen. Den Aufstieg zur Messestadt besiegelte Erzherzogin Claudia de Medici, die als Witwe Leopolds V. ab 1632 Tirol regierte. Sie gründete 1635 ein Handels- und Wechselgericht, den *Merkantilmagistrat*. Dieses Sondergericht für Handelsstreitigkeiten sorgte für Rechtsicherheit. Da es paritätisch mit Italienern und Deutschen besetzt war, fühlten sich alle in Bozen Handel treibenden Nationalitäten gut aufgehoben.

Während des 1. Koalitionskrieges (1792–97) kamen die Tirole **Stände** in Bozen zusammen und beschlossen die Landesverteidigung gegen Franzosen und Bayern. In der Bozner Pfarrkirche besiegelten sie am 1. Juni 1796 in feierlichem Gelöbnis ihren ›Bund mit dem göttlichen Herzen Jesu‹. Auf ihn berief sich 1809 auch Andreas Hofer, sein Freiheitskampf blieb freilich erfolglos.

Unter bayerischer Herrschaft wurde der nach dem damaligen König benannte Maximiliansplatz, der heutige Waltherplatz, angelegt. 1810 kam Bozen von Bayern an ein für Napoleons Stiefsohn Eugène de Beauharnais gegründetes Königreich Italien, bis am 11. Oktober 1813 österreichische Truppen in die Stadt einrückten. 1910 brachte Alt-Bozen die Landgemeinde Zwölfmalgreien an sich, einen Zusammenschluss mehrerer Dörfer im Osten, Norden und Süden der Stadt. Als 1925 der Kurort *Gries* eingemeindet wurde, war die heutige Stadtgrenze erreicht.

Im Jahr 1919 annektierte das faschistische Italien Südtirol. Zum Eklat kam es am 24. April 1921, als Faschisten in den Trachtenzug der Bozner Messe schossen. 1926 erklärte Mussolini Bozen zur Hauptstadt der neu geschaffenen gleichnamigen Provinz. Dieser Rang – und das Diktat Mussolinis – lockte Zehntausende Italiener nach Bozen. Man gab ihnen Arbeitsplätze in der Industrie und überbaute Obst- und Weingärten mit Wohnungen. Drei Viertel aller Einwohner sprechen heute Italienisch als Muttersprache. Sie wohnen vornehmlich westlich der Talfer, in den Quartieren an der Freiheitsstraße (Corso Libertà). Dem gewachsenen Rang der Stadt trug ihre Er-

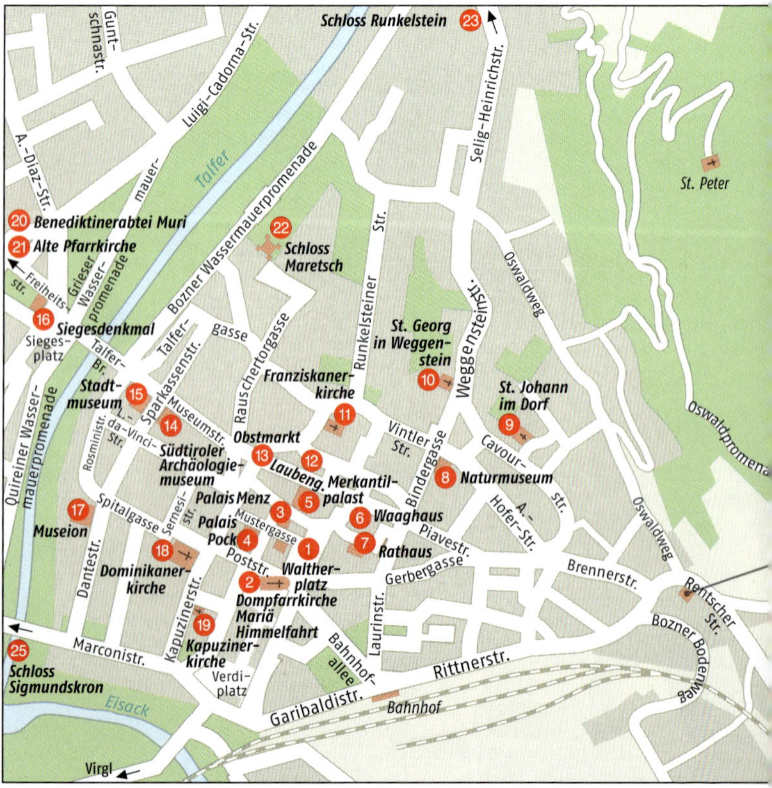

nennung zum Bischofssitz des Bistums Bozen-Brixen im Jahr 1964 Rechnung.

Wer sich Bozen heute von der Brennerautobahn her nähert, der muss zunächst dicht bebaute Industriegebiete durchqueren. Sie zeugen von der enormen Wirtschaftskraft der Stadt: Seit Jahren herrscht faktisch Vollbeschäftigung, und das Wirtschaftswachstum stellt den Rest Italiens weit in den Schatten.

Besichtigung Um heimisch zu werden, empfiehlt sich vor dem Besuch der großen Kunstwerke ein Rundgang durch die Altstadt, die zum größten Teil als Fußgängerzone ausgewiesen ist. Bester Ausgangspunkt ist der weite **Waltherplatz** 1, der nach Walther von der Vogelweide benannt ist. Die Marmorstatue des Minnesängers (Heinrich Natter, 1889) steht in der Mitte des Platzes auf einer Brunnensäule. Die ihn umgebenden Cafés sind ideale Orte, um den Tag zu vertrödeln.

TOP TIPP Der Dichter blickt hinüber zur **Dompfarrkirche Mariä Himmelfahrt** 2 (Tel. 0471978676, Mo–Sa 10–12 und 14–17 Uhr). Das Gotteshaus, das seit 1964 auch Bischofskirche ist, dominiert mit seinem reich verzierten Ostchor und der Nordwand mit dem schön gegliederten Turm den Waltherplatz. Die 1743 in barocker Unbekümmertheit dem Ostchor angebaute Gnadenkapelle stört leider den gotischen Gesamteindruck. Den 62 m hohen **Turm**, mit seiner filigranen Maßwerkspitze das Wahrzeichen Bozens, baute 1501–19 Hans Lutz aus dem schwäbischen Schussenried nach Plänen des Augsburgers Burghard Engelbert. Die Baugeschichte der Kirche reicht bis in das römische Frühchristentum des 5. Jh. zurück (Funde im Fundament). 1184 wurde ein romanischer Bau geweiht. Nach zwei Bränden im 13. Jh. begannen Lombarden noch einmal mit dem Errichten einer romanischen Basilika, die im **Langhaus** ab 1345 von einer deutschen Bauhütte als dreischiffige gotische Hallenkirche vollendet wurde, wobei hier aber der romanische Stil der Lombarden nicht verlorenging. Eine Rarität!

1380–1420 führte Hans Schiche den herrlichen hochgotischen **Umgangschor** auf, der Heinrich Parlers berühmten Hallenchor von Schwäbisch Gmünd zum Vorbild hat. Alle Merkmale der Parlerschule zeigt auch das **Leitacher Törl** (um 1400) an der Nordseite des Chores, während die lombardische Vorhalle der Westfront noch 1499 romanische Formen erhielt, wobei allerdings ältere Teile eingebaut wurden. Links von diesem Portal das um 1500 gemalte Fresko der so genannten **Plappermadonna**, zu der man früher Kinder mit Sprechschwierigkeiten brachte. Prunkstück der Inneneinrichtung ist die 1514 von Hans Lutz und seiner Werkstatt vollendete **Sandsteinkanzel** mit reichem Maßwerk und Reliefs der Kirchenväter. In Kontrast zum gotisch-romanischen Raum steht der Hochaltar (1710–18) mit marmornen Säulen und überlebensgroßen Heiligenfiguren, eine italienische Arbeit. In der 1771 von Karl Henrici freskierten **Gnadenkapelle** trägt der Altar die romanische *Marmorstatue* (um 1200) Unserer Lieben Frau im Moos, die der Legende nach ein Fuhrmann nahe der Kirche gefunden haben soll.

Die **Domschatzkammer** (Di–Sa 10–12 Uhr) in der alten Propstei birgt das umfangreiche barocke Kircheninventar mit kostbaren liturgischen Gewändern und erlesenen Goldschmiedearbeiten.

Von der Nordwestecke des Waltherplatzes aus betritt man die Mustergasse. Hier und am Musterplatz stehen vorwie-

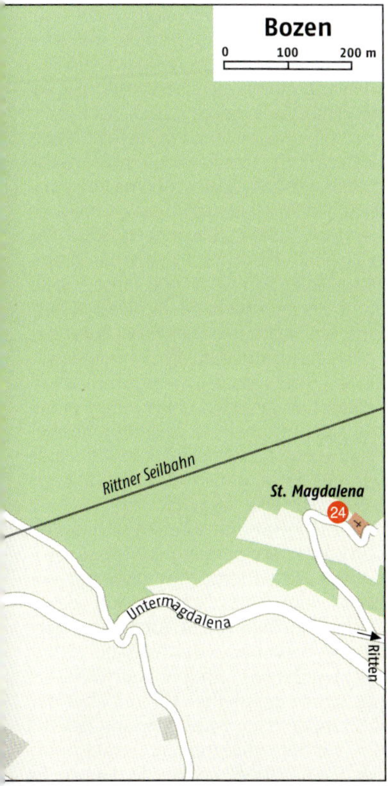

Die Dompfarrkirche mit der Sandsteinkanzel (1514) des Hans Lutz und dem barocken Hochaltar

gend Patrizierpaläste aus dem 18. Jh. mit hübschen Barock- und Rokokofassaden, vor allem das **Palais Campofranco** (1764) und das gegenüberliegende **Palais Menz** 3 (heute Banca Intesa) mit einem Rokoko-Festsaal, den der aus Schlesien stammende Karl Henrici 1771 ausgemalt hat. Das schönste Haus am Musterplatz ist das **Palais Pock** 4 (1759) mit imponierendem Treppenhaus. Von der Mustergasse durch die Pfarrgasse gehend, stößt man in der Silbergasse auf die prachtvolle Fassade des bis zur Laubengasse durchgebauten **Merkantilpalastes** 5 (Tel. 0471945709, Mo–Sa 10–12.30 Uhr, Führung nach Anmeldung) mit dem Merkantilmuseum. Die Dokumentation der erfolgreichen Wirtschaftsgeschichte der Region findet in dem Barockbau, der 1705–16 nach Plänen des Veronesers Francesco Pedrotti von Johann und Joseph Delai ausgeführt wurde, einen würdigen Rahmen. Der Arkadenhof zeigt, wie man auch ein Barockhaus in das System der Bozner Laubenhäuser einbinden kann, die alle einen oder mehrere Lichthöfe haben und von der Laubengasse eine Querverbindung zur jeweils parallel laufenden Gasse schaffen.

Von der Silbergasse aber zunächst zum Kornplatz, dem ältesten Platz Bozens. Die Linien im Straßenbelag zeichnen den Grundriss der einst hier stehenden Burg der Bischöfe von Trient nach. Gotischen Ursprungs ist das mit Fresken geschmückte **Waaghaus** 6, wo bis 1633 die Fronwaage stand. Das Haus reicht ebenfalls bis zur Laubengasse, zu der auch die von einem Schwibbogen überspannte Waaggasse führt. Östlich des Kornplatzes schließt sich nach der Gumergasse der Rathausplatz mit dem **Rathaus** 7 an, einem neubarocken Bau (1904–07) mit einigen Elementen des Jugendstils. Von hier öffnet sich der Blick in die Bindergasse. Sie war früher die Haupteinfallsstraße Bozens, woran noch heute die aufgereihten Gasthäuser mit ihren malerischen Wirtshausschildern erinnern, so der ›Mondschein‹ (Piavestr. Nr. 15, s. S. 96), das ›Weiße Rössl‹ (Nr. 6) oder der ›Eisenhut‹ (Nr. 21). Am Nordende dieser Gasse steht das Zunfthaus der Binder (= Küfer), einst das wichtigste Handwerk Bozens.

Das **Naturmuseum** 8 (Bindergasse 1, Di–So 10–18 Uhr, www.naturmuseum.it) residiert im einzigen unverändert erhalten spätgotischen Altstadthaus Bozens, dem ehem. *Landesfürstlichen Amtshaus* von 1512. Es informiert über die faszinierende Südtiroler Bergwelt.

Zwei interessante Kirchen sind nur einen kurzen Spaziergang vom Naturkundemuseum entfernt. Aus spätester Romanik (um 1300) stammt die kleine Chorturmanlage von **St. Johann im Dorf** 9. Die hervorragenden Fresken im Innern wurden von Angehörigen der Bozner Schule geschaffen, können aber nur in Gruppen nach Voranmeldung besichtigt werden (Information: Verkehrsamt der Stadt Bozen, s. S. 96). **St. Georg in**

Weggenstein ⑩ an der Weggensteinerstraße gehörte zu einem Spital der Deutschordenskommende. Die hochgotische Kirche (um 1400) hat barocke Ausstattung mit einem Hochaltarblatt des hl. Georg (1799) von Martin Knoller.

Der Weg zurück in die Innenstadt führt vorbei an der **Franziskanerkirche** ⑪ (Mo–Sa 10–12 und 14.30–18 Uhr). Franziskanermönche ließen sich bereits 1221 in Bozen nieder. Die heutigen Gebäude mit der Kirche an der Franziskanergasse gehen auf die 1. Hälfte des 14. Jh. zurück, der lang gestreckte, hohe Chor wurde 1300–48 erbaut, das Langhaus erst 100 Jahre später eingewölbt. Um 1350 entstand das Geviert des sehenswerten *Kreuzgangs*, dessen Garten von den Mönchen mit viel Liebe gepflegt wird. Leider sehr tief im Langhaus verborgen ist der im Jahr 1500 vollendete *Flügelaltar* des Hans Klocker, eines Meisters der Brixner Schule. Der Altar zeigt im Schrein in plastischen Figuren die ›Geburt Christi‹. Perspektivisch geschickt und als Relief gestaltet ist der Zug der Hl. drei Könige im Hintergrund. Das Rankenwerk der ›Wurzel Jesse‹ umrahmt das weihnachtliche Krippenbild. Reliefs an den Flügeln erzählen aus dem Marienleben, die Außenseiten tragen Gemälde vom ›Abschied der Apostel‹ und der ›Stigmatisierung des hl. Franziskus‹.

Bozens Laubengasse flankieren die namensgebenden Lauben mit ihren Geschäften

Belebte Einkaufsstraßen wie die Mustergasse durchziehen Bozens Altstadt

Nun geht es zur **Laubengasse** ⑫, dem Höhepunkt des Altstadtrundgangs. Vieles vom Mauerwerk in dieser Gasse geht auf das 12. und 13. Jh. zurück, wurde seither aber auch immer wieder umgebaut. Das heute Sichtbare repräsentiert in erster Linie den Bauwillen des 15. bis 17. Jh. Die Lauben sind von jeher der Mittelpunkt des Geschäftslebens. Zwischen Edelboutiquen und Feinkostläden stößt man auf das Ladengeschäft der *Südtiroler Werkstätten* (Nr. 39, www.werkstaetten.it). Hier werden Handwerksprodukte wie Federkielstickereien und Holzschnitzereien verkauft. Sowohl die *Madonna*- und die *Schwarzadlerapotheke* (Nr. 17 und 46) sind ihrem Mobiliar treu geblieben.

Nach Westen mündet die Laubengasse in den **Obstmarkt** ⑬, mit seinen Ständen sicher der bunteste Platz Bozens. Das Angebot bewunderte schon Goethe, als er 1786 erstmals in den Süden reiste. Übernachtet hat er in Bozen erst 1790, als er am Ende seiner zweiten Italienreise die Weimarer Herzoginmutter Anna Amalie von Venedig heimgeleitete. Man nahm Quartier beim ›Sonnenwirt‹ am Obst-

Überreich ist das Angebot auf den Bauernmärkten in Bozens Altstadt wie hier am Obstmarkt

markt. Das Haus wurde 1873 abgerissen, doch ist am Neubau (Ecke Museumstraße) eine Gedenktafel angebracht. Dem *Neptunbrunnen* (1746) am Platz gaben die Bozner den Spitznamen ›Gabelwirt‹.

Vom Obstmarkt gelangt man durch die Museumstraße zum **Südtiroler Archäologiemuseum** 14 (Museumsstraße 43, Tel. 0471320100, www.archaeologiemuseum.it, Di–So 10–18 Uhr, Juli/Aug./Dez. tgl.). Nach langer politischer Diskussion zwischen Italien und Österreich fand hier ›Ötzi‹, die Mumie aus dem Similaungletscher [s. S. 143], ihre vorerst letzte Ruhestätte. Durch ein Guckfenster kann man einen Blick auf die archäologische Sensation in der eigens eingerichteten Kältekammer im 1. Stock werfen.

Zwei deutsche Bergsteiger fanden 1991 seine sterblichen Überreste am Similaungletscher. Wie sich später herausstellte, war er vor 5300 Jahren an dieser Stelle ums Leben gekommen. Dieser ›Homo tirolensis‹ muss damals einer frühen Siedlungsgruppe im Schnalstal angehört haben. Wissenschaftler der Universität Innsbruck vertreten die Theorie, dass der Mittvierziger auf der Flucht vor Feinden gewesen sei, da man bei ihm einen halbfertigen Bogen und 14 offenbar hastig angefertigte Pfeile fand. Im linken Schulterblatt steckte sogar eine Pfeilspitze, gestorben ist er aber wahrscheinlich an Erschöpfung nach tagelanger Flucht.

Experten bemühen sich weiter darum, das Schicksal des Mannes und seine Lebensbedingungen zu analysieren. Die Dauerausstellung beleuchtet mit archäologischen Funden, Modellen, Hologrammen, Videos und Tonbändern Südtirols Geschichte von den ersten Anfängen bis zum frühen Mittelalter.

Das **Stadtmuseum** 15 (Sparkassenstr. 14, Tel. 0471974625, www.gemeinde.bozen.it, Di–Fr 10–16, Sa/So 10–18 Uhr) setzt chronologisch da an, wo das Archäologiemuseum aufhört, nämlich im Mittelalter. Kirchenaltäre und Statuen dokumentieren die tiefe Volksgläubigkeit des Südtiroler Bergvolkes. Städtischer Barock und Landestracht werden ebenfalls angerissen. Denn noch ist nur der 1. Stock des Museums zugänglich, der Rest harrt seit Jahren seiner Wiedereröffnung.

Jenseits der Talfer steht am Siegesplatz das bombastische **Siegesdenkmal** 16 des Faschismus. Der Triumphbogen mit monumentalisierten Liktorenbündel-Pfeilern (1928) ist eingezäunt und abgeschirmt. Nach Westen führt der Corso Libertà, die Freiheitsstraße, die bedeutendste der unter Mussolini gebauten Prachtstraßen Bozens.

Wendet man sich an der Talferbrücke nach links, so gelangt man zum **Museion** 17 (Dantestr. 6, www.museion.it, Di–So 10–18, Do bis 22 Uhr), dem Museum für moderne und zeitgenössische Kunst. Der 2008 vollendete Bau des Berliner Architekturbüros KSV beeindruckt durch seine kubische Form mit transparenten Stirnfassaden. So bietet es ein einladendes

Forum für die Bozner Kunstsammlung mit Werken des 19. und 20. Jh. aus dem alten Tirol (mit Trentino) sowie Ausstellungen aktueller Kunst.

Über die Spitalgasse gelangt man zur **Dominikanerkirche** 18 (Mo–Sa 9.30–17.30, So 12–18 Uhr). Gleich der Dompfarrkirche wurde auch das ehem. Dominikanerkloster bei den Bombenangriffen des Jahres 1944 schwer beschädigt. Daher ist in der wieder aufgebauten Klosterkirche nur noch ein Teil des reichen Freskenschatzes erhalten. Das Kloster, 1272 von Regensburg aus gegründet, wurde von italienischen Kaufleuten bevorzugt, vor allem als Begräbnisstätte. Der aus Florenz eingewanderte Bankier Nicolo Rossi-Boccio, später ›Botsch‹ genannt, stiftete die sehenswerten Fresken, welche die Wände der im Krieg weitgehend verschonten **Johanneskapelle** überziehen. Die um 1340 entstandenen Bilderzyklen stellen das Marienleben (Westwand), die Legenden der beiden hll. Johannes und des hl. Nikolaus (Ostwand) dar. Von beängstigender Dramatik ist der ›Triumph des Todes‹. Diese Fresken stammen von italienischen Wandermalern in der Nachfolge Giottos, die damit zu Gründern der Bozner Schule wurden und sind deren sowohl früheste als auch beste Werke.

Auch der anschließende **Kreuzgang** (Mo–Fr 9.30–17, Sa 9.30–12.30, So 12–18 Uhr) ist mit Fresken des 14. und 15. Jh. geschmückt. Hier war es Friedrich Pacher, Vertreter der Brixner Schule, der Wände und Gewölbe des Ost- und Südflügels um 1497 mit Szenen des Alten und Neuen Testaments im Sinne einer ›Biblia pauperum‹ ausmalte. Man findet hier also Beispiele der zwei wichtigsten Südtiroler

So könnte der Mann ausgesehen haben, der um 3300 v. Chr. am Similaun starb

Malschulen des ausgehenden Mittelalters in direkter Nachbarschaft. Die Räume des einstigen Klosters dienen heute einer anderen Kunst. Sie beherbergen das Musikkonservatorium ›Claudio Monteverdi‹.

Die **Kapuzinerkirche** 19 (tgl. 9–18.30 Uhr) schräg gegenüber besitzt ein hervorragendes Altargemälde des Veroneser Künstlers Felice Brusasorci: ›Antonius zwischen Andreas und Paulus‹, um 1600.

Gries

Um die Wende zum 20. Jh. war Gries ein bekannter Luftkurort. 1925 wurde das kleine Städtchen jenseits der Tafer, des-

Eine spielerisch geschwungene Brücke quert die Talfer zum futuristischen Museion

sen Kern sich um die alte Pfarrkirche schart, der Nachbarstadt Bozen eingemeindet und ging in dieser auf. Das Dorf wurde bis ins 15. Jh. ›Chellare‹ (Weinkeller) genannt, ehe sich der jetzige Name durchsetzte, der auf das grießige Bachgeröll zurückzuführen ist. Der größte Teil der alten Rebgärten ist freilich unter den Bauvierteln Neu-Bozens verschwunden.

Der Corso Libertà führt schnurgerade zur **Benediktinerabtei Muri** 20 (Grieser Platz 21, www.muri-gries.it, Führungen auf Anfrage, Tel. 0471281116) am Grieser Platz. Einem 1155 in der von Hochwassern gefährdeten ›Au‹ gegründeten Augustiner-Chorherrenstift schenkte Herzog Leopold 1406 die alte Burg in Gries, die zum Kloster ausgebaut wurde. Die letzten zwei Chorherren wurden 1845 von Benediktinermönchen abgelöst, die aus ihrem säkularisierten Kloster Muri im schweizerischen Aargau vertrieben wurden. Ihre

Die Bozner Schule

Der umfangreiche Bilderzyklus in der Johanneskapelle der Bozner Dominikanerkirche ist das früheste und zugleich bedeutendste **Freskenwerk** der Bozner Schule. Dieser Begriff meint nicht eine bestimmte Werkstatt, sondern einen **Stil**, der sich von der Malweise der Bilder in der Johanneskapelle ableitete und über ganz Südtirol verbreitete.

Kunsthistoriker vermuten drei bis fünf Wandermaler als Meister der um 1330/40 entstandenen Fresken. Sie werden aus jenem Kreis in Padua gekommen sein, der sich um **Giotto di Bondone** (um 1267–1337) gebildet hatte. Giotto leitete eine neue Epoche der Kunst ein, als er sich von der Strenge und Starrheit des romanisch-byzantinischen Stils löste, seinen lebendig modellierten Figuren freien Raum schuf, auf dem sie auftreten, handeln und damit auch Leseunkundigen das Geschehen deutlich machen konnten. Von seinem wichtigsten Werk, den Fresken in der Arenakapelle zu Padua (um 1305), findet sich in der Bozner Johanneskapelle manches schwächere Zitat.

Tiroler Meister nahmen fortan diese oberitalienischen Vorbilder auf, vermischten sie natürlich mit ihrer erlernten, nördlich orientierten Malweise – kennzeichnend hierfür vor allem die dramatisch bewegten, gedrängten Figurengruppen – und freskierten in dieser eigenen Stilmischung zahlreiche Bozner Kirchen. Mit **Hans Stocinger** als letztem großen Meister klingt die Bozner Schule bald nach 1400 aus.

›Triumph des Todes‹: Fresko in der Johanneskapelle des Bozener Dominikanerklosters

Weinstöcke reichen bis an die Mauern des längst säkularisierten Klosters Muri heran

Nachfolger betreiben noch heute in der Grieser Gemeinde Seelsorge.

Josef Anton Sartori schuf 1769–71 einen Kirchenneubau, der außen vor allem durch eine ungeheuer festliche Fassade besticht. Monumentale Pilaster und Säulen heben sich stark von der Klosterfront ab. Der *Innenraum* mit drei Altarnischen an jeder Seite und einer ovalen Kuppel wirkt eher streng und würdevoll. Die Ausmalung, einschließlich der sieben Altarbilder, ist das einheitliche Werk des aus Steinach am Brenner stammenden Martin Knoller, der in den Decken- und Wandfresken ein ganzes Augustinisches Programm ausbreitete. An die Rückwand der Orgelempore malte er die ›Bekehrung des hl. Augustinus‹, worauf über der Orgel ein Engelskonzert angestimmt wird. Im Langhausfresko verleiht Christus dem Heiligen die Kraft zum ›Ketzersturz‹, der im Bild der Kuppel schließlich in den Himmel der Heiligen aufgenommen wird. Im Chor, über dem Hochaltarblatt der ›Vision des hl. Augustinus‹, lobpreisen Engel die darunter dargestellte Dreifaltigkeit.

Die Knollerstraße führt vom Grieser Platz zur **Alten Pfarrkirche** 21 (April–Okt. Mo–Fr 10.30–12, April–Juni und Sept./Okt. auch 14.30–16 Uhr). Der hochgotische Bau des 15. Jh., dem 1519 die Erasmuskapelle angefügt wurde, ruht auf romanischen Fundamenten. Der barocke Hochaltar verdrängte den famosen **Pacheraltar** in die *Erasmuskapelle*. Dieser zu den ganz großen Kunstschätzen Südtirols zählende Altar, von Michael Pacher 1471–75 geschaffen, ist leider nur in seinen Hauptteilen erhalten. Sein Schrein steht allein im Raum, zwei Flügelreliefs sind an der Kapellenwand angebracht.

Das Schnitzwerk im *Schrein* zeigt die Krönung Mariens. Ihr weiter Mantel wird von zwei knienden Engeln gehalten, während seitlich vier Engel musizieren und über dem Ganzen ein Reigen herrlich gemalter Engel dem Geschehen zuschaut und dabei einen Vorhang hält, der den goldenen Hintergrund der Dreiergruppe – Gottvater, Gottsohn und Maria – bildet. Eine Stufe tiefer gestellt sieht man an den Seiten des Schreins den Erzengel Michael mit dem Teufel kämpfen und den als Nothelfer verehrten hl. Erasmus mit seinem Marterwerkzeug. Alle diese Figuren sind in ein faszinierend perspektivisch gearbeitetes Architekturgebäude hineingestellt. Die Flügel tragen Schnitzreliefs mit ›Mariä Verkündigung‹ und der ›Anbetung der Hl. drei Könige‹. Auf die Rückwand des Schreins sind 15 Szenen (um 1488) aus dem Leben Mariens und Jesu gemalt, vielleicht von Konrad Waider aus Straubing.

In der **Einsiedlerkapelle** hängt ein großartiges romanisches Kunstwerk, das vermutlich um 1205 im Rheinland entstandene und einst in der Bozner Pfarrkirche als Triumphkreuz dienende *Heppergerkreuz*. Die gotischen *Fresken* sind nur teilweise erhalten. Eindrucksvoll ist die Darstellung des ›Jüngsten Gerichts‹ (um

1530) mit Christus in der Mandorla an der Nordwand.

Vom Siegesdenkmal an der Talfer nimmt die *Grieser Wassermauerpromenade* ihren Ausgang. Gleich den Bozner Promenaden ist die bei der alten Grieser Pfarrkirche in Serpentinen ansteigende *Guntschnapromenade* als Kurweg angelegt. Schilder erklären die mediterranen Pflanzen an diesem aussichtsreichen Weg, der nach 3 km beim gastlichen Reichrieglerhof endet.

Ein erweiterter Stadtrundgang sollte Bozens Besonderheit, die **Promenaden**, einschließen. Die *Bozner Wassermauerpromenade* verläuft am östlichen Ufer der Talfer zwischen Talferbrücke und Schloss Klebenstein. Sie verbindet den ernsten Zweck des Hochwasserschutzes mit der Heiterkeit einer schattigen Allee. Auf der Höhe von **Schloss Maretsch** 22 (Claudia de'Medici-Str. 12, Tel. 0471976615, Führungen auf Anfrage, www.runkelstein.info) hat man einen herrlichen Blick auf Alt-Bozen und die Rosengartengruppe der Dolomiten. Das Schloss aus dem 13. Jh., das um 1560 im Renaissancestil umgebaut wurde, dient heute als eine Art ›Haus des Gastes‹ sowie als Tagungszentrum.

Folgt man der Wassermauerpromenade ein gutes Stück stadtauswärts, so erreicht man nach einer halben Stunde und steilem Anstieg aus der Sarner Schlucht **Schloss Runkelstein** 23 (Tel. 0471329808, www.runkelstein.info, Di–So 10–18 Uhr). Von Ostern bis Dezember besteht auch die Möglichkeit, vom Waltherplatz aus den Shuttlebus-Service in Anspruch zu nehmen.

TOP TIPP

Selbst die Wände um den Innenhof von Runkelstein zieren farbenfrohe Fresken

Die auf steilem Felsen über der Talfer gelegene Burg wurde Anfang des 13. Jh. errichtet. Ab 1386 bauten die reichen Bozner Bürger Niklas und Franz Vintler Runkelstein zum wehrhaften Schloss aus, errichteten in waghalsiger Lage das Sommerhaus und bestellten jene Künstler, die uns mit ihren **Fresken** eines der bedeutendsten Beispiele höfischer Malerei des Mittelalters hinterlassen haben. Als Ende des 15. Jh. Runkelstein in landesherrlichen Besitz kam, ließ sich Kaiser Maximilian I. hier ein behagliches Quartier ausbauen und sorgte – sozusagen als erster Denkmalpfleger – für eine Erneuerung eines Teils der Fresken. Ein später Nachfahre Maximilians, Kaiser Franz Joseph, ließ ab 1880 eine weitere Restaurierung durchführen, nachdem schwärmerische Romantiker wie der Dichter Victor von Scheffel, aber auch Bayernkönig Ludwig I., auf den Verfall Runkelsteins aufmerksam gemacht hatten. Franz Joseph schenkte das Schloss schließlich der Stadt Bozen, die es detailfreudig renovierte.

Wer an den Wandbildern vorbeigeführt wird, sollte daran denken, dass es bürgerliche Leute waren, die am Ausgang des Mittelalters in einer adeligen Wohnburg der gerade untergehenden Zeit des Rittertums gleichsam ein Denkmal setzten. Sich selbst schufen sie damit für wenige Jahrzehnte einen Musenhof, wie es in ganz Südtirol keinen schöneren gab. Die Einrichtung, mit der sich dieser kleine Hof umgab, ist der Zeit zum Opfer gefallen, geblieben sind die Figuren an den Wänden des Sommerhauses und des westlichen Palas, vor allem die jungen Damen und Kavaliere, die sich in fast märchenhaft kapriziöser Kleidung dem süßen Nichtstun, dem Tändeln (Flirt würde man es heute nennen) oder höchstens einem heiteren Ballspiel hingeben. Eine Dame ist immer wieder zu sehen. Sie trägt einen langen blonden Zopf und exzentrische Kopfbedeckung. Sie soll Margarethe Maultasch darstellen, die letzte Gräfin von Tirol, zur Zeit der Entstehung der Fresken allerdings schon ein Vierteljahrhundert tot.

Die Maler, von denen sich nur Hans Stocinger für die Arbeiten im Sommerhaus einigermaßen nachweisen lässt, führen auch Historien, Sagen und Wunder vor. Im Rittersaal findet ein gewaltiges

Asiatische Spiritualität und Südtiroler Festungsbau im Messner Mountain Museum über Bozen

Turnier statt, es wird gejagt und im Reigen getanzt. Die deutschen Kaiser, beginnend mit Karl dem Großen, werden in der Bogenhalle des Sommerhauses vorgestellt. Innen erzählt ein Zyklus Geschichten aus dem ›Wigalois‹, einem frühen Ritterroman aus dem Sagenkreis um König Artus, den der Franke Wirnt von Gravenberg um 1205 geschrieben hat. In den Lauben des Oberstocks gibt es die sogenannten Triaden zu bewundern, also die drei frömmsten Kaiser, die drei größten Helden des Altertums, die herrlichsten Liebespaare, die drei stärksten Riesen und die drei mächtigsten Zwerge. Ob der Fülle der Bilder verlässt man Runkelstein fast etwas benommen.

Etwa auf Höhe von Schloss Runkelstein befindet sich die **Seilbahn** hinauf nach Jenesien [Nr. 31.] Aus der Sarner Schlucht führt die Oswaldpromenade in einer knappen Stunde in das Rebgartenparadies von **St. Magdalena** 24 (Mi 16–18 Uhr), dessen um 1300 an der Schwelle zwischen Romanik und Gotik entstandene Chorturmkirche mit Fresken geschmückt ist. Ein erster Zyklus, in der Apsis sichtbar, entstand um 1300 im frühgotischen Linearstil. Der Meister der um 1370 gemalten Bilder, etwa der Passionsszenen und der Magdalenenlegende an den Langhauswänden, wird der Bozner Schule zugerechnet.

Hoch über der Etsch, am westlichen Stadtrand von Bozen, wacht **Schloss Sigmundskron** 25 (Sigmundskronerstr. 53, Tel. 0471 63 12 64, www.messner-mountain-museum.it, März–Nov. Fr–Mi 10–18 Uhr). Der strategisch günstig gelegene Stützpunkt wurde unter Erzherzog Sigmund und Kaiser Maximilian I. zur Festung ausgebaut. Ergänzt durch eine moderne Stahl-Glas-Konstruktion beherbergen die Mauern seit Sommer 2006 das *Messner Mountain Museum Firmian*, in dem der Bergsteiger Reinhold Messner den Einfluss der Berge auf das Leben der Menschen dokumentiert.

Praktische Hinweise

Information

Verkehrsamt der Stadt Bozen, Waltherplatz 8, Bozen, Tel. 0471 30 70 00, www.bolzano-bozen.it

Flughafen

Airport Bozen Dolomiten (ABD), 5 km südl. von Bozen, Tel. 0471 25 52 55, www.abd-airport.it

Blühender Blauregen am Lokal Batzenhäusl in einem alten Deutschordenspalast

Hotels

TOP TIPP ****Parkhotel Laurin, Laurinstr. 4, Bozen, Tel. 0471311000, www.laurin.it. Das unbestritten ›Erste Haus am Platze‹ besitzt bezaubernde Jugendstilräume und ein elegantes Restaurant.

****Parkhotel Luna–Mondschein, Piavestr. 15, Bozen, Tel. 0471975642, www.hotel-luna.it. Mittelalterliches Haus, sehr schön in der Verlängerung der Laubengasse und unmittelbar an der Bindergasse gelegen.

***Gasthof Kohlern, Kohlern 11, Bozen Tel. 0471329978, www.kohlern.com. Das Panoramahotel liegt idyllisch in 1130 m Höhe auf dem Kohlerer Berg über Bozen (Seilbahn vom Kampillerweg)

Jugendherberge Bozen, Rittnerstr. 23, Tel. 0471300865, www.bozen.jugend herberge.it. Modern und günstig.

Café

Streitberger, Museumstr. 15, Bozen, 0471978303. Ein Kaffeehaus der guten alten Wiener Art. Vorzüglich schmeckt die Sachertorte.

Restaurants

Batzenhäusl/Ca'de Bezzi, Andreas-Hofer-Str. 30, Bozen, Tel. 0471050950, www.batzen.it. Das Lokal ist in einem einstigen Deutschordenspalast auf drei Etagen untergebracht. Auch zu später Stunde erhält man noch warmes, kräftiges Essen.

Burgschenke Schloss Runkelstein, St. Anton 15, Bozen, Tel. 0471324073. Mittelalterliche Kost auf Vorbestellung, sonst regionale Küche, beides schmeckt dank des historischen Ambientes besonders gut (Di–So 10–18 Uhr).

Café Museion, Dantestr. 6 b, Tel. 3334068762, www.cafe-museion.com. Bistro mit minimalistischer Einrichtung und innovativer Küche (Mo geschl.)

Reisefilm: Bozen
QR Code scannen [s.S.5] oder dem Link folgen: www.adac.de/rf0005

Reisefilm: Archäologiemuseum
QR Code scannen [s.S.5] oder dem Link folgen: www.adac.de/rf0006

Kunstwanderung am Kohlerer Berg

Vom Bozener Kampillerweg führen Straße und Kabinenbahn hinauf zum aussichtsreichen **Kohlerer Berg** mit der traditionsreichen ›Sommerfrische‹ Herrenkohlern (1181 m) und Bauernkohlern (Seilbahnstation). Unsere Kunstwanderung beginnt erst mit dem Abstieg zur Bergkuppe des **Virgl** (450 m, Aussicht zum Schlerngebiet). Dort steht auf dem Kalvarienberg, am Ende eines Stationenwegs, die hochbarocke *Grabeskirche* (Pietro und Andrea Delai, 1683/84) mit der Nachbildung des Heiligen Grabes hinter dem klassizistischen Hochaltar. Wichtiger ist die nahe der Grabeskirche gelegene romanische Kirche **St. Vigil unter Weineck** mit ihren großartigen Fresken (um 1385) der Bozner Schule. Beeindruckend sind vor allem die zwölf Szenen aus dem Marienleben an der südlichen Langhauswand, nach denen der unbekannte Künstler ›Meister des Marienlebens‹ genannt wird.

Vom Kohlerer Berg kann man auch in das **Eggental** absteigen, wo hoch über Kardaun, am Eingang zum Tal, die **Burg Karneid** (Führungen Fr 15 und 16.30 Uhr, Voranmeldung Tel. 0471361300) aufragt. Diese hat ihre wiedergewonnene Schönheit dem Münchner Erzgießer Ferdinand von Miller zu verdanken, der sie 1880 kaufte und restaurieren ließ.

Über die Erdpyramiden am Ritten blickt man hinüber zum kleinen Weiler Lengmoos

29 Ritten
Renon

Wo Pyramiden aus dem Boden wachsen.

Die große Attraktion auf dem Ritten ist die Landschaft, in der manche alte Kirche oder Kapelle für malerische Akzente sorgt. Die Hochfläche, die vom markanten Rittner Horn (2260 m) überragt wird, ist ein Teil der Sarntaler Alpen. Grüne Matten, Lärchenwälder und kleine Seen bestimmen die Landschaft.

Die weit verstreuten Siedlungen der Gemeinde Ritten, die ihren Sitz in Klobenstein hat, liegen zwischen 900 m (Unterinn) und 1577 m (Gißmann). Hauptorte sind Oberbozen und Klobenstein.

Geschichte Funde deuten auf einen ›Räterweg‹ über den Ritten hin, beweisen aber nicht, dass auch die Römer jene Route benutzten, auf der dann im Mittelalter deutsche Kaiser, Händler und Rompilger von Kollmann im Eisacktal über St. Verena und Lengmoos die Gefahren der Eisackschlucht umgingen. An diesem Weg, bei Lengmoos, unterzeichnete Kaiser Konrad II. im Jahr 1027 die Urkunde über die Verleihung der Grafschaft Bozen an den Bischof von Trient. Im Mittelalter war der Ritten aufgeteilt in die Gerichte Wangen am Westrand und Stein am Ostrand. Spätestens seit dem 16. Jh. ist der Ritten Sommerfrische der Bozner Bürger. Während sich die reichen Patrizier einem der Kunst gewidmeten Ferienleben in prachtvollen Villen hingaben, haben weniger bemittelte Bozner ihre Sommerfrische mit Hilfe einer kleinen Landwirtschaft finanziert.

Besichtigung Elegant geschwungen ist die aus Glas und Stahl erbaute Talstation der Rittenbahn nahe dem Bozner Bahnhof. Von hier geht es hinauf nach **Oberbozen**. An der Haltestelle beginnt der *Rittner Themenweg*, der in etwa 1,5 h zu einigen der Sehenswürdigkeiten des Ritten führt. Zunächst gelangt man zu den **Erdpyramiden**, für die der Ritten so bekannt ist. Diese aus eiszeitlichem Moränenlehm bestehenden Säulen werden durch Decksteine, die den Gesetzen der Schwerkraft zu widerstehen scheinen, vor Erosion und Zerstörung geschützt.

Sodann erblickt man die einsam auf einem bewaldeten Felshügel stehende und vom äußeren Bild her weitgehend romanische Kirche **St. Georg und St. Jakob** (Schlüssel im Informationsbüro Oberbozen). In ihrer Apsis wurden spätromanische Fresken (um 1290) aufgedeckt.

Musik und Sommer auf Burg Runkelstein

Hamlet unter freiem Himmel

Einer der schönsten Spielorte der Südtiroler Sommersaison ist der Kommendehof in Lengmoos, wo TOP TIPP alljährlich die **Rittner Sommerspiele** (www.rittnersommer spiele.com) stattfinden. Doch auch anderenorts kommt von Juli bis Ende September modernes und Klassisches auf die Bühne. So wird in Lana, in Bozen, auf Schloss Runkelstein sowie auf Schloss Goldrain im Vinschgau, auf Schloss Prösels in Völs am Schlern, im Hof des Stadtmuseums von Bruneck und in Neumarkt (alle geraden Jahre) Freilichttheater, meist der modernen Art, geboten. **Informationen** erteilen die jeweiligen örtlichen Tourismusvereine.

Nicht minder sehenswert ist die Pfarrkirche **Maria Himmelfahrt** im gleichnamigen Weiler, der nächsten Station der Rundwanderung. Sie entstand 1668, der heutige Bau ist frühklassizistisch. Das Gemälde im Hochaltar schuf 1794 Christoph Unterberger. Um die Kirche gruppieren sich historische Sommerfrischhäuser, meist von einem Garten oder gar Park umgeben und, da im Privatbesitz, nicht zugänglich. Ein besonders gutes Beispiel ist das mit Wandmalereien geschmückte *Haus Toggenburg*. Nahezu fürstlich erscheint der Park von *Haus Menz* mit seiner Lindenallee, einem kleinen Mausoleum und einer ›Gloriette‹. Anschließend geht es zurück nach Oberbozen.

Hier kann man die nostalgische **Rittnerbahn**, die Schmalspurbahn über das Hochplateau des Ritten besteigen. Sie schlängelt sich seit 1907 wunderschön durch Wiesen und Wälder und verbindet Oberbozen über Wolfsgruben und Lichtenstern mit Klobenstein.

Verlässt man sie an der ersten Station, in Wolfsgruben, wieder, so kann man sich im **Wolfsgrubener See** (1177 m) mit seinem Badestrand erfrischen. Vom Parkplatz am See führt ein kurzer Fußweg zum **Plattner Bienenhof** (Wolfsgruben 15, Tel. 0471 34 53 50, www.museo-plattner.it, Ostern–Okt. tgl. 10–18 Uhr) mit seinem kleinen Bienenmuseum, das anhand historischer und aktueller Werkzeuge das Imkerhandwerk erläutert.

An der Endstation der Rittnerbahn in Klobenstein beginnt der **Erdpyramidenweg** (Weg Nr. 24) zum eindrucksvollsten *Pyramidenfeld*. Der Weg führt auch an einem 1211 entstandenen Pilgerhospiz vorbei, das bald darauf an den Deutschherrenorden überging. Er ließ den barocken *Kommendehof* (Führungen Mai–Okt. einmal wöchentlich, Infos bei Tourist Information) errichten, der von Ende Juli bis Mitte August als Bühne für die Theatervorführungen der ›Rittner Sommerspiele‹ (Tel. 0471 35 70 73, www.rittnersommerspiele.com) dient.

Über Lengmoos kann man auch nach Mittelberg mit seiner malerisch gelegenen gotischen *Nikolauskirche* weiterwandern. Im Innenraum zeigt ein Fresko einen Passionszyklus, der als Frühwerk des Leonhard von Brixen, um 1450 gilt.

Eine **Rundwanderung** (4 Std.) führt von Pemmern (Parkplatz) zum Rittner Horn und über das malerische Bergdorf Gißmann wieder zurück. **Wintersport** ist in allen Disziplinen möglich. Klobenstein hat sogar eine Kunsteis-Schnelllaufbahn, und Skilifte gibt es am Rittner Horn und an der Schwarzseespitze.

i Praktische Hinweise

Information

Tourismusverein Ritten, Dorfstr. 5, Klobenstein, Tel. 0471 35 61 00, www.ritten.com

Hotel

******Bemelmans Post**, Dorfstr. 8, Klobenstein, Tel. 0471 35 61 27, www.bemelmans.com. Das Haus geht auf den alten Postgasthof zurück, der eine wichtige Station am Brennerweg über den Ritten war. Der Beiname stammt von Ludwig Bemelmans (1898–1962), der es einige Zeit leitete. Der in Meran geborene und 1914 in die USA ausgewanderte

Gastronom wurde als Autor von Kinderbüchern und des autobiografischen Romans ›Hotel Splendid‹ bekannt.

Penzlhof, Penzlhof 9, Lengstein-Ritten, Tel. 04 71 34 90 11, www.penzlhof.it. Der moderne Innenausbau passt überraschend gut zum uralten Gemäuer.

Restaurant

Parkhotel Holzner, Dorf 18, Oberbozen, Tel. 04 71 34 52 31, www.parkhotel-holzner.com. Beim Holzner kann man in Jugendstil-Ambiente übernachten und bei entsprechendem Preisniveau vorzüglich speisen (Mitte Jan.–Mitte April geschl.).

30 Sarntal
Val Sarentino

Viel Kunsthandwerk ist hier zuhause.

Das von der Talfer durchflossene Sarntal (6000 Einw.) reicht von der Sarner Schlucht bei Bozen bis hinauf zum 2214 m hohen Penser Joch [vgl. auch Nr. 3]. Hektik kommt höchstens bei Jahrmärkten und an hohen Kirchenfeiertagen auf.

Hauptort ist das Städtchen **Sarnthein**. Etliche alte Häuser, prägen das Ortsbild, darunter das Wirtshaus *Zum Hirschen*, (Reineggweg Nr. 8, Tel. 04 71 62 31 16), dessen Gastraum von einer spätgotischen Balkendecke überwölbt wird. Über dem Dorf ragt die *Burg Reinegg* auf. Sie befindet sich in Privatbesitz und kann nicht besichtigt werden.

Die *Pfarrkirche* ist ein neoromanischer Bau, dessen expressionistische Wandmalereien (Johann Peskoller, 1929) eine Besonderheit darstellen. Ganz anders die nahe der Talferbrücke stehende Kirche *St. Cyprian* (15. Jh.). Ihre noch von einem Vorgängerbau stammende Nordwand trägt oben einen um 1390 entstandenen Bildzyklus der Passion. Weiter unten sind Szenen aus der Legende um die Entführung der hl. Justina von Padua und der Taufe des hl. Cyprian zu sehen.

TOP TIPP Alljährlich ist das Gotteshaus Ziel der Prozession des **Sarntaler Kirchtags** am Schutzengelsonntag (1. So im September). Auch am Freitag und Samstag davor, bei Volksfest und Bauernmarkt, tragen die Sarntaler ihre Tracht aus Leibgurt (›Fatsch‹) und Hosenträger (›Krax‹). Federkielsticker bringen mit gespaltenen Kielen indischer Pfauenfedern die über Generationen weitergegebenen Muster auf das Leder [s. S. 100]

Ländliches Rokoko verkörpert die Kirche St. Erasmus in **Astfeld** (3 km nördl. von Sarnthein), die 1759 gebaut wurde. Das gesamte Gewölbe füllen von Kartuschen und Engeln gerahmte Szenen aus dem Leben des Kirchenpatrons.

In Astfeld zweigt das **Durnholzer Tal** ab. In der gotischen Pfarrkirche des kleinen Dorfs *Durnholz* sind besonders die Fresken am Triumphbogen aus der Spätzeit der Bozner Schule bemerkenswert.

Am Sarntaler Kirchtag durchziehen traditionell gekleidete Reiter die Altstadt von Sarnthein

Die um 1420 entstandenen Bilder zeigen Szenen aus der Nikolauslegende. Das Durnholzer Tal mit dem gleichnamigen See ist ein großartiges Wandergebiet, was auch für die Täler um Weißenbach und **Pens** zutrifft. Die Penser Pfarrkirche weist spätgotische Fresken von 1511 auf.

i Praktische Hinweise

Information

Tourismusverein Sarntal, Kirchplatz 9, Sarnthein, Tel. 04 71 62 30 91, www.sarntal.com

Einkaufen

Eine wahre Fundgrube für Souvenirs sind die Federkielstickereien, wobei zu bedenken ist, dass eine prächtige ›Fatsch‹ (Leibriemen) an die 200 Arbeitsstunden verursacht. So etwas kann also nicht billig sein.

Familie Thaler, Rohrerstraße 41, Tel. 04 71 62 32 58, www.federkielstickerei.com

Sarntaler Federkielstickerei, Europastraße 77, Tel. 04 71 62 23 63, www.federkiel stickerei.eu

Sport

Das Skigebiet **Reinswald** ist um den Pichlberg (2150 m) und die Morgenrast mit Sessel- und Schleppliften erschlossen. An der Bergstation der Sesselbahn beginnt auch eine 4,5 km lange Naturrodelbahn. Von den Loipen ist jene im Durnholzer Tal landschaftlich sehr schön. Eissport ist auf Naturbahnen ebenfalls möglich. Und alles nicht überlaufen!

Hotels

***__Hotel Stern__, Astfeld 12, Sarnthein, Tel. 04 71 62 31 40, www.sternhotel.it. Gemütlicher Familienbetrieb in schöner Hanglage am Ortsrand.

Restaurants

Alpes, im Hotel Bad Schörgau, Sarnthein, Tel. 04 71 62 30 48, www.bad-schoergau.com. Küchenchef Egon Heiss zaubert mit Pinsel und Spritztülle seine Kreationen. Köstlich: karamellisierter Kaiserschmarrn mit Schörgauer Johannisbeeren. Auch das Hotel ist empfehlenswert.

Auener Hof, Sarnthein/Auen 21, Tel. 04 71 62 30 55, www.auenerhof.it. Gut 8 km außerhalb von Sarnthein werden Gäste mit Sterneküche beglückt (Mi/So abend geschl.). Das dazugehörige Hotel hat einen exklusiven Wellnessbereich.

31 Salten
Il Salto

Hier locken herrliche Fernblicke und Wandermöglichkeiten.

Der Salten ist eine unverfälschte, stille Wanderlandschaft, in der dem Besucher an Werktagen eher ein Haflingerpferd als ein Mensch begegnet. Alte Höfe stehen vereinzelt in der Landschaft, das ›Feuerhaus‹ oft noch mit Schindeln, das ›Futterhaus‹ gar mit Stroh gedeckt.

Als südwestlicher Ausläufer der Sarntaler Alpen liegt der Salten wie ein Keil zwischen den Tälern der Talfer und der Etsch, zu denen er steil, streckenweise in Felswänden abfällt. Die Einheimischen nennen den Bergstock ›Tschögglberg‹, und das soll soviel wie ›schief‹ bedeuten. Im Norden geht die Hochfläche des Salten mit dem Möltner Joch (1734 m) und dem Jenesinger Jöchl (1822 m) in den höheren Teil der Sarntaler Alpen über.

Mit der Seilbahn kommt man von Vilpian (16 km ab Bozen) zum ›Etschblick‹ auf dem Salten. Von hier führt ein alter Kirchweg (Weg Nr. 1) in gut 2 Stunden nach **Mölten**. Wer einen Blick in die örtliche Pfarrkirche wirft, kann sich an den Resten von Fresken (um 1380) der Bozner Schule erfreuen. In der Friedhofskapelle *St. Anna* steht eine Pietà (um 1400) aus Steinguss. Um Mölten herum sind mehrere vorgeschichtliche Wallburgen nachweisbar, an deren Stelle heute mitunter Kirchen aus romanischer Zeit stehen, wie etwa in *St. Ulrich* bei Gschleier oder *St. Georg* bei Versein.

Ausgedehnte Spaziergänge über den Salten sind gerade im Frühjahr, wenn die Almwiesen blühen, und im Herbst, wenn die Lärchen golden leuchten, besonders reizvoll. Ein Wanderweg führt von Mölten zur Kirche **St. Jakob auf Lafenn** (Fenn = Moor). Das herrlich in der Landschaft stehende romanische Gotteshaus wurde 1510 gotisiert.

Am Eingang der Sarner Schlucht in Bozen steht die Talstation der Seilbahn nach **Jenesien**. Das Dorf besitzt mit seiner Pfarrkirche *St. Genesius* einen bemerkenswerten Bau (1838) des Historismus, dessen Wandmalereien und Altarbilder ganz im Zeichen des Nazarenerstils stehen. Auch das Rathaus in einem gotischen Turm ist ein Blickfang.

In der Umgebung gibt es mehrere alte Bauernhöfe, die einstmals herrschaftliche Ansitze waren, so etwa der Steiflerhof

Pferde weiden auf einer Wiese am Salten hoch über dem Etschtal

südwestlich des Dorfes. Hier kommt man vorbei, wenn man über den Altenberg nach Bozen absteigt.

Praktische Hinweise

Information

Tourismusverein Jenesien, Schrann 7, Jenesien, Tel. 0471354196, www.jenesien.net

Tourismusverein Mölten, Möltnerstr. 1, Tel. 0471668282, www.moelten.net

Einkaufen

Sektkellerei Arunda, Dorf 53, Mölten, Tel. 0471668033. In der höchstgelegenen Kellerei Europas wird Sekt nach klassischer Methode hergestellt. Besitzer Josef Reiterer und seine Familie drehen die abgefüllten Flaschen liebevoll von Hand.

Restaurant

TOP TIPP **Berggasthof Lanzenschuster**, Flaas 48, Jenesien, Tel. 0471340012, www.lanzenschuster.com.
Ein besonders gutes Beispiel für die unverfälschte regionale Küche. Zu den Spezialitäten des Hauses auf 1518 m Höhe zählen Gerichte mit wilden Kräutern (Mo geschl.). Die Kleinen erfreuen sich am Streichelzoo.

Zu den Stoanernen Mandln

Die mittelschwere Wanderung (340 HM, ca. 3 h) beginnt an der Jausenstation des Jenesinger Jöchl (Mobil 0039/3389213269) bei Flaas. Von dort geht es auf dem Pfad in Richtung des Putzen Kreuz zu einer Wegkreuzung, an der ein Schild den Weg zu den Stoanernen Mandln weist. Bizarr und auch ein wenig gespenstisch wirken all die Steinhaufen, die hier auf 2003 m Höhe rund um das Gipfelkreuz aufgeschichtet wurden. Zurück führt der Weg Nr. 28 über den Möltner Kaser, einer weiteren Jausenstation, zum Ausgangspunkt.

Man kann die Stoarnernen Mandlen auch von der Sarner Skihütte (Auen 19, Tel. 0039/3493435556, www.sarnerskihuette.com) aus erreichen. Über die Wege 2 und 11 dauert die Wanderung etwa 2,5 h.

Meraner Land – Palmen und ewiger Schnee

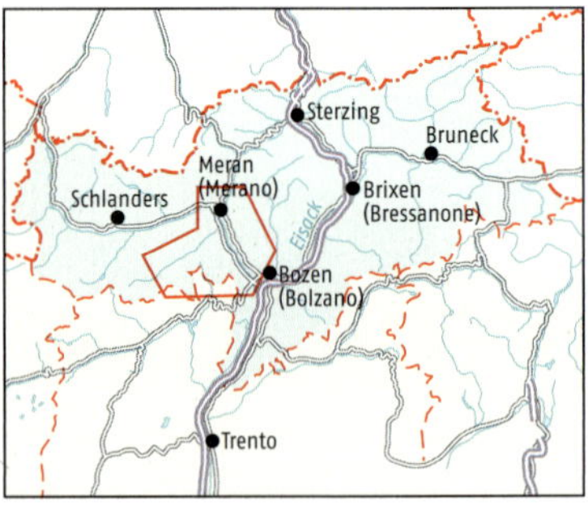

In den Meraner Kessel münden das **Passeier**- und das **Ultental**. Es ist ein besonderer Landstrich Südtirols: Palmen und mediterranes Blühen und Reifen in Meran, ewiger Schnee ganz oben im Passeiertal und auf den Dreitausendern der Texelgruppe.

Was so außerordentlich gut gelegen, dazu auch noch so schön ist, bekommt viel Besuch. Und so geht es in **Meran** mit seinen Promenaden, in **Dorf Tirol** mit seiner alten Burg und in **Schenna** über dem Passeiertal an vielen Tagen im Jahr hoch her. Die drei Orte, die zusammen rund 40 000 Einwohner haben und inzwischen fast nahtlos ineinander übergehen, verzeichnen im Jahr 2,5 Mio. Übernachtungen.

32 Meran
Merano

TOP TIPP *Der Charme einer traditionsreichen Kurstadt unter den Gipfeln gewaltiger Dreitausender.*

Mit seinen 35 000 Einwohnern ist Meran nach Bozen die zweitgrößte Stadt Südtirols. Die Etsch, von Westen her fließend, nimmt hier die Passer auf. Sie kommt vom Timmelsjochs (2474 m) herunter und fließt schon nach 30 km an Palmen und Edelkastanien vorbei! Ihr ungestümes Gebirgswasser versorgt die Meraner Promenaden selbst bei großer Hitze mit einiger Frische. Und vom **Blumenmeer** Merans sind es nur 10 km Luftlinie bis zur Partschinser Rötelspitze, einem Dreitausender in der Texelgruppe. Kühlkammer und Botanischer Garten liegen in Südtirol nah beieinander.

Die geschützte Lage am Fuß des *Küchelbergs* und die geringe Luftfeuchtigkeit verhalfen der Stadt zum Status eines heilklimatischen **Kurortes**. Außerdem ist Meran mit seinen radonhaltigen Quellen auch zum Thermalbad mit modernem Kurzentrum geworden. Ohne ärztliche Rezeptur reist man hingegen im Herbst zur traditionellen Traubenkur an.

Merans Skiarena heißt **Meran 2000**. Sie wird von Falzeben aus über eine Umlaufseilbahn erschlossen. Dieser Ort befindet sich auf dem 1250 m hoch gelegene grüne Plateau von *Hafling*, das der Pferderasse den Namen gab. Haflinger- und Bauernrennen sind ein Teil des Meraner **Pferdesports,** der im Frühjahr (Haflinger Bauerngalopprennen am Ostermontag)

Zauberhaft blühende Stiefmütterchen vor dem Kurhaus von Meran

und im Sommer Saison hat, Ende September folgt der ›Große Preis von Meran‹ und Ende Oktober das Maia-Oktoberfest mit Haflingergaloppreiten.

Geschichte Eine römische ›Statio Maiense‹, Rast- und Zollplatz an der über den Reschenpass nach Augsburg führenden ›Via Claudia Augusta‹, vermutet man auf dem Boden der heutigen Stadtteile Ober- und Untermais, ist aber bisher noch nicht fündig geworden. Das älteste historische Monument ist **St. Zenoberg**, vielfach auch nur ›Zenoburg‹ genannt. Hier befand sich in vorgeschichtlicher Zeit eine Wallburg und zur späten Römerzeit auch ein ›Castrum Maiense‹.

Der Name Merans taucht erst im 9. Jh. als ›Mairan‹ auf, was auf eine Siedlung am Moränenschutthügel des Küchelbergs hinweist. Der Ort zu Füßen des Burggrafensitzes entwickelte sich prächtig, erhielt etliche **Privilegien**, darunter die Jahrmärkte von Dorf Tirol und Mais, und 1317 das Stadtrecht. Graf Meinhard II. genehmigte die Ummauerung und den Bau der Lauben (ab 1258), die bewusst 100 m länger als jene von Bozen wurden. Nahe dem Sitz der Tiroler Herrschaft entstand im heutigen Obermais eine Art ›Regierungsviertel‹ mit Ansitzen der Tiroler Adelsfamilien.

Seit dem Ausbau der Zenoburg durch Graf Meinhard II. bevorzugten die Tiroler Landesherren diese als Residenz gegenüber Schloss Tirol. 1420 machte der Habsburger Friedrich ›mit der leeren Tasche‹ Innsbruck zur Hauptstadt, residierte aber nach wie vor in Meran. Sein Sohn Sigmund ›der Münzreiche‹ baute sogar eine Art Stadtresidenz, die **Landesfürstliche Burg**. Mit dem Umzug der Münzstätte nach Hall im Jahr 1477 verlegte er allerdings das politische Gewicht endgültig ins Inntal. Gleichzeitig entwickelte sich Bozen zur Handelsmetropole. So versank Meran in den Dornröschenschlaf eines Ackerbürgerstädtchens, durch dessen Lauben Kühe zur Weide zogen.

Schon Exkaiserin Luise, Gemahlin und ab 1821 Witwe Napoleons, erkannte die Schönheit Merans, sie reiste 1818 an und kam fünf Jahre später wieder, diesmal hoch zu Ross über den Jaufenpass! Erneuten Aufschwung initiierte ein Artikel, den **Dr. Joseph Huber** 1836 in Wien veröffentlichte. Darin beschrieb er die heilenden Kräfte der Milch- und Molkekur und der herbstlichen Traubenkur in Meran. Mit dem Besuch Kaiser Ferdinands I. im Jahr 1838 war der Bann gebrochen, der in- und ausländische Adel gab sich in Meran die Klinke in die Hand. Kaiserin

Elisabeth quartierte sich 1874 im vornehmen **Schloss Trauttmansdorff** ein, Dichter und Schriftsteller – wie die Bayern Ludwig Steub und Friedrich Lentner, dieser auch als Maler und Zeichner – trugen den Ruf Merans in die Welt. 1855 wurde eine erste Kurordnung erlassen, 1874 das erste Kurhaus eröffnet. Männer wie der aus dem Vinschgau stammende Kurarzt Dr. Franz Tappeiner trugen mit Ideen und Taten zum weiteren Aufstieg bei. 1914 wurden in Meran 1,2 Mio. Übernachtungen gezählt. Der Erste Weltkrieg und der Untergang der Monarchie brachten die große Zäsur. Erst 1966 erreichte man wieder die Übernachtungszahl von 1914.

Besichtigung Der gotische Bau der Pfarrkirche **St. Nikolaus** 1 mit der erst 1617 aufgesetzten Haube bestimmt die Stadtsilhouette. 1302–67 entstanden der Chor und der untere Teil des Turmes, 1340–1420 wurde in mehreren Etappen das Langhaus (Gewölbe erst 1480) gebaut, 1450 der Turm (bis auf den achteckigen Abschluss) erhöht. Platzmangel führte dazu, dass die Südwand mit ihren zwei schönen Portalen (ab 1450) zur Schauseite wurde und das Langhaus (mit zwei ungleich breiten Seitenschiffen) dem Chor etwas schräg angesetzt werden musste. Der *Turm* erhielt im Erdgeschoss einen Durchgang, der mit Fresken geschmückt ist, darunter ein Votivbild von 1407, das den von einem Trinitariermönch aus maurischer Gefangenschaft befreiten Stifter inmitten einer Waldlandschaft zeigt. Zehn das Langhausgewölbe tragende Rundpfeiler, hohe Fenster mit Glasgemälden und der mächtige Chor prägen das schöne Bild des Innenraums. Die *Glasgemälde* der südlichen Fensterfront entstanden im Umkreis Hans Holbeins d. Ä. Noch aus gotischer Zeit (um 1500) stammen die *Sandsteinkanzel* und ein *Flügelaltar* an der Nordwand. Dort befindet sich auch das ehem. Blatt des Hochaltars (›Mariä Himmelfahrt‹, 1788) von Martin Knoller, der ebenfalls die Gemälde der Seitenaltäre (1793) schuf.

Im Osten der Pfarrkirche steht die zweigeschossige **Barbarakapelle** 2, ein achteckiger Zentralbau (1422–40) mit einem gotischen Schnitzaltar (um 1450) rheinländischer Herkunft in der oberen Kapelle.

Am Pfarrplatz beginnt der 400 m lange Straßenzug der **Laubengasse** 3, die zwar länger als diejenige von Bozen ist,

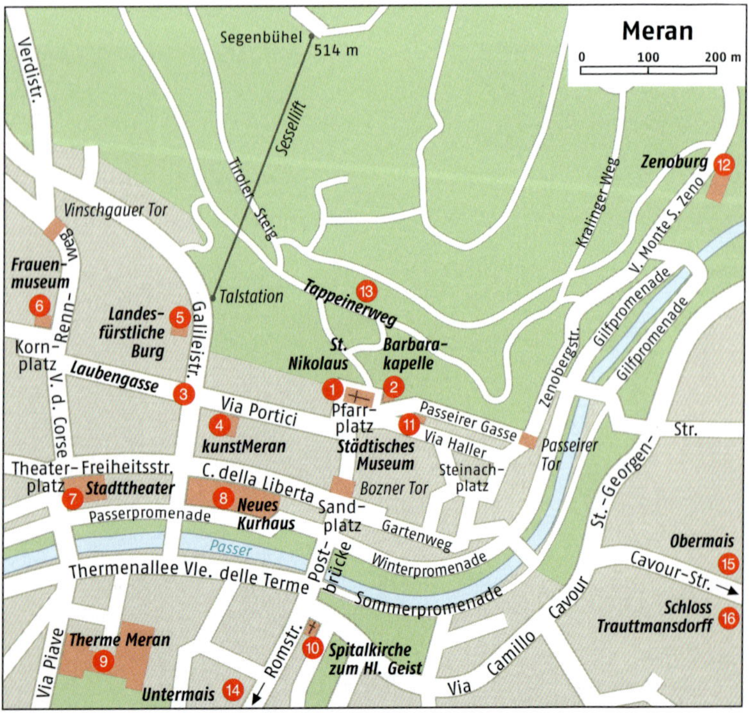

aber auch eher ländlichen Charakter hat. Traditionell nennt man die nördliche Häuserreihe ›Berglauben‹ und die der Passer zugewandte Zeile ›Wasserlauben‹. Auf dieser Wasserlaubenseite bietet **kunstMeran** 4 (Laubengasse 163, Tel. 0473212643, www.kunstmeranoarte.com, Di–So 10–18 Uhr) ein Forum für zeitgenössische Künstler.

Kurz nach diesem Ausstellungsort zweigt nach rechts die Galileistraße ab. Dort steht die **Landesfürstliche Burg** 5 (Mobil 0039/3290186390, März–Dez. Di–Sa 10–17, So/Fei 10–13 Uhr), die im heutigen Bestand aus dem Jahr 1450 stammt. Der Innenhof ist von einem freskengeschmückten Söller umkränzt, von dem aus die einzelnen Räume zugänglich sind. Sie sind mit Einrichtungsgegenständen des 16. Jh. versehen. Fein ausgestattet sind die fürstlichen Wohn- und Schlafräume, darunter die *Kaiserstube*, in der ein Doppelporträt Kaiser Maximilians I. und seiner zweiten Frau Bianca Maria Sforza hängt. In der ›Jungfernkammer‹. *Musikinstrumentensammlung* (16.–18. Jh.) in der Fresken birgt die *Kapelle*. Gegenüber befindet sich die Talstation der Sesselbahn auf den Segenbühel, Merans Hausberg.

Folgt man der Laubengasse bis zu ihrem Ende am Kornplatz, so erreicht man das **Frauenmuseum** 6 (Meinhardstr. 2, Tel. 0473231216, www.museia.it, Mo–Fr 10–12 und 14–17, Sa 10–12.30 Uhr). Es hinterfragt traditionelle Geschlechtervorstellungen und dokumentiert mit Alltagsgegenständen von Fotografien bis zu Kleidungsstücken das Leben von Frauen seit Anfang des 19. Jh.

Im Roten Adler hat das *Meraner Stadtmuseum* ein Ausweichquartier gefunden (Rennweg 42/a, Tel. 0473236015, März–Dez. Di–Sa 10–17, So 10–13 Uhr), in dem Gemälde, Trachten, zwei Menhire und die Totenmaske Napoleons zu sehen sind. Der Rennweg führt vom Kornmarkt hinunter zum Theaterplatz mit dem **Stadttheater** 7. Der Münchner Martin Dülfer schuf das Jugendstilgebäude in den Jahren 1899/1900.

Es ist nur eines jener Bauwerke, die den enormen Aufschwung des Kurortes Meran seit den 1870er-Jahren dokumentieren. Den Anfang machten schon 1874 die Wiener C.F.L. Förster/Josef Czerny mit dem *Alten Kurhaus* (dem heutigen Kleinen Kursaal), dem 1912–14 das **Neue Kurhaus** 8 (Friedrich Obmann, Wien) angefügt wurde. Wie das Stadttheater ist es weitgehend dem Jugendstil verpflichtet.

Stets im Blick hat man die Berge Südtirols von der Meraner Laubengasse aus

Am Kurhaus vorbei verläuft die *Passerpromenade*, die ab der Postbrücke in die *Winterpromenade* übergeht. Am jenseitigen Ufer liegt die *Sommerpromenade*, deren westlicher Teil heute auch Thermenallee genannt wird. Diesen Namen verdankt sie der ganz der Gegenwart zugewandten **Therme Meran** 9 (Thermenplatz 9, Tel. 0473252000, www.thermemeran.it, tgl. 9–22 Uhr), einem Wellnesstempel der Extraklasse. Moderne Glasarchitektur umfasst zahlreiche Saunen und herrlich warmes Badewasser. Durch die Fenster öffnet sich der Blick auf die Berggipfel um Meran.

Etwas weiter die Thermenallee hinunter erreicht man die **Spitalkirche zum Hl. Geist** 10. Sie wurde nach Zerstörung durch eine Flutwelle der Passer 1425–83 neu errichtet. Als Baumeister wird Stefan von Burghausen vermutet. Durch das zweigeteilte, reich geschmückte Westportal betritt man den sicher harmonischsten gotischen Kirchenraum Südtirols, eine dreischiffige Halle mit Chorumgang. Vom Hochaltar des Jörg Lederer gibt es an der Nordwand vier *Reliefs* des Marienlebens (um 1520) zu bewundern, daneben eine ausdrucksstarke *Kreuzigungsgruppe* (um 1300).

Über die Postbrücke hinweg geht es zurück in die Altstadt und zum Steinachplatz, wo das **Städtische Museum** ⑪ (Tel. 0473 23 60 15, wg. Renovierung geschl.) seiner Wiedereröffnung harrt.

Durch das Passeirer Tor und über die Zenobergstraße oder die *Gilfpromenade* aus der Passerschlucht ist die bereits erwähnte **Zenoburg** ⑫ zu erreichen. Schon in der Antike stand dort eine Festung, die eine im Talboden liegende Straßenstation sicherte. Noch in der ausklingenden Römerzeit muss eine kleine Kirche zu Ehren des hl. Zeno gebaut worden sein, der als Bischof von Verona um 371 gestorben ist. Später kam eine Burg hinzu. Graf Meinhard II. von Tirol brachte sie 1288 durch Kauf an sich und baute sie zur Residenz aus. Was heute noch am Straßenrand steht, stammt von dieser mittelalterlichen Feste: ein Bergfried sowie die spätromanische Doppelkapelle.

Von der Zenoburg kann man die längste (4 km) und schönste Promenade Merans, den **Tappeinerweg** ⑬, hinunterwandern. Er führt 60–80 m hoch über Meran am Küchelberg entlang bis in den Ortsteil Gratsch. Unterwegs bieten sich schöne Ausblicke. Palmen und die bezaubernden Blüten mediterraner Pflanzen begleiten den Spaziergänger.

Von Gratsch aus kommt man in knapp 1½ Stunden zur Kirche **St. Peter ob Gratsch**. Sie geht wohl auf das 5. Jh. zurück. Die heutige Form einer Kreuzkuppelkirche entstand im 10. Jh., die spätromanische Nebenapsis um 1290. Um 1465 erhielt der verschachtelte kleine Komplex ein einheitliches Dach und ein Spitzbogenportal. Die Fresken an der südlichen Außenmauer (Christus mit den Apostelfürsten) und das Brustbild des hl. Paulus im Innenraum wurden um 1080 gemalt, die übrigen Fresken sind gotisch.

Lohnend ist auch ein längerer Spaziergang durch zwei Meraner Vororte: In **Untermais** ⑭, von der Postbrücke am südlichen Innenstadtrand aus auf der Romstraße zu erreichen, steht die Kirche *Maria Trost, die* auf das 12. Jh. zurückgeht. Ihr großer Schatz sind Fresken aus romanischer (›Marientod‹ an der Nordwand, ›Pfingstwunder‹ an der Südwand) und gotischer Zeit (›Jüngstes Gericht‹, ›Auferstehung‹, ›Geburt Christi‹, Passionsszenen). **Obermais** ⑮ schmücken viele historische Schlösschen und Villen. Um den Brunnenplatz stehen *Schloss Rottenstein* (19. Jh.) und die mehrmals umgebauten *Ansitze Rundegg* (Hotel) und *Reichenbach*.

Ein längerer Spaziergang auf dem Sisi-Weg von etwa 45 Min. führt vom Meraner Kurhaus über Obermais zu den prächtigen *Botanischen Gärten* von **Schloss Trauttmansdorff** ⑯ (St. Valentin-Str. 51 A, Tel. 0473 23 57 30, www.trautmansdorff.it, April–Okt. tgl. 9–19, Juni–Aug. Fr 9–23 Uhr, 1. Novemberhälfte 9–17 Uhr) oberhalb von Meran. Sie gehören zu den schönsten Gärten Italiens. Besondere Attraktionen sind der *Weinberg* mit 110 verschiedenen Rebsorten, elf von Künstlern entworfene Pavillons, eine Voliere und eine Grotte. Inmitten der abwechslungsreichen Terrassen-, Wasser-, Sonnen- und Waldgärten erhebt sich das Schloss. Hier erzählt

Die Therme Meran setzt mit ihrer Glasarchitektur einen modernen Akzent in die Südtiroler Berge

Die zauberhaften Gärten um Schloss Trauttmansdorff sind eine Augenweide

das **Touriseum** (geöffnet wie Gärten) die Geschichte des hiesigen Fremdenverkehrs seit den Besuchen von Kaiserin Elisabeth in der 2. Hälfte des 19. Jh.

Praktische Hinweise

Information

Kurverwaltung Meran, Freiheitsstr. 45, Meran, Tel. 0473 27 20 00, www.meran.eu

Tourismusinformation Meraner Land, Gampenstr. 95, Meran, Tel. 0473 20 04 43, www.meranerland.com

Hotels

******Castel Fragsburg**, Fragsburgstr. 3, Tel. 0473244071, www.fragsburg.com. Geschichte und Charme in bevorzugter Lage 700 m über Meran.

******Aurora**, Kurpromenade 38, Meran, Tel. 0473 21 18 00, www.hotelaurora.bz. Nobelhotel mit ausgezeichnetem Restaurant und Sonnenterrasse direkt am Ufer der Passer (Jan./Febr. geschl.).

******Meranerhof**, Manzonistr. 1, Meran, Tel. 0473 23 02 30, www.meranerhof.com. Gediegener Jugendstil kennzeichnet das Luxushotel gegenüber der Therme. Mit Wellness-Center und beheiztem Freibad (Jan.–Mitte März geschl.).

******Villa Tivoli**, Verdistr. 72, Meran, Tel. 0473 44 62 82, www.villativoli.it. Elegantes Traditionshotel in schöner grüner Hanglage mit Blick über die Stadt.

Weinstube

TOP TIPP **Schloss Rametz**, Labersstr. 4, Obermais, Tel. 0473 21 10 11, www.rametz.com. Das zinnengekrönte Weingut ist für seinen trockenen Riesling berühmt (Führungen Mo–Fr 16.30 Uhr; im Winter auf Anfrage).

Restaurants

Forsterbräu, Freiheitsstr. 90, Meran, Tel. 0473 23 65 35, www.forsterbrau.it. Gemütliches Lokal mit getäfelter Gaststube und schattigem Biergarten.

Kallmünz, Sandplatz 12, Tel. 0473 21 29 17, www.kallmuenz.it. Der Speisesaal befindet sich in der Remise des Schlosses Kallmünz. Schwerpunkt ist Fisch.

Santer Klause, Passeirergasse 36, Tel. 0473 23 40 86, www.santerklause.com. Unter dem Blätterdach der Weinreben munden Kasnudeln und feine Wildgerichte (Febr./Do geschl.).

Yosyag, Goethestr. 40c, Tel. 0473 20 47 65, www.liebeswerk.org. Im Restaurant des gemeinnützigen Kapuzinerstifts wird frische Bioküche zubereitet.

Reisefilm: Meran
QR Code scannen [s. S. 5] oder dem Link folgen: www.adac.de/rf0009

Noch aus dem 12. Jh. stammt der Kirchturm von St. Johannes in Dorf Tirol

33 Dorf Tirol
Tirolo

Das Schloss, das dem Land den Namen gab.

Dorf Tirol mit dem jenseits einer schmalen Klamm aufragenden Schloss Tirol dehnt sich gleich dem unmittelbar benachbarten Meran an den Hängen des Küchelbergs aus. Die Gemeinde erlebte seit dem Ende des 19. Jh. durch den Fremdenverkehr einen großen Aufschwung, ist heute vielbesuchter Luftkurort und Touristenhochburg.

Vom Dorf führt eine Promenade am Hang durch den Tunnel des ›Knappenlochs‹ (1682) und den ›Köstengraben‹ (rechts Erdpyramiden!) zum TOP TIPP **Schloss Tirol** (Tel. 0473220221, www.schlosstirol.it, Mitte März–Anfang Dez. Di–So 10–17, August bis 18 Uhr) hinauf, das als Keimzelle des Landes Tirol gilt. Es wurde von den Vinschgauer Grafen, die sich auch nach ihm benannten, vermutlich um 1140 gebaut. Als diese Familie 1253 ausstarb, kamen Burg und Besitz durch Heirat an die Grafen Görz-Tirol. Deren letzte Erbin war Margarethe Maultasch, die ihre Herrschaft an die Habsburger vererbte. Als 1420 Innsbruck die Hauptstadt von Tirol wurde, wohnte zunächst noch der ›Burggraf‹ als Vertreter der Landesfürsten auf Schloss Tirol. Inzwischen nutzt das *Südtiroler Landesmuseum für Kultur- und Landesgeschichte* seine vorbildlich sanierten Räume. Den Auftakt eines Rundgangs macht der *Tempel*, in dem anhand bei der Restaurierung entdeckter Artefakte die Bauabschnitte der Burg dargestellt werden.

Durch ein von lombardischen Steinmetzen geschaffenes romanisches *Rundbogenportal* (um 1170) mit Ornament- und Figurenwerk, das wohl die Mächte des Bösen bannen sollte, betritt man den ›Rittersaal‹. Über ihn gelangt man durch ein zweites *romanisches Portal* mit noch reicherem Schmuck in die zweigeschossige *Burgkapelle*. Deren um 1370 entstandene Fresken im frühgotischen ›Linearstil‹ erinnern noch stark an die Romanik. Den eindrucksvollen Höhepunkt bildet die über dem Triumphbogen angebrachte, überlebensgroße Kreuzigungsgruppe (um 1300).

Didaktisch besonders gut aufbereitet ist die Ausstellung im *Kaisersaal*. Sie befasst sich mit dem im Mittelalter herrschenden Feudalsystem und der Stellung von Adel, Klerus und Volk.

Unterhalb der Burg ist das **Pflegezentrum für Vogelfauna** (April–Anfang Nov. Di–So 10–17 Uhr, www.gufyland.com) beheimatet, das verletzte Wildvögel behandelt. Sehr beeindruckend sind die Flugvorführungen der Greifvögel und Eulen (11.15 und 15.15 Uhr).

Ein Wunderwerk mittelalterlicher Steinmetzkunst ist das Kapellenportal im Schloss Tirol

Der Kaisersaal von Schloss Tirol illustriert die Klassenunterschiede im Mittelalter

Ein Spazierweg (30 Min.) führt von Dorf Tirol zur **Brunnenburg** (Ezra Pound Weg 33, Tel. 0473 92 35 33, Mitte März–Nov. Mi–Mo 9.30–17 Uhr). Die um 1241 erbaute und von der Zeit zernagte Burg wurde ab 1904 im kitschigen Stil der rheinischen Burgenromantik wieder aufgebaut, passt daher schlecht in die Nachbarschaft von Schloss Tirol. Hier verbrachte der amerikanische Dichter *Ezra Pound* (1885–1972) die letzten Jahre seines Lebens. Ein Raum in der Burg erinnert an ihn. Sein Enkel Siegfried de Rachewiltz richtete 1974 ein *Landwirtschaftsmuseum* ein, das mit einer Gerätesammlung und Film- und Fotodokumentationen bäuerliche und handwerkliche Arbeitsprozesse zeigt.

i Praktische Hinweise

Information

Tourismusverein Dorf Tirol, Hauptstr. 31, Dorf Tirol, Tel. 0473 92 33 14, www.dorf-tirol.it

Hotels

*******Castel**, Keschtngasse 18, Dorf Tirol, Tel. 0473 92 36 93, www.hotel-castel.com. Das ›Erste Haus am Platze‹ bietet viel Komfort, eine ausgedehnte Spa- und Wellnesslandschaft mit Schwimmbad sowie Mountainbike-Ausflüge. Das Restaurant Trenkerstube weiß mit seiner Kombination aus mediterraner und Südtiroler Küche zu überzeugen.

******Stephanshof**, Lutzweg 4, Dorf Tirol, Tel. 0473 92 30 55, www.hotel-stephanshof.com. Komfortables Hotel mit Hallenbad, Sauna und Schwimmteich (Mitte Nov.–März geschl.).

*****Hotel Ortler**, Lingweg 18, Dorf Tirol, Tel. 0473 92 34 31, www.hotel-ortler.it. Quartier mit weitem Blick über das Etschtal, Hallen- und Freibad.

*****Schloss Thurnstein**, St. Peter 8, Tel. 0473 22 02 55, www.thurnstein.it. Ein ruhiges, herrlich im Grünen gelegenes Hotel mit familiärer Atmosphäre im Stadel einer Burg aus dem 13. Jh.

Restaurant

Culinaria im Farmer Kreuz, Haslachstr. 105, Tel. 0473 92 35 08, www.culinaria-im-farmerkreuz.it. Innovative Küche bei berückender Aussicht auf Meran (So Abend/Mo geschl.).

34 Schenna
Scena

Hier lebte der einzige Erzherzog, dem jemals ein eigener Jodler gewidmet wurde.

Schenna und seine Nachbargemeinde Kuens sind sozusagen die Pförtner des Passeiertales. Schennas **Alte Pfarrkirche** hat von ihrem gotischen Freskenschmuck wenig bewahrt. Dagegen befin-

Auf die Mut-Spitze

Der Hausberg von Dorf Tirol ist die 2295 m hohe Mut-Spitze. Vom Gasthof Tiroler Kreuz (Haslacherstr. 117, Tel. 0473 92 33 04, www.tirolerkreuz.com) aus bringt der Weg Nr. 23 (1520 HM, ca. 6,5 h) konditionsstarke Wanderer auf ihren Gipfel. Als Alternative zum Aufstieg aus dem Tal bietet sich die Seilbahn (Haslacherstr. 64, Tel. 0473 92 34 80, www.seilbahn-hochmuth.it) zum Hochmut-Haus (1400 m) an. Von dort kann man ebenfalls den Gipfel erklimmern, aber auch Wanderungen zu den Oberen Muthöfen unternehmen.

den sich die künstlerisch bedeutsamen Fresken (um 1400) in der südlich gelegenen **Johanniskapelle** in gutem Zustand. Sie wurden im Höfischen Stil gemalt. Die ›Törichten Jungfrauen‹ sind nach der spätmittelalterlichen Mode gekleidet. Nebenan ist die **Pfarrkirche** (1931) einer Burg nicht unähnlich. Als ältester Teil dieses Kirchenensembles steht auf dem Friedhof die turmlose **Martinskirche** mit zwei Rundapsiden (um 1200), ein sehr archaisch wirkender Quaderbau. Als bestes Bauwerk der Neugotik in Südtirol gilt das **Mausoleum** (Ostern–Okt. Mo–Sa 10–11.30 und 15–16.30 Uhr) für Erzherzog Johann und seine Gemahlin, das 1869 nach Plänen des Wiener Architekten Moritz Wappler fertig gestellt wurde.

Im Oberdorf von Schenna steht die Kirche **St. Georg** (tgl. 10–12 und 15–17.30 Uhr), ein eigenartiger romanischer Rundbau des 13. Jh. Das Kirchlein mit spätgotischem Flügelaltar wurde laut Inschrift und Stifterbild von einem Knecht des nahen Krebishofes gestiftet. Ein Teil der Fresken (um 1400) zeigt sehr realistisch die verschiedenen Martern des hl. Georg.

Schloss Schenna (Tel. 0473 94 56 30, www.schloss-schenna.com, Führungen Ostern–Okt. Mo–Sa 10.30, 11.30, 14, 15 Uhr) ließ Petermann von Schenna 1346 errichten. Er war Parteigänger der politisch hart bedrängten letzten Gräfin von Tirol, Margarethe Maultasch. 1844 kaufte *Erzherzog Johann von Österreich* das Schloss und ließ es zum Familiensitz ausbauen. Der Habsburger (1782–1859) hatte 1840 die schöne Alt-Ausseer Posthalterstochter *Anna Plochl* geheiratet, was ihn zum Verzicht auf alle dynastischen Rechte zwang. Ihren Nachkommen wurde der Name **Grafen von Meran** verliehen. Johann stand 1809 hinter dem Tiroler Aufstand, förderte in seiner geliebten Steiermark Wirtschaft und Bauernstand und wirkte auch für Tirol segensreich. Die Frankfurter Nationalversammlung wählte ihn 1848 zum Reichsverweser. Glücklich machte ihn dieses Amt aber nicht, da er einerseits ›großdeutsch‹ dachte, sich auf der anderen Seite aber auch dem österreichischen Herrscherhaus verpflichtet fühlte und deshalb Kompromisse auf Kosten des Hauses Habsburg zu vermeiden suchte.

Das Schloss, noch immer im Besitz des Grafen von Meran, hat mehrere prachtvolle Räume, vor allem den *Waffensaal* und den *Rittersaal*, der mit Täfelungen, geprägten Ledertapeten, einem wunderschönen Fayenceofen und einer barocken Felderdecke ausgestattet ist. In weiteren Räumen werden Erinnerungsstücke an die Tiroler Geschichte, vor allem aber an den Erzherzog selbst und an den Freiheitskämpfer Andreas Hofer (auch dessen Wiege!) gezeigt.

i Praktische Hinweise

Information

Tourismusverein Schenna, Erzherzog-Johann-Platz 1/D, Tel. 0473 94 56 69, www.schenna.com

Hotel

Familienalm Taser, Schennaberg 25, Tel. 0473 94 56 15, www.familienalm.com. Hoch über Schenna und nur mit der Almbahn zu erreichen. Ganz auf Familien ausgerichtet, es gibt einen Streichelzoo und einen Hochseilgarten.

Restaurant

Thurnerhof, Verdinserstr. 26, Tel. 0473 94 57 02, www.thurnerhof-schenna.com. Die ganze Vielfalt der Südtiroler Küche in einem urigen Bauernhof.

Von der Grube zum Taser

Eine Seilbahn (Verdins 39, Tel. 0473 94 94 50, www.verdins.it) führt von Verdins (3 km ab Schenna) nach Oberkirn (1440 m), von dort kann man mit einer Sesselbahn bis zur Grube (1808 m) auffahren. Am dortigen Gasthof beginnt die Wanderung (Nr 7/40, 3,5 h, 522 HM, ca. 11 km) über die Staffelhütte und das malerische Videgg mit seinen urigen Bauernhöfen zur Familienalm Taser (s.u.). Von dort blickt man hinunter ins Tal von Meran und hinüber zum Ifinger und dem Vigiljoch.

35 Passeiertal
Val Passiria

Der ›Sandwirt‹ – Heimat Andreas Hofer und weltliche ›Wallfahrtsstätte.

Das landschaftlich abwechslungsreiche Passeiertal reicht vom Meraner Becken bis zum Timmelsjoch (2474 m) hinauf.

Erster Ort im Tal ist **Riffian**, direkt vor den Toren Merans und unterhalb von Dorf Tirol. Hier macht Halt, wer den grandiosen Barockbau der ehemals gotischen *Wallfahrtskirche* (Umbau durch Franz De-

Auf Schloss Schenna residierte Erzherzog Johann von Habsburg mit seiner bürgerlichen Gattin

lai, 1668–73) bewundern will. Der reiche Stuck von Bartlme Gratl aus Amras und das Kuppelfresko der ›Himmelfahrt Mariens‹ von Josef Strickner ergeben ein festliches Raumbild. Der barocke Hochaltar trägt ein viel verehrtes Gandenbild, um 1420. Für die zweigeschossige *Friedhofskapelle* schuf Meister Wenzeslaus 1415 einen Freskenzyklus im ›Weichen Stil‹ mit Szenen aus Altem und Neuen Testament.

Fünf Kilometer weiter folgt Saltaus. Hier steht an der Hauptstraße das zinnengeschmückte Hotel **Saltauser Hof** [s. S. 114]. Bei dem 1230 erstmals erwähnten Bau handelt es sich um einen *Schildhof*. Einst residierten auf diesen burgähnlichen Höfen die *Schildbauern*. Sie mussten bei Bedarf mit eigenem Pferd und eigenen Waffen Kriegsdienst leisten, dem Landesherrn im Frieden als eine Art Ehrenwache dienen und dessen Küche und Keller versorgen. Dafür durften sie ein Wappen führen sowie vor Gericht und in der Kirche bewaffnet erscheinen. Vor allem aber waren sie steuerfrei.

Unterhalb des Hotels Saltauser Hof startet die **Kabinenbahn** nach Klammeben (1976 m) ins Ski- und Wandergebiet unter dem Hirzer (2781 m). Die Hirzerhütte (1983 m) liegt am Europäischen Fernwanderweg E 5. Geübte Bergwanderer können von ihr aus in knapp 3 Std. den Gipfel des Hirzer erreichen, der eine allseitige Aussicht bietet.

Äußeres Passeiertal wird die Landschaft rund um **St. Martin** genannt, wo auch etwa die Grenze des Obstbaus liegt. Die *Pfarrkirche* des Ortes ist ein gotischer Bau, der im 18. Jh. barockisiert wurde. Dabei wirkte die *Passeirer Malschule* mit, die auch einige Häuser in der schönen Dorfgasse schmückte. Diese ländliche Akademie wurde 1719 von Nikolaus Auer gegründet und hatte bis zur Auflösung 1845 ihren Sitz im Anwesen ›Außer-Moar‹, dem heutigen Malerhaus. Beim *Steinhaus* (1205) auf einem Hügel über St. Martin handelt es sich um einen weiteren der fürs Passeier typischen Schildhöfe.

Bergziegen fühlen sich wohl an den kargen Hängen des Passeiertales

Das Passeier ist reich an Wasserfällen. Fährt man von St. Martin aus das Kalmtal hinauf, so kann man vom dortigen Wanderparkplatz aus in zehn Minuten zum **Passeirer Wasserfall** hinaufwandern.

Auf halbem Weg zwischen St. Martin und St. Leonhard steht an der Hauptstraße der *Sandhof* – Heimat des Sandwirts, Rosshändlers und Freiheitskämpfers Andreas Hofer, der hier 1767 geboren wurde. Im einstigen Wirtschaftsgebäude des Hofes beleuchtet das **MuseumPasseier** (Passeirerstr. 72, Tel. 0473 65 90 86, www.museum.passeier.it, April–Okt. Di–So 10–18 Uhr, Aug./Sept. tgl. 10–18 Uhr) die Zeit Hofers von allen Seiten. Keine unkritische Heldenverehrung begegnet dem Besucher, sondern der Versuch, den Tiroler Freiheitskampf von 1809 in einen europäischen Kontext zu stellen. Die Ziele der über Tirol herrschenden Bayern werden ebenso aufgezeigt wie die kulturelle Kluft, die sich zwischen der Tiroler Landbevölkerung auf der einen und den Bewohnern der weltoffenen Städte Bozen oder Trient auf der anderen Seite auftat.

Der zweite Teil der Ausstellung im alten Stall befasst sich mit dem Leben im Passeier vor dessen Erschließung durch Straßen und den Tourismus. Besonders eindringlich wird der einstige Alltag in den nachgebauten Bergbauernhöfen oberhalb des Sandhofes erlebbar. Hinter dem Freilichtbereich gelangt man zur *Herz-Jesu-Kapelle* (1899). Sie erinnert sowohl an den wackeren Hofer als auch an das Gelöbnis der Tiroler zum Heiligen Herzen Jesu im Jahr 1796 erinnert.

Nächster Ort im Passeier ist **St. Leonhard**. Die Pfarrkirche, 1116 genannt, besitzt einen gotischen Chor (um 1500) und ein Langhaus von 1646. Auf dem *Franzosenfriedhof* liegen die Opfer eines mehrtägigen wilden Kampfes begraben, der im November 1809 zwischen einer 1200 Mann starken französischen Einheit und den Männern Andreas Hofers tobte.

Über dem Dorf ragt auf steilem Waldhügel die *Jaufenburg* (www.museum.

Am Talschluss des Passeier ragen die Ötztaler Alpen mit dem Timmelsjoch auf

passeier.it, Mai–Mitte Okt. Di/Do 14–16 Uhr) empor, die seit dem 13. Jh. die Jaufenstraße sicherte. In ihrem Bergfried ist eine Ausstellung zur Geschichte des Passeier zu sehen. Im obersten Stockwerk, von dem aus der Blick weit übers Passeier hinwegreicht, kann man sich einige der schönsten Sagen der Region anhören.

In St. Leonhard teilt sich das Passeiertal. Von Osten kommt die Straße vom *Jaufenpass* (2099 m) herunter, die kürzeste Verbindung zwischen Sterzing und Meran. Gen Westen geht es auf der *Timmelsjochstraße* (Mitte Okt.–Mitte Juni gesperrt, keine Gespanne) hinüber ins österreichische Ötztal.

Auf diesem Weg (SS 44) erreicht man **Moos** im Hinterpasseier. Der Hochaltar der im Kern gotischen, um 1700 barockisierte Pfarrkirche ist ein Werk der Passeirer Malschule. Von kriegerischen Zeiten zeugt das *Bunker Mooseum* (Dorf 29a, Tel. 0473648529, www.bunker-mooseum.it, April–Okt. Di–So 10–16 Uhr) am Ortsrand. Um Italien gegen Angriffe vom Timmelsjoch her zu schützen, ließ Italiens Diktator Mussolini ab 1938 den Alpenwall errichten. Eines der nie vollendeten Bauwerke hier als Museum zugänglich, außerdem gibt es Kletterwände am Fels und am Gebäude sowie eine Informationsstelle des Naturparks Texelgruppe.

Eine kurze Wanderung führt vom Ortskern von Moos aus zum *Stieber Wasserfall*, der in zwei Kaskaden zunächst 19 und dann 18 m in die Tiefe stürzt.

i Praktische Hinweise

Information

Tourismusverein Passeiertal, Passeirerstr. 40, St. Leonhard. Tel. 0473656188, www.passeiertal.it

Auf den Spuren Hofers

Wer das letzte Versteck des Andreas Hofer nach seiner Niederlage in der Schlacht am Berg Isel besuchen will, muss zur **Pfandleralm** (1350 m, ca. 4 h, Tel. 0473641841, geöffnet Mai–Okt. Di–So, Juli/Aug. tgl.) hinaufsteigen.

Die Wanderung beginnt im Dorf St Martin, wo man an den Tennisplätzen vorbei zur Passer hinabgeht. Dort wende man sich nach links, in Richtung St Leonhard, um wenig später, der Beschilderung folgend, zur Alm aufzusteigen. Dort erinnert eine Tafel an die Verhaftung des Sandwirts durch italienische und französiche Soldaten: Ein Bauer aus dem Passeier hatte sein Versteck verraten.

Mit dem Rad durchs Passeier

Der bestens ausgeschilderte Fahrradweg (einfach ca. 20 km, 360 HM) durchs Passeiertal beginnt an der Brücke der SS44 über die Passer am nördlichen Ortsausgang von Meran in Richtung Dorf Tirol. Von nun an begleitet die Tour die Passer auf geschotterten Wegen, zumeist auf ihrer in Flussrichtung linken Seite. Da der Weg nur ganz gemächlich ansteigt, ist er familiengeeignet. Besonders schön wird es nach Saltaus, wo die Fahrt durch ausgedehnte Apfelgärten geht. Das Ziel ist in St. Leonhard erreicht. Mountainbiker können noch Touren in die Berge, etwa nach St. Anna (700 HM Anstieg) anschließen.

Information St. Martin, Jaufenstr. 7, St. Martin, Tel. 0473 64 12 10

Information Hinterpasseier, Dorf 78, Moos, Tel. 0473 64 35 58

Hotel

******Saltauser Hof**, Passeirerstr. 6, Saltaus bei Meran, Tel. 0473645403, www.saltauserhof.com. Das Hotel in einem mittelalterlichen Schildhof liegt für Wanderer günstig an der Bergbahn.

Reisefilm: Passeiertal
QR Code scannen [s.S.5] oder dem Link folgen: www.adac.de/rf0003

Ums Vigiljoch

Nicht entgehen lassen sollte man sich eine Auffahrt zum **Vigiljoch** (1486 m, Seilbahn ab Villenerweg 3 in Lana, Tel. 0473 56 13 33, www.vigilio.com, Mai–Sept. tgl. 8–19.30, Okt. tgl. 8–18, Nov.–April Mo–Fr 9–12.30 und 13.30–17, Sa/So 8.30–18 Uhr). Von dort führt eine Sesselbahn noch höher hinauf zum **Larchbühel** (1824 m). Von ihm ist das weithin sichtbare St. Vigilius-Kirchl nur 15 Min. entfernt. Auch der Bergsee Schwarze Lacke ist vom Larchbühel binnen 30 Min. erreicht. Einkehren kann man im *Vigilius Mountain Resort* an der Bergstation der Seilbahn. Es sieht genau so aus wie der Name klingt: kühler moderner Schick statt Südtiroler Tradition.

36 Lana
Lana

Der größte gotische Schnitzaltar des Alpenraums und weite Obstgärten.

Am Fuß des Vigiljochs, wo das Ultental in das fruchtbare Tal der Etsch mündet, liegt das **Apfeldorf** Lana (11 000 Einw.). Der Obstbau ist der wichtigste Wirtschaftszweig, inzwischen pendeln auch viele Einwohner ins nahe Meran oder nach Bozen – oder zogen von dort hierher. So kommt es, dass die einst von Wiesen und Feldern getrennten Ortsteile Ober- Mitter- und Niederlana längst zu einem Ort zusammengewachsen sind.

Fährt man, von Meran kommend, in Sinich von der SS 238 ab, so erreicht man zunächst den Ortsteil Oberlana. Hier, unterhalb der Burg Braunsberg (nicht zu besichtigen) verlässt der Gebirgsbach Falschauer die **Gaulschlucht**, in die eine kurze Wanderung (1 h) entlang der Gaulpromenade führt. Anspruchsvolle Wandermöglichkeiten erschließt die wenige Hundert Meter von der Promenade entfernte Talstation der **Vigiljoch-Seilbahn**.

Hauptsehenswürdigkeit aber ist die alte Pfarrkirche **Mariä Himmelfahrt** im Ortsteil Niederlana (Schnatterpeckstraße, ca. 2,5 km ab Oberlana, nur mit Führung, Ostern–August Mo–Sa 11, 15 und 16, Sept./Okt. Mo–Sa 10.30, 11.30, 15, 16 und 17 Uhr). Ihr Inneres ist mit Sandsteinkanzel, einem Triumphbogen-Kruzifix und den Glasmalereien in den Chorfenstern einer der schönsten spätgotischen Sakralräume Südtirols. Das Gotteshaus wurde 1485–92 gebaut, zwischen 1503 und 1509 entstand der **Schnatterpeck-Altar**, mit 14 m Höhe der größte im gesamten Alpenraum. Er ist ein Meisterwerk des schwäbischen, später in Meran ansässigen Hans Schnatterpeck. Die Figurengruppen des Schreins verteilen sich auf zwei Stockwerke, unten der Gnadenstuhl, flankiert von den Aposteln Petrus und Paulus, oben die Krönung Mariens, umgeben von der Gruppe Anna Selbdritt und der hl. Katharina. Besonders fein sind die kleinen Figuren der klugen und törichten Jungfrauen in der Rahmung des Schreins. Die Flügelreliefs zeigen die Verkündigungsszene, ›Christi Geburt‹, ›Anbetung der Hl. drei Könige‹ und die ›Beschneidung Jesu‹, kraftvoll komponiert sind die von Dürer-Schüler Hans Schäufelein 1509 gemalten Flügelbilder (Passionsszenen).

Vom Brandiswaalweg blickt man hinab auf Kloster Lanegg (Mitte) und die Häuser von Lana

Neben der Kirche steht der Ansitz Larchgut, in dem das **Südtiroler Obstbaumuseum** (Brandiswaalweg 4, Tel. 0473 56 43 87, www.obstbaumuseum.it, April/Mai und Sept./Okt. Mo-Sa 10–17, Juni–Aug. Mo-Fr 9–12.30 und 15.30–19 Uhr) untergebracht ist. Man sieht die älteste datierte Weinpresse (1570) Südtirols, erhält Einblicke in Hauswirtschaft sowie Brauchtum der Winzer und Obstbauern. Außerdem kann man mehr als 40 alte und neue Obstsorten begutachten.

In engen Kurven windet sich der Völlaner Weg hinauf nach **Völlan** (696 m). Unterwegs passiert man die Ruinen der *Mayenburg* (nicht zu besichtigen) aus dem 12. Jh. Wenig später ist das einst wegen seiner radonhaltigen Quelle vielbesuchte ›Bauernbadl‹ Völlan selbst erreicht. Dort zeigt das wohl sortierte *Bauernmuseum* (Badlweg 2, Ostern–Okt. Di/Fr 14–17, So 15–17 Uhr, Tel. 0473 56 80 50) landwirtschaftliche Gerätschaften von anno dazumal und Einrichtungen.

i Praktische Hinweise

Information

Tourismusverein Lana und Umgebung, Andreas-Hofer-Str. 9, Lana, Tel. 0473 56 17 70, www.lana.info

Café

Konditorei Sader, Andreas-Hofer-Str. 9 a, Lana, 0473 56 21 99. Beliebte Spezialität ist die von Nationalstolz und einem Hauch Marzipan beseelte ›Andreas-Hofer-Torte‹.

In erschütternder Eindringlichkeit zeigt der Schnatterpeck-Altar das Leiden Christi

Hotel

*******Theiner's Garten Biovitalhotel**, Gargazon bei Lana, Andreas-Hofer-Str. 1, Tel. 0473490880, www.theinersgarten.it. Vom Hotel fällt der Blilck auf Obstwiesen, es gibt Speisen und Getränke aus rein biologischer Produktion.

Restaurant

Untermösslkeller, Völlanerweg 5, Lana, Tel. 0473 56 16 59, www.untermoessl keller.com. Gemütlicher Weinkeller mit kräftigen einheimischen Gerichten wie Gselchtem, also geräuchertem Schweinebauch, oder Bauernkrapfen. Von der Terrasse genießt man einen schönen Blick über das Tal von Meran (Nov.–März geschl.).

37 Terlan
Terlano

Ein besonders guter ›Terlaner‹ gedeiht an der ›Silberleiten‹.

Unter dem Abhang des ›Tschögglbergs‹ liegt Terlan (4000 Einw.), umgeben von Obstgärten und Weinbergen. Der Ort war im 14.–18. Jh. Sitz des ›Berggerichts an der Etsch‹, da um Terlan in dieser Zeit silberhaltiger Bleiglanz abgebaut wurde. Die ›Silberleiten‹ ist heute die bevorzugte Terlaner Weinlage, in der natürlich auch die alte einheimische Rebsorte ›Weißer Terlaner‹ angebaut wird. Dieser komme, so behauptet mancher Kenner, dem Champagner am nächsten.

Die Waalwege von Lana

Schöne Spazierwege begleiten die Waale an den Hängen über Lana, die einst die ausgedehnten Obstgärten bewässerten. An der Gampenstraße befindet sich der Einstieg des **Brandiswaalweges** (ca. 4 km, einfach 40 Min, eben) durch Kastanienhaine und unter Weinreben hindurch. Leider wurde der Waal, der dem Pfad seinen Namen gab, zugeschüttet. Unterwegs bietet sich ein Abstecher hinunter in den Ort zur romanischen Kapelle *St. Margareth* (Kirchweg, April–Okt. Mi 10–13 und 14–17 Uhr) mit wertvollen Fresken aus der Zeit um 1215 an. Am Chorbogen erkennt man Christus und die zwölf Apostel. Der Waalweg endet an einem kleinen Wasserfall oberhalb des Golfplatzes von Lana.

Deutlich länger, und noch von fließendem Wasser begleitet, ist der **Marlinger Waalweg** (ab Lana/Raffeinweg, Seitenstraße des Ultenwegs, 13 km, ca. 3,5 h, 120 HM). Bald führt er vorbei am *Schloss Lebenberg* (nur mit Führung, Ostern–Okt. Mo–Sa 10.30–12.30 und 14–16.30 Uhr, Tel. 0473 56 14 25) oberhalb von Tscherms. Die Anlage geht auf das 13. Jh. zurück, wurde aber etliche Male um- und ausgebaut. Hinter einem Torturm gruppieren sich Wohn- und Wirtschaftsgebäude sehr malerisch um mehrere Höfe. Weiter geht es nach Marling und schließlich nach Töll, wo das Wasser der Etsch in den Waal abgeleitet wird. Erbaut wurde er bis 1756 für die Kartäusermönche von Schnals.

Reiche Ernte tragen die Weinberge rund um Terlan, wo die gleichnamige Rebsorte gedeiht

Der Bergsegen hat sich auch in Terlan günstig auf die Kunst ausgewirkt. Reiche Spenden der Knappen ermöglichten den Bau der stattlichen Pfarrkirche **Mariä Himmelfahrt**. Man konnte sich am Ende des 14. Jh. die gerade mit dem Bau des gotischen Chors der Bozner Pfarrkirche beschäftigten schwäbischen Meister der Parlerschule kommen lassen. Ähnlichkeit lässt nicht nur die Eindeckung des Kirchendachs mit bunten glasierten Ziegeln erkennen. Leider hat man im 19. Jh. die Kirche neogotisch eingerichtet, geblieben aber sind die zahlreichen Fresken, eines der Hauptwerke der Bozner Schule, entstanden etwa ab 1390. Dargestellt sind vor allem Szenen aus dem Leben Jesu und Mariens sowie die Evangelisten, Kirchenväter und Nothelfer. Der Ulmer Meister Hans Stocinger, der auch auf Runkelstein [Nr. 28] tätig war, hat 1409 an der Südwand neun Szenen gemalt. Stocinger schuf auch die drastische Darstellung eines mit dem Teufel ringenden hl. Michael in der nahen **Friedhofskapelle**.

Eine Spazierfahrt führt von Terlan nach **Siebeneich**, wo die aus dem 17. Jh. stammenden Baulichkeiten der Deutschordenskommende mit dem barocken Kuppelbau der *Antoniuskirche* (1699) ein wunderschönes Ensemble inmitten von Weingärten ergeben.

Am südlichen Ortseingang von Terlan ragt die Ruine der um 1220 erbauten **Burg Neuhaus** auf. Der Volksmund nennt Neuhaus ›Maultasch‹, da die Burg der Lieblingsaufenthalt der Margarethe Maultasch gewesen sein soll. Nach ihr ist auch die bei der Ruine beginnende *Margarethenpromenade* benannt, die – durch Wein- und Obstgärten führend – schöne Ausblicke auf das Etschtal gewährt.

Über eine Etschbrücke ist Terlan mit der Nachbargemeinde Andrian verbunden. Nur wenige Schritte sind es vom Dorf hinauf zur mittelalterlichen **Burg Wolfsthurn** (Bindergasse 19, Tel. 0471510071, www.burgwolfsthurn.it) von 1280. Ganz unritterlich bewohnt sie seit einigen Jahren ein Biobauer, auch zwei Ferienwohnungen gibt es. Wer die auf einem Felsen über der Schlucht waghalsig aufragende Burgruine **Greifenstein** aufsuchen will, muss alpinistische Fähigkeiten mitbringen, zumindest aber absolut schwindelfrei sein.

Praktische Hinweise

Information

Tourismusverein Terlan, Dr.-Weiser-Platz 2, Terlan, Tel. 0471257165, www.terlan.info

Hotels

******Napura**, Steurerweg 7, Siebeneich/Terlan, Tel. 0471195 60 56, www.napurahotel.it. Rustikale Holzstühle mischen sich hier mit Loungeambiente. Ansonsten: Alles auf dem neuesten Stand der Technik.

******Vilpianerhof**, Nalserstr. 12, Vilpian, Tel. 0471678948, www.vilpianerhof.com. Gediegenes Hotel für den anspruchsvollenen Gast.

Wein

Kellerei Terlan, Silberleitenweg 7, Terlan, Tel. 0471257135, www.kellerei-terlan.com. In der Genossenschaftskellerei, die schon seit 1893 besteht, kann man Wein probieren und sich günstig für zu Hause eindecken.

Margarethe Maultasch

Sie war die Enkelin des Grafen Meinhard II., der Tirol geschaffen hatte, Tochter jenes Heinrichs, der Herzog von Kärnten, Graf von Tirol und vorübergehend auch König von Böhmen gewesen war. Ihr zweiter Schwiegervater, Ludwig ›der Bayer‹, war vom Papst geächteter deutscher Kaiser, ihr einziges aus zweiter Ehe überlebendes Kind war Meinhard II., Markgraf von Brandenburg, Herzog von Kärnten und Graf von Tirol. Diese Margarethe ist mit dem seltsamen Beinamen ›Maultasch‹ in die Geschichte eingegangen. Geboren wurde sie 1318 auf Schloss Tirol, gestorben ist sie 1369 in Wien, wo sie ab 1363 lebte.

Geschrieben wurde viel über sie, nicht nur **Lion Feuchtwanger** nennt sie – Titel seines 1923 erschienenen Romans – ›Die hässliche Herzogin‹. Dabei kann sie ebensogut auch schön gewesen sein, Zeitzeugen schildern sie so. ›Maultasch‹ bezog sich nicht auf ihre üppige Unterlippe oder die im Volksmund so genannte Burg Neuhaus bei Terlan, auf der sie sich gern aufgehalten hat. Vielmehr bedeutet dieses derbe Schimpfwort nichts anderes als ›Hure‹.

Dass Margarethe Maultasch nicht sehr viele glückliche Tage in ihrem Leben gehabt hat, hängt damit zusammen, dass sie ihr Vater schon im Kindesalter als **Erbin** seiner Lande einsetzte, was die Begehrlichkeit der großen Fürstenhäuser Habsburg, Luxemburg-Böhmen und Wittelsbach hervorrief. Mit zwölf wurde sie dem neun Jahre alten **Johann Heinrich von Luxemburg**, Sohn des böhmischen Königs, angetraut, der immer mehr eigene Gefolgsleute in Schlüsselstellungen einsetzte – zum Ärger des Tiroler Adels.

Als er 1341 eines Tages von einer Jagd heimkehrte, sah er sich von seiner 23-jährigen Frau von Schloss Tirol ausgesperrt und musste das Land fluchtartig verlassen. Nicht zeugungsfähig sei er, und die Ehe niemals vollzogen worden, ließ Margarethe die Welt wissen. Im Jahr darauf heiratete sie Kaiser Ludwigs des Bayern ältesten Sohn, **Markgraf Ludwig den Brandenburger**. Ihr Schwiegervater war schon in päpstlichem Bann, sie und ihr neuer Ehemann kamen nun hinein, und über das fromme Tirol wurde das Interdikt verhängt. Aus Böhmen kam des abgeschobenen Johann Heinrichs Bruder, nunmehr Kaiser Karl IV., zerstörte Bozen und Meran, doch Margarethe verteidigte mit kleiner Mannschaft das Schloss Tirol, bis ihr Gemahl zum Entsatz anrückte. Habsburg vermittelte 1359 die Lösung aus dem Kirchenbann und erhielt vier Jahre später den Lohn: Als Margarethe 1361 ihren Mann durch einen Jagdunfall (bei Zorneding in Oberbayern) verlor und zwei Jahre später **Meinhard III.**, der Sohn und Erbe starb, hatte Margarethe genug von der Politik und übergab ihr Land Erzherzog Rudolf IV. von Habsburg. Wien wurde ihr Exil, der Stadtteil Margareten erinnert noch heute an sie. Doch nach Südtirol kehrte sie nie mehr zurück – ob freiwillig oder vom Herzog daran gehindert, ist unbekannt.

Im Ultental erwarten den Wanderer einsame Pfade unterhalb des schroffen Ortlermassivs

38 Ultental
Val d'Ultimo

Ein Hochtal, in dem man viel Ruhe findet.

Rund 40 km zieht sich das Ultental nach steilem Aufstieg bei Lana bis zu den Gletschern im südlichen Teil des Nationalparks Stilfser Joch hin. Hier entspringt der Valschauer Bach, der das Tal durchfließt. ›Ultun‹ wird das Tal in einer Urkunde aus dem Jahr 1082 genannt, 1175 heißt es ›de Ultimo‹, also ›das Letzte‹. Das mag herabwürdigend klingen, und in der Tat wurde das Tal von den Landesherrn politisch wenig beachtet, wirtschaftlich hingegen wegen seines Holzreichtums und der guten Weiden geschätzt. Um 1600 wird von 20 000 Schafen berichtet, die – gegen Zoll natürlich – alljährlich von der Südtiroler Seite aufgetrieben wurden.

Erst 1907 wurde der vom Etschtal heraufführende Saumpfad durch eine Fahrstraße ersetzt, die man jedoch mit Wohnwagengespannen besser nicht befährt. Immer noch herrscht viel Stille im Tal. Selbst die fünf Stauseen wirken fast wie seit jeher in der Landschaft liegende Naturseen. An den steilen Talhängen, abseits der Hauptstraße, findet man noch urtümliche, eng aneinander geschmiegte **Hofgruppen** und auch manchen Einödhof in königlicher Einsamkeit.

Erster Ort im Tal ist St. Pankraz mit der nahen, spektakulär auf einem Fels in der Talmitte gelegenen Burgruine Eschenloh. Ein ansprechender Wanderweg (1 Std.) führt vom Ort zum Kirchlein von St. Helena. Ab **St. Walburg** wird der Talboden weiter und lieblicher. Unmittelbar am Ortsrand befindet sich die Staumauer des Zoggler Stausees. Am anderen Ende des Sees, bei Kuppelwies, zweigt eine Bergstraße zum Arzker Stausee (2249 m) ab, die bis zur Kuppelwieser Alm gut befahrbar ist. Auf halbem Weg erschließt die Sesselbahn zum Breiteben das ruhige Skigebiet Schwemmalm.

Nur ein Katzensprung ist es von Kuppelwies ins kleine St. Nikolaus (1256 m). Dort zeigt das **Ultner Talmuseum** (St. Nikolaus 107, Tel. 0473790374, Mai–Okt. Di/Fr 11–12 und 15–17, So 10–12 und 15–17 Uhr, März/April So 10–12 und 15–17 Uhr) in einem historischen Holzhaus Zeugnisse früheren Bauernlebens. Lohnend ist auch eine Wanderung von St. Nikolaus zum Kirchlein von St. Moritz. Hier führte einst ein viel begangener Handels- und Pilgerweg vorbei, der auf kürzester Strecke den Bogen der Etsch abschnitt, von Latsch im Vinschgau kommend das Ultental zum Nonsberg querte und aus diesem wieder in das südliche Etschtal abstieg.

Der oberste Ort des Tals ist schließlich **St. Gertraud** (1512 m). Eine Besonderheit der Natur kann man beim Gehöft Außerlaner etwas außerhalb bewundern, dort stehen einige ›Dinosaurier des Waldes‹, nämlich **›Urlärchen‹** mit einem Stammumfang von bis zu 8 m. Als ein solcher Baum Mitte des 20. Jh. gefällt werden musste, zählte man 2160 Jahresringe!

Über eine öffentliche Werksstraße erreicht man von hier nach 6 km den **Weißbrunner See**. Alternativ kann man ihn auch über den *Altweg* (Nr. 140, 4 h, 810 HM) erwandern. Er ist Ausgangspunkt für Gipfeltouren auf Zufritt-Spitze (3438 m) oder Hintere Eggenspitze (3443 m). Nach etwa 1½ Stunden Marsch, bei dem man auch schon erfahren kann, was mit ›erhabener Einsamkeit der Alpen‹ gemeint ist, erreicht man die Höchster Hütte am Grünsee (2529 m). Harmloser ist ein gemütlicher 2½-stündiger Rundweg vorbei am Fischersee (2068 m) über Panoramaweg und Fiechtalm zurück zum Weißbrunner See.

i Praktische Hinweise

Information

Tourismusvereinigung Ultental, Hauptstr. 104, St. Walburg, Tel. 0473795387, www.ultental-deutschnonsberg.it

Hotel

*****Kreuzwirt**, St. Walburg, Tel. 0473795316, www.kreuzwirt.com. Der Gasthof ist trotz Erweiterung freundlich und überschaubar geblieben. Zum Hotel gehören auch Hallenbad, Liegewiese, Kinderspielplatz und Bar.

*****Gasthof Eggwirt**, St. Walburg, Tel. 0473795319, www.eggwirt.it. Seit 700 Jahren kommen Gäste in diesen stattlichen Gasthof mitten im Ort. Gemütlichkeit wird hier groß geschrieben, moderner Firlefanz hat keinen Platz.

Café

Café Ultun, St. Walburg, Tel. 0473795327. Kaffeehaus und Konditorei neben einer Bäckerei, in der es noch heute Brote wie das Paio gibt, das früher auf den Höfen mehrere Monate halten musste. Anbei eine kleine Weinstube, in der man zum guten Viertele auch eine Südtiroler Vesper bekommt.

39 Tisens
Tesimo

Fahrt durchs Tisenser Mittelgebirge, und hinter dem Gampenjoch träumt Deutsch-Nonsberg vor sich hin.

Die Gampenjochstraße führt von Lana zunächst durch das Tisenser Mittelgebirge. Dessen Hauptort ist **Tisens**. Eine Rarität in Tirol sind die neun Glasgemälde im Stil der frühen Renaissance in der dortigen Pfarrkirche. Sie wurden im Jahr 1520 in Augsburg gefertigt.

Auf Tisens folgt das hübsche Dorf **Prissian**. Es liegt geradezu in einem Kranz von Burgen und Ruinen. Mitten im Ort steht in den Formen einer Renaissancevilla die *Fahlburg*, die heute ein Restaurant beherbergt. Das nahe *Schloss Werberg* dient inzwischen als Hotel. *Schloss Katzenzungen*, das auf das 13. Jh. zurückgeht, ist ein exklusiver Veranstaltungsort für Hochzeiten, Konzerte und Ausstellungen. Der Name soll von den zahlreichen Pechnasen an der Außenmauer herrühren, die wie Katzenzungen aussehen.

Von Naraun nach St. Hyppolyt

Bei Naraun startet die kleine Wanderung (Start Parkplatz nach 2. Tunnel ab Lana, Weg Nr. 5, ca. 20 Min) nach **St. Hyppolyt**. Sie lohnt weniger wegen der kunstgeschichtlichen Bedeutung des romanischen Kirchleins, sondern wegen dessen einmaliger Lage hoch über dem Etschtal. An die 20 Dörfer sowie 40 Schlösser und Ruinen kann man von hier aus sehen, von der Aussicht aufs Gebirge ganz zu schweigen. Poetische Gemüter haben den Hügel von St. Hyppolyt schon als die ›Königsloge des Burggrafenamtes‹ bezeichnet, andere sprechen gar vom Berg der Versuchung, von dem aus Luzifer dem Heiland die Herrlichkeit der Welt zeigte.

Ein kurviges Sträßchen führt von Prissian über **Grissian** zur Kirche **St. Jakob**, die romanischen Ursprungs (1142 geweiht) ist und einen vorzüglichen Freskenzyklus (um 1210) birgt – ein glanzvoller Höhepunkt der Südtiroler Freskenmalerei. In der Apsis sieht man Christus als Weltenrichter in der Mandorla, flankiert von Johannes und Maria. Am Chorbogen sind Kain und Abel mit ihrem Opferfeuer dargestellt. Interessant ist die Opferung Isaaks durch Abraham. Beide folgen dem von einem Knecht geführten Esel, der das Brennholz trägt. Die Szene spielt sich vor einer wildgezackten Gebirgslandschaft der Dolomiten ab – diese frühe Landschaftsschilderung ist einzigartig! Die übrigen Fresken entstanden im 15. Jh.

Von Prissian aus kommt man auch ins für seinen guten Wein bekannte **Nals**. Zur Verkostung lädt hier die Kellerei Nals-Margreid (Heiligenbergerweg 2, www.kellerei.it, Mo–Fr 9–12.30 und 14–18, Sa 9–12.30 Uhr).

Nonsberg/Val di Non

Landschaftlich besonders reizvoll ist die Straße von Lana an Tisens vorbei aufs Gampenjoch (1518 m). Hat man das Joch überquert, so befindet man sich am Nonsberg, dessen oberer Teil noch zu Südtirol gehört. Deshalb wird er auch ›Deutsch-Nonsberg‹ und in alten Urkunden einfach ›Teutschgegent‹ genannt.

Wenige Kilometer vom Joch entfernt stößt man auf die sehenswerte Pfarrkirche **Unsere Liebe Frau im Walde** mit ihrem romanischen Turm. Sie gehörte zu einem Hospiz, das vermutlich zunächst von Johannitern, ab 1224 aber vom Bozner Augustinerkloster betrieben wurde. Deren Nachfolger, die Benediktiner von Muri in Bozen-Gries, betreiben noch heute hier die Seelsorge. Der Ort war früher als Wallfahrt viel besucht. Das Gnadenbild, eine Steingussmadonna (um 1450) steht im spätbarocken Hochaltar.

Bei St. Felix überquert man die deutsch-italienische Sprachgrenze, der Ort Fondo liegt im bereits zur Provinz Trentino gehörenden Teil des Nonsbergs, der hier Val di Non heißt. Es lohnt sich, noch ein Stückchen ins Trentino hineinzufahren, denn nach gut 7 km kommt man zu einer der merkwürdigsten Wallfahrten des Alpenraums: **San Romedio** (Tel. 04 63 83 01 33, April–Sept. tgl. 9–19, Okt.–März tgl. 9–17 Uhr), abenteuerlich auf einem Felsen über einer Schlucht thronend, besteht aus fünf Kapellen und Kirchen, die – durch Treppen verbunden – turmartig aneinander, ja sogar übereinander gebaut sind. Die oberste birgt das Sanktuarium, die Grabstätte des hl. Romedius.

Altehrwürdiges Pilgerziel – das himmelsstrebende Santuario di San Romedio

Praktische Hinweise

Information

Tourismusverein Tisens/Prissian, Bäcknhaus 54, Tisens, Tel. 04 73 92 08 22, www.tisensprissian.com

Tourismusverein Nals, Rathausplatz 1 a, Nals, Tel. 04 71 67 86 19, www.nals.info

Hotel

******Gurtenhof**, Gurtenhof 83, Tisens, Tel. 04 73 92 10 22, www.gurtenhof.com. Familiäre Atmosphäre in einem trutzigen Bauernhof aus dem 14. Jh. Im Stall stehen einige Pferde, mit denen Kinder bei ausreiten können.

*****Grissianer Hof**, Grissian 6 a, Tisens, Tel. 04 73 92 08 23, www.grissianerhof.com. Von der Sonnenterrasse überblickt man das Etschtal von Meran bis Bozen.

Feldbauer, Tisens 6 b, Tisens, Tel. 04 73 44 28 98, www.www.feldbauer.it. Apartments in einem gänzlich aus Holz errichteten Bauernhof.

Vinschgau – das etwas andere Tal

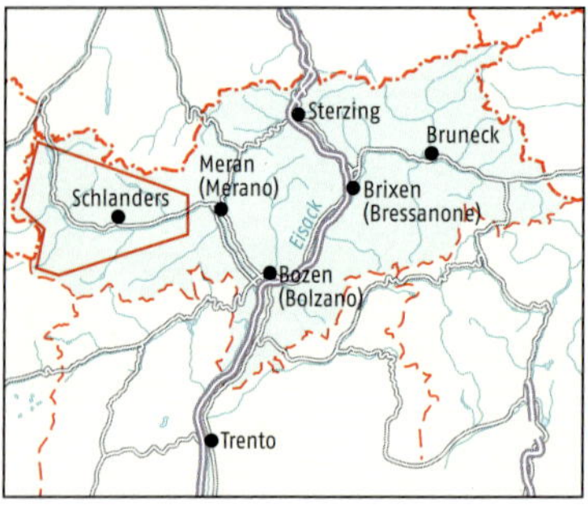

Vinschgau (Val Venosta) heißt das Tal der Etsch von ihrem Ursprung am 1507 m hohen **Reschenpass** bis zur Talstufe an der Töll bei **Partschins**. Das sind auf der Straße rund 75 km, wobei man knapp 1000 m Höhenunterschied bewältigt. Auf der einen Talseite steigen fast waldlose Hänge ohne vorgelagertes Mittelgebirge zu den weißen Gipfeln der Ötztaler Alpen, des Salurnkamms und der Texelgruppe an, auf der anderen steht eine steile Waldmauer vor der Sesvenna- und Ortlergruppe, hin und wieder schneiden Seitentäler tief in das Gebirge ein. Auch wenn die Weinrebe bis **Schlanders** (721 m) herauf wächst und der Untere Vinschgau ein Obstparadies ist, eine gewisse Herbheit liegt über allem, tut der Seele gut. Murkegel unterteilen das Tal und bestimmen das Bild. Derjenige, der heute **Malser Haide** heißt, ist der größte der ganzen Alpen. Auf diesen Kegeln siedelten sich die ersten Vinschgauer, rätische Venosten, an, denn hier fanden sie guten Ackerboden. Und Räter sind die Leute im Vinschgau vielleicht noch immer. Kirchlich gehörten sie bis 1816 ins Graubünden, nach Chur, rätisch klingen die meisten Ortsnamen, und ins rätische Engadin führen das Münstertal und der Umbrailpass. Reich ist der Vinschgau an romanischen Kirchen, eine Fülle, die aus vergangener Armut kommt, als man keine Mittel hatte, Gotteshäuser ständig zu verändern oder gar neu zu bauen.

40 Reschen
Resia

Aus dem Stausee ragt der altersgraue Kirchturm des versunkenen Dorfes Graun.

Wer Südtirol über das Österreichische Oberinntal ansteuert, der erreicht sein Ziel über den Reschenpass. Schon die römische Via Claudia Augusta von Augsburg nach Venedig querte seit 15 v. Chr. auf diesem Weg die Alpen.

Erster Ort auf italienischer Seite gleich hinter dem Pass ist **Reschen**. Von hier verkehrt eine Kabinenbahn hinauf ins Skigebiet von Schöneben (1400–2850 m). Im August legt in Reschen die *MS Hubertus* (Mobil 0039/3384967810) zu Rundfahrten auf dem **Reschensee** (6,8 km^2) ab. Im ab 1949 angelegten Stausee versank ein Teil von Reschen ebenso wie das etwas weiter taleinwärts gelegene **Alt-Graun**, an das nur noch der aus den Fluten emporragende Kirchturm erinnert. Was für Touristen ein originelles Fotomotiv ist, erinnert Einheimische schmerzlich an die verlorene Heimat.

Von Reschen aus führt eine Autostraße hinauf nach **Rojen** (1968 m) auf der Westseite des Tals. Hier, in einer der höchstgelegenen Dauersiedlungen der Ostalpen, steht die kleine romanische *Nikolauskirche* (Schlüssel im Gasthaus Rojen, Mobil 0039/3405857612). Ihr Langhaus entstand um 1300, der Chor um 1400. Darin stellen die gotischen Fresken Christus als Kind, Gekreuzigten, Auferstandenen und Weltenrichter dar..

Das neue Graun liegt gut 4 km südlich von Reschen am Seeufer. Hier kann man Tretboote ausleihen, auch Segler und Surfer legen hier ab. Ein schöner Ausblick bietet sich vom Kirchlein zur hl. Anna auf einem Hügel. Im Sommer schätzen Urlauber die Wanderwege im **Langtauferer Tal**, das von Graun bis zum 1912 m hoch gelegenen Melag mit einer Straße erschlossen ist. Die neogotische Pfarrkirche in *Pedroß* nicht weit vom Taleingang wurde 1908–12 nach Plänen des Innsbruckers Paul Huter erbaut. Überaus gelungen ist die Dekorationsmalerei in den Gewölben. In *Hinterkirch* am Talende startet eine Sesselbahn zur Maseben-Alm, einem Wander- und Skigebiet.

Zwischen der Staumauer des Reschensees und der Nordspitze des Haidersees befindet sich **St. Valentin**. Einst unterhielten die Kartäuser hier ein Hospiz am Reschenweg, inzwischen bleiben die Gäste vor allem wegen der Kabinenbahn ins Skigebiet der Haider Alm.

Der vom Ort aus fußläufig zu erreichende Weiler *Monteplair*, heute auch ›Dörfl‹ genannt, hat sein historisches Bild erfreulich gut bewahrt. Gut einen Kilometer nach den letzten Häusern von St. Valentin zweigt eine Straße ins Plawenntal ab. Im Hauptort **Plawenn** befindet sich auf 1700 m der höchste *Adelssitz* Tirols (nicht zugänglich). Er erhielt seine heutige Form um 1780, nachdem der Vorgängerbau niedergebrannt war.

i Praktische Hinweise

Information

Tourismusverein Vinschgauer Oberland, Hauptstraße 61, Graun, Tel. 04 73 63 31 01, www.reschenpass.it

Sport

Leichte Pisten findet man in **Maseben-Langtaufers** (Sesselbahn und Lifte); das Skizentrum **Schöneben/Rojen** hat leichte bis mittelschwere Familienabfahrten (Kabinenbahn und Lifte); Reschen selbst bietet einen erschlossenen Hang am Ortsrand; anspruchsvoll ist das Skigebiet von St. Valentin. Um die **Haider Alm** (Sesselbahn und Lifte) gibt es Buckelwiesen und Tiefschneehänge.

Im Jahr 1949 versank die Pfarrkirche von Graun in den Fluten des Stausees am Reschenpass

Piz Lat und Haider Höhenweg

Ein lohnendes Ziel ist der Aussichtsberg **Piz Lat** (2808 m) nahe der Dreiländerecke, wo auf 2179 m Höhe die Grenzen von Italien, Österreich und der Schweiz aneinander stoßen. Man erreicht den Gipfel von der Reschner Alm (Parkplatz, ca. 2,5 h, 800 HM) auf meist guten Wegen.

Fährt man mit der Umlaufbahn von St. Valentin aus zur Haider Alm (2160 m), so befindet man sich direkt am Einstieg des **Haider Höhenwegs** (Nr. 14, ca. 3 h, 220 HM) nach Schöneben. Von dort geht es entweder mit der Seilbahn zurück ins Tal, oder über die Bergstraße Nr. 11 zurück nach St. Valentin. Unterwegs bieten sich immer wieder schöne Ausblicke auf Reschensee und Haidersee.

Langläufer und Skiwanderer genießen die Ruhe in den Seitentälern. Im **Langtauferer Tal** gibt es eine Loipe für Schlittenhunde (in jeder Saison auch Rennen). **Reschen** hat eine Rodelbahn.

Hotel

Waldköniging, Waldweg 17, St. Valentin auf der Haide, Tel. 0473634559, www.waldkoenigin.com. Das Hotel besteht aus schmucker Jugendstilvilla und modernem Anbau, die Zimmer sind mit viel Holz in klaren Formen eingerichtet.

41 Burgeis
Burgusio

Hoch über dem uralten Dorf thront die Benediktinerabtei Marienberg.

Burgeis wirkt mit seinen winkeligen Gassen wie ein Kleinstädtchen, ist aber der Einwohnerzahl nach doch nur ein Dorf. Hoch über ihm thront die Gottesburg Marienberg, ein weiß leuchtender, vielfach durchfensterter Kubus, dem Zwiebeltürmchen etwas von seinem fast abweisenden Ernst nehmen.

Die Fassaden im Ortskern von Burgeis sind mit Erkern und Freitreppen geschmückt. Zur urigen Einkehr laden die alten Gasthöfe, etwa der ›Mohren‹, der seit 1665 im Familienbesitz ist, oder das ›Weiße Kreuz‹ am Hauptplatz. Der hl. Michael wacht dort über den gleichnamigen Brunnen. Die romanische **Pfarrkirche**, im späten 15. Jh. erweitert, gibt an dem kleineren der beiden romanischen Portale Rätsel auf. Da sind Reliefiguren, deren Hände die Form von Blättern haben. Was mag das bedeuten? Innen überraschen neben einer prachtvollen Barockorgel von 1678 zwei ›gotische Flügelaltäre‹ zu beiden Seiten des Triumphbogens. Der Straubinger Konrad Waider hat sie 1497 nur an die Wand gemalt, perspektivisch aber so raffiniert, dass man der Illusion erliegt.

In der ebenfalls romanischen **Nikolauskirche** sind an die gotische Holzdecke (1523) sogar Narren gemalt, mit dem

Radeln auf der Via Claudia Augusta

Kaiser Augustus war gerade dabei, die Germanenstämme in Norikum, dem heutigen Österreich niederzuringen, als er seinem Adoptivsohn Drusus um 15 v. Chr. den Befehl zum Bau einer Straße über den Reschenpass gab. Sie sollte die schnelle Verstärkung der römischen Truppen im Kriegsfall ermöglichen. Inzwischen folgt ein bestens ausgeschilderter **Radweg** dem Verlauf der Römerstraße vom bayerischen Augsburg bis an die Adria bei Venedig. Dabei muss der Radler gut 700 km hinter sich bringen und den Reschenpass überwinden. Wem dazu die Ausdauer fehlt, dem hilft ein Shuttlebus über die Tiroler Alpenpässe – Alpencross leicht gemacht!

Allen Urlaubern im Vinschgau und im Meraner Land sei die Fahrt mit der Vinschger Bahn von Meran hinauf nach Mals empfohlen. Von dort kann man entweder weiter hinauf zum Reschenpass radeln – dann sind allerdings 400 Höhenmeter auf gut 18 km zu bewältigen – oder man fährt die ca. 60 km talabwärts zurück nach Meran. Immer geht es abseits vom Straßenverkehr dahin. Infos:

Via Claudia Info, Mobil 00 43/66 42 76 35 55, www.viaclaudia.org

Vinschgauerbahn, Tel. 840 00 04 71, www.vinschgauerbahn.it. An mehreren (Bus)Bahnhöfen, etwa in Reschen, Mals, Schlanders und Meran gibt es Radverleihe (Tel. 04 73 20 15 00, die Fahrräder kann man am Bahnhof des Zielorts wieder abgeben).

Als wahre Gottesburg thront die vielfenstrige Benediktinerabtei Marienberg über Burgeis

absolut wahren Spruch, dass Narren alt werden, wenn sie lange leben (›Item ben narren lang leben beren si alt‹).

Derlei Späße konnten sich die Maler der spätgotischen Fresken im Hof der **Fürstenburg** (13.–16. Jh., www.fachschule-fuerstenburg.it, Führungen Juli/Aug. Mo 14/Do 10 Uhr) über Burgeis nicht erlauben, waren ihre Auftraggeber doch die Fürstbischöfe von Chur. In den 1950er-Jahren bezog die Landwirtschaftsschule die ehrwürdigen Mauern, in die bei der letzten Sanierung Ende des 20. Jh. behutsam Aufzüge und stählerne Treppen eingefügt wurden.

Kloster Marienberg

Dass das Kloster Marienberg wie eine Festung wirkt, ist nur auf den durch die steile Hanglage bedingten mächtigen Unterbau zurückzuführen. Eine Festung des Glaubens und des Geistes ist die Abtei freilich schon von jeher gewesen, unterhielt gemäß des benediktinischen Auftrags auch immer eine Schule, aus der einige bedeutende Geister hervorgingen. Ulrich III. und Uta von Tarasp hatten ihr Hauskloster bei Scuol im Unterengadin nahe ihrer Burg gegründet, 1146 aber bereits an den heutigen Platz verlegt und mit Mönchen aus dem schwäbischen Ottobeuren besetzt. Im Bauernaufstand 1525 und bei der Schließung durch das Königreich Bayern im Jahr 1807 schwer geplündert, strahlen Abtei und Kirche heute wieder im vollen Glanz der erhaltenen Kunstschätze. Kloster Marienberg ist übrigens mit 1335 m über Meereshöhe die höchstgelegene Benediktinerabtei der Welt.

Die Konventsgebäude mit Kreuzgang, Fürstenzimmer und Bibliothek gehören zur Klausur und können daher nicht besichtigt werden, wohl aber die **Stiftskirche**. Die romanischen Formen der 1201 geweihten dreischiffigen Pfeilerbasilika erhielten 1642–47 ein frühbarockes Kleid, wobei auch die Ostapsiden umgebaut und eine Orgelempore eingefügt wurden. Man betritt den Raum von einer Vorhalle her, aber immer noch durch ein romanisches Portal, in dessen Tympanon eine jener ›Schönen Madonnen‹ steht, wie sie die hochgotische Zeit um 1400 bevorzugt hat. Es ist eine schöne, mütterliche Maria, die dem Christuskind einen Apfel reicht. Die Ausstattung des Kirchenraums mit einem wuchtigen Hochaltar (Gemälde Tobias Bock, 1645) und mehreren Seitenaltären stammt aus dem 17. und 18. Jh. Das Seitenaltarbild des hl. Josef als Fürbitter hat der in Burgeis geborene **Johann Evangelist Holzer** 1727 gemalt.

Die Wände der 1156 eingeweihten **Krypta** (zugänglich nur zum Abendgebet Mai–Okt. Mo–Sa 17.45 und Messe Di

Bezaubernde Engel (um 1155) bevölkern die Krypta von Kloster Marienberg

7.15 Uhr) schmücken romanische Fresken aus der Zeit um 1155 mit deutlich byzantinischem Einfluss. In der Mittelnische thront Christus in der Mandorla – eine ernste, strenge ›Majestas Domini‹. Ihn umgeben die Apostelfürsten und Cherubine, die mit Recht zu den schönsten Engeln der romanischen Malerei gezählt werden. Auch in den Gewölbefeldern schweben Engel in langen Gewändern. An der Westwand wird das ›Himmlische Jerusalem‹ gezeigt, mit Engelsgruppen, die der feierlichen Gestalt Christi zugewandt sind. Das Nikolausfresko ist in gotischer Zeit hinzugekommen und wohl 250 Jahre jünger.

Im ehemaligen Wirtschaftstrakt gegenüber der Kirche präsentiert das Kloster in einem **Museum** (www.marienberg.it, Ostern–Okt. Mo–Sa 10–17 Uhr, Ende Jan.–Ostern Mo–Sa 13–16 Uhr) seine sakralen Schätze und eine Dokumentation über das Leben der Mönche.

Auf den Watles und zur Sesvennascharte

An Marienberg vorbei führt eine Panoramastraße ins *Schlinigtal* unter den Gipfeln der Sesvennagruppe. Erster Ort im Tal ist Prämajur. Von dort startet eine Sesselbahn zur Höfer-Alm (2066 m), von der aus man zum Watles (2554 m) aufsteigen kann. Im Winter ist die Alm Mittelpunkt des *Skizentrums Watles*, zu dem auch eine zünftige Rodelbahn (5 km Länge) gehört.

Am Parkplatz in Schlinig, fast am Talende, beginnt die Wanderung (Nr. 5, ca. 5,5 h, 1000 HM) über die Sesvenna-Hütte (2256 m, Tel. 0473 83 02 34, www.sesvenna.com) zum Furkelsee. Höhepunkt der Tour ist die Sesvennascharte (2824 m), von der aus sich der Blick auf den Gletscher am Piz Sesvenna (3204 m) öffnet. Dessen Besteigung ist nur in seilgesicherter Gruppe zu empfehlen.

Ausflug

Bezaubernde Ausblicke auf die Kulisse der schneebedeckten Ortlergipfel hat man von der zur Ortschaft Mals abfallenden **Malser Haide**. Diese von Waalen durchzogene Wiesenfläche ist eine eher melancholische Landschaft, was das Ehrenmal für italienische Gefallene der Ortlerfront auf einem Hügel zusätzlich unterstreicht.

i Praktische Hinweise

Information

Tourismusbüro Burgeis, Burgeis 77, Tel. 0473 83 14 22, www.ferienregion-obervinschgau.it

Hotel

******Weißes Kreuz**, Burgeis 82, Tel. 0473 83 13 07, www.weisseskreuz.it. Traditionsreiches Haus, für Sportler stehen Mountainbikes bereit. Die Küche ist ganz vorzüglich.

Sonnenhof Residence, Burgeis 155, Tel. 0473 83 12 51, www.burgeis.it. Gut ausgestattete Apartments für Paare und Familien.

Restaurant

Zum Mohren, Burgeis 81, Tel. 0473 83 12 23, www.mohren-plavina.com. In der gemütlichen Gaststube wird fein gekocht, die Hotelzimmer sind komfortabel.

42 Mals
Malles Venosta

Eine Kostbarkeit ersten Ranges sind die karolingischen Fresken in St. Benedikt.

Das Dorf Mals (5000 Einw.) ist wirtschaftlicher und schulischer Mittelpunkt des Oberen Vinschgaus. Fünf markante Türme, drei romanische und ein gotischer Kirchturm sowie der runde Bergfried der Fröhlichsburg, der imposante Rest einer einstigen Vogtsburg, überragen den Ort. Besonders am Oberen Marktplatz mit dem Ansitz Lichtenegg (1593) und einigen schönen Gasthöfen ist er höchst malerisch. Die Pfarrkirche *Mariä Himmelfahrt*, ein nüchterner Bau von 1835–38, besitzt am linken Seitenaltar ein Gemälde (1782) von Martin Knoller, den Tod des hl. Josef darstellend. Von der *Johanniskirche* (12. Jh.) an der Spitalgasse blieb nur der romanische Turm, während die ebenfalls romanische Kirche *St. Martin* mit Turm und Langhaus (Chor 16. Jh.) erhalten ist. Auf dem *Friedhof* sind neben der spätgotischen Michaelskirche zwei Werke des 1919 in Mals geborenen Künstlers Karl Plattner († 1986) zu sehen: das Fresko ›Grablegung Christi‹ (1950) in der Kapelle für die Gefallenen sowie die 1966 gestaltete Gruft seiner Familie.

Hauptattraktion aber ist die Kirche **St. Benedikt** (www.stiegenzumhimmel.it, April–Okt. Mo–Sa 10–11.30 Uhr, Mitte Juli–Aug. auch Di–Do 15–16 Uhr) am Westrand des Dorfes. Das Kirchlein stammt aus der Zeit um 800 (Turm 12. Jh.), ebenso die kunsthistorisch bedeutsamen *karolingischen Fresken* an der Ost- und Nordwand. Sie gehören zu den ältesten im deutschen Sprachraum. In der Nordostecke des Kirchenraums sind noch Reste von *karolingischem Stuck* zu erkennen. Auch die **Malereien** sind im Stil der ›karolingischen Renaissance‹ gehalten. Sie wurde am Hof Kaiser Karls des Großen entwickelt und versuchte, spätantike Traditionen mit neuen Impulsen aus dem Norden Europas zu vereinen. In drei Nischen an der Ostwand sieht man, von Ornamenten eingerahmt, Papst Gregor den Großen (links), Christus mit Zepter und Weltkugel, von Engeln flankiert (Mitte) und rechts den hl. Stephanus. Dazwischen sind die beiden Stifter dargestellt. Der ›geistliche‹ Stifter (vielleicht der Abt von Müstair) hält ein Kirchenmodell, der ›weltliche‹ in karolingischer Kleidung ein Schwert. Es ist das einzige erhaltene Porträt eines fränkischen Adeligen aus so

Zum Tartscher Bühel

Einen herrlichen Blick über Mals und das Umland verschafft der Aufstieg zum **Tartscher Bühel** (1076 m), auf dem die romanische (11. Jh.), im Mauerbau wohl noch ältere *St. Veitskirche* (Juli/Aug. Do 17 Uhr) steht.

Die stillsten Wanderwege findet man im **Matscher Tal**, wo die Ruinen der unmittelbar benachbarten Burgen Ober- und Untermatsch an das einst mächtigste Adelsgeschlecht im Vinschgau erinnern: die Herren von Matsch, deren Erben 1504 die Grafen von Trapp [vgl. Nr. 45] wurden.

Nur der Rundturm und Reste des Palas blieben von der Fröhlichsburg am Rand von Mals

früher Zeit. Die quadratischen Kopfrahmungen kennzeichnen sie als zur Entstehungszeit der Fresken lebende Personen. An der Nordwand sind Fragmente von fünf Szenen zu erkennen, am deutlichsten die Steinigung des hl. Stephanus und ein Kleriker, in göttlicher Eingebung (drei Tauben) in ein Buch schreibend. Die restlichen drei Szenen sind David gewidmet, mit dem Karl der Große oft verglichen wurde.

Ausflug

Die Malser Fraktion **Laatsch** am Eingang des Münstertales war 1499 im Engadiner Krieg Schauplatz der fürchterlichen Schlacht an der Talenge Calven, bei der 8000 Graubündner die 12 000 Tiroler Kaiser Maximilians I. besiegten und darauf sengend, mordend und schändend durch den Vinschgau zogen. Am westlichen Dorfende steht die zweistöckige Kirche *St. Leonhard* (um 1408), deren Untergeschoss als bogenüberwölbte Straßendurchfahrt dient. Im Innern sind ein Freskenzyklus (1609) mit Szenen aus dem Leben des Kirchenpatrons und ein gotischer Flügelaltar (1480) zu bewundern.

i Praktische Hinweise

Information

Tourismusbüro Mals, St. Benediktstr. 1, Mals, Tel. 0473 83 11 90, www.ferienregion-obervinschgau.it.

Mittelalterliche Mauern, Wehrgänge und Türme umschließen das Städtchen Glurns

Hotel

*****Greif**, Verdroßstr. 40 a, Mals, Tel. 0473 83 14 29, www.hotel-greif.com. Das Haus besteht seit vier Jahrhunderten, wurde aber modernisiert. Die gemütlichen Zimmer sind mit Holzmöbeln ausgestattet, die Küche bietet leckere Vollwertküche.

43 Glurns
Glorenza

Juwel einer alten Stadtanlage.

Das von Mauern und Toren umwehrte Glurns ist mit 800 Einwohnern nicht nur Südtirols, sondern sogar Italiens kleinste Stadt.

Geschichte Dem 1163 erstmals urkundlich erwähnten Glurns kam wegen seiner Lage am Eingang des Münstertals vor allem strategische Bedeutung zu. 1223 wurde der Ort Gerichtssitz der Grafen von Tirol – in Konkurrenz zum Gerichtssitz der Churer Bischöfe in Mals. Seinen wirtschaftlichen Aufschwung verdankt es seiner Rolle als Umschlagplatz für Salz aus Hall in Tirol, das über das ›Wormser Joch‹ (Umbrailpass) in den Mailänder Raum transportiert wurde, und für das um Fuldera (Münstertal) und S-Charl (im Sesvennagebirge) gewonnene Erz. 1499 wurde die Stadt in der Schlacht an der Calven völlig zerstört. Planmäßig wieder aufgebaut und neu befestigt, kam Glurns künftig fast nur noch Bedeutung als Waffenplatz zu. Später wurde es zur Ackerbürgerstadt, der eine grundlegende Sanierung nach 1977 ein frisches Gesicht und neue Perspektiven im Tourismus verschaffte.

Besichtigung Wie Josef Rampold, der frühere Landesbeschreiber Südtirols, sehr treffend sagt, ist die Sehenswürdigkeit von Glurns eben Glurns selbst. Den trapezförmigen Grundriss der Stadt umgibt die im 16. Jh. errichtete **Ringmauer** mit massiven Türmen und drei stark bewehrten Toren, dem Malser Tor im Norden, dem Schludernser Tor im Osten und dem Tauferer Tor im Südwesten. Vor dem Tauferer Tor steht auf einem Hügel die spätgotische Pfarrkirche **St. Pankratius** mit romanischem, barock behelmten Glockenturm. Hinter dem Tauferer Tor öffnet sich der schöne Stadtplatz, von historischen Häusern gesäumt. Hier steht die Kirche **Unsere Liebe Frau** aus dem 17. Jh. Das mehrmals durch Brand beschädigte Gotteshaus erhielt 1870 seine heutigen neoromanischen Formen. Der schönste Straßenzug ist die **Laubengasse**, deren Bögen und Gänge niedrig sind, weil das Straßenniveau durch Muren mehrmals erhöht wurde. Geschäfte wie in Bozen oder Meran gibt es hier allerdings nicht. Vom Stadtplatz zum Schludernser Tor führt die Florastraße, benannt nach dem Graphiker und Karikaturisten **Paul Flora** (1922–2009), der als Sohn des Gemeindearztes in Glurns geboren wurde, jedoch meist in Innsbruck wohnte.

Im Grünen Baum verbinden sich mittelalterliche Architektur und zeitgemäßer Schick

Von Taufers auf den Tellakopf

Am Parkplatz beim Hospiz St. Johann beginnt die anstrengende Wanderung (Weg Nr. 6, 1300 HM, ca. 6 h) hinauf zum Tellakopf. Unterwegs passiert man die Ruinen der beiden Burgen Reichenberg und Rotund. Nach gut zwei Stunden steilen Aufstiegs ist die Tellaalm (2098 m) erreicht. Nun folgt der Anstieg zum Gipfel. Der Rückweg folgt dem gleichen Weg.

i Praktische Hinweise

Information

Tourismusbüro Glurns, Rathausplatz 1, Glurns, Tel. 0473 83 10 97, www.ferienregion-obervinschgau.it

Hotel

*****Grüner Baum**, Stadtplatz 7, Tel. 0473 83 12 06, www.gasthofgruener baum.it. Historischer Gasthof mit modernem Interieur.

****Gasthof Krone**, Stadtplatz 9, Glurns, Tel. 0473 83 12 06, www.krone-glurns.com. Einfühlsam restaurierter Stadtpalais des kaiserlichen Rates Reinprecht von Hendl.

44 Taufers im Münstertal
Tubre di Val Monastero

Prachtvolle Fresken im Hospiz St. Johann.

Von Glurns sind es nur gut neun Kilometer bis Taufers im gen Westen vom Etschtal abzweigenden Münstertal. Das lang gestreckte Straßendorf wird von den Ruinen der Burgen *Rotund* und *Reichenberg* überragt, die einst die Fürstbischöfe von Chur zur Sicherung des Ofenpasses errichten ließen.

Die Pfarrkirche **St. Blasius** (1660–65, Pietro Pedrino aus Bormio) erinnert im Baustil noch an gotische Zeit, ist jedoch in strahlendem Barock eingerichtet. Die gotische **Nikolauskirche** (um 1400) sollte man sich wegen des liebenswerten Altars anschauen. In dessen Mitte stillt Maria das Jesuskind, und in der Mensa wirft der hl. Nikolaus, der Legende gemäß, drei Jungfrauen goldene Kugeln zu.

Ein absolutes Muss ist der Besuch des **Hospiz St. Johann** (tgl. 9.30–17 Uhr). Der außergewöhnliche gedrungene Baukomplex am Dorfeingang wurde von

Bereits auf Schweizer Boden befindet sich die karolingische Abtei St. Johann in Müstair

den Johannitern zu Beginn des 13. Jh. auf dem Platz einer älteren Anlage errichtet.

Der Kirchengrundriss entspricht einem griechischen Kreuz, das allerdings nach Westen um einen zweistöckigen Bau verlängert ist. Im Obergeschoss dieses Langhauses befand sich wohl der *Schlafsaal* der Pilger, er ist mit einem Bogen gegen den Altarraum hin geöffnet. Diesen nur von außen über eine Holztreppe erreichbaren Raum beherrschen frühgotische Fresken (um 1385): die ›Enthauptung des Johannes‹ (mit einem lächelnden Henker) und die hl. Ursula mit ihren Jungfrauen, alle in kostbare Gewänder gehüllt. Fast rührend wirkt zwischen den beschädigten Malereien am hinteren Teil der Nordwand die erhaltene Hand eines Malers, der mit einem Pinsel an einem Ornament arbeitet.

Das romanische *Westportal* zieren im Tympanon ein Marienfresko (17. Jh.) und das Wappen der Grafen Hendl, die das Hospiz im 17. Jh. erwarben. Herausragender Kunstschatz sind die **spätromanischen Fresken**, zu denen bereits der riesige Christophorus an der Außenwand zählt, eine der frühesten Darstellungen dieses Heiligen in Tirol (entstanden um 1220). Die Szenen und Figuren im *Chor* lassen große Bewegtheit erkennen. Im Gewölbe sieht man Christus, Maria und Johannes, in den gemalten Nischen der Diagonalgurte je fünf Halbfiguren von Äbten, Heiligen, Fürsten und Rittern. In den Gewölbekappen erhalten schreibende Kirchenväter ihre Eingebung von den in Symbolen dargestellten Evangelisten. Die Bildfolgen an den Chorwänden sind nur zum Teil erhalten, doch verraten die Ausdruckskraft der Männer, die Moses beim Verkünden der Zehn Gebote zuhören (Südwand), und die reichen Details die hohe Qualität dieser Bilder.

Stundenweg von St. Johann

Zu Besinnung und Naturgenuss lädt der Stundenweg (www.stundenweg.it, 17 km, 400 HM, 6 h einfach) vom schweizerischen **Kloster St. Johann in Müstair** zum **Kloster Marienberg** in Südtirol. 24 Tafeln am Pfad wollen zum Nachdenken über Grenzen und Glauben, Vergänglichkeit und Wachstum anregen. Da der Stundenweg recht gleichmäßig auf einer Höhe von 1300 und 1550 m verläuft, ist er auch für Familien mit Kindern zu bewältigen. Die Rückfahrt von Marienberg ermöglicht der schweizerische **Postbus** (Tel. 00 41/848 88 88 88, www.postbus.ch)

Ausflug

Nur 3 km sind es von Taufers über die Schweizer Grenze zur **Abtei St. Johann in**

Müstair (www.mustair.ch, Mai–Okt. Mo–Sa 9–12 und 13.30–17, So 13.30–17, Nov.–April Mo–Sa 10–12 und 13.30–16.30, So 13.30–16.30 Uhr). Sie ist Teil des Weltkulturerbes der UNESCO und soll eine Gründung Kaiser Karls des Großen sein. Die Kloster- und Wallfahrtskirche St. Johann Baptist – bedeutendster Kirchenbau der Schweiz vor der ersten Jahrtausendwende – bewahrt den umfangreichsten *Freskenzyklus der Karolingerzeit*.

i Praktische Hinweise

Information

Tourismusverein Taufers im Münstertal, St. Johannstr. 37, Taufers, Tel. 04 83 30 46, www.taufers.org

45 Schluderns
Sluderno

Die Churburg – freskengeschmückte Loggien und berühmte Rüstkammer.

Am Rand des Etschtals und am Eingang zum Matscher Tal liegt Schluderns. Hier, so sagt man im Vinschgau, beginnt der Süden. Obst gedeiht bestens, und trotz relativer Höhenlage (920 m) rankt an mancher Hauswand eine Weinrebe.

Das malerische Ortsbild wird geprägt von der **Pfarrkirche**, die von ihrer romanischen Vorgängerin den wuchtigen Glockenturm mit gemauertem Viereckhelm behalten hat. Chor und Langhaus wurden 1490 im gotischen Stil neu gebaut, das Langhaus 1910 verlängert und um ein gleich hohes Seitenschiff erweitert. Im Inneren gibt es bemerkenswerte Details zu entdecken: an der Nordwand etwa einen um 1540 gemalten *Freskenzyklus* mit Szenen aus dem Marienleben. Entzückend ist auch ein kleiner *Altar* der Spätrenaissance (um 1600) im südlichen Seitenschiff. Sein Tafelbild von 1530 zeigt die ›Anbetung der Hl. Drei Könige‹ vor einer Architekturlandschaft.

Einstimmend auf den Besuch der Churburg wirken die Totenschilde und *Grabdenkmäler* der Grafen Trapp, von denen das schönste über der Sakristeitüre angebracht ist. Es handelt sich um ein Werk des Wolf Verdroß, entstand 1573 und erinnert an Jakob VII. von Trapp, dessen Leben und Wirken mit Inschriften- und Symbolen auf dem weißen Marmorstein dargestellt ist.

Auf dem Friedhof ist auch das **›Pseyrer Josele‹** (Josef Pichler, 1765–1854) begraben. Er war Jäger auf der Churburg und eine früher Alpinist: Er bestieg 1804 als erster den Ortlergipfel. Auf dem Platz vor dem **Vintschger Museum** (Meraner Str. 1, Tel. 04 73 61 55 90, April–Okt. Di–So 10–12 und 15–18 Uhr) erinnert ein Granitfelsen mit einem am Gestein emporkletternden Mann an den Bergsteigerpionier. Das Museum behandelt für das Tal typische Themen wie Waalwege und Haflingerzucht. Sehr interessant sind auch die archäologischen Funde der Bronze- und Eisenzeit.

Ein Glanzstück ist der Loggienhof der Churburg mit seinen freskierten Arkaden

TOP TIPP

Die hoch über dem Dorf aufragende, zinnengekrönte **Churburg** ist nur mit Führung zu besichtigen (Tel. 0473615241, www.churburg.com, 20. März–Okt. Di–So 10–12 und 14–16.30 Uhr). Auf dem schon in vorgeschichtlicher Zeit besiedelten Bergsporn baute Heinrich IV., Bischof von Chur aus dem Haus Montfort, ab etwa 1250 seine Burg. Er wählte den Platz am Eingang zum Matscher Tal mit Bedacht, hausten dort doch die aufsässigen Matscher Vögte. Der Bischof konnte nicht wissen, dass er seinen Widersachern in die Hand arbeitete, denn ab 1297 brachten diese die Festung des Landesherrn in ihren Besitz.

Als die Herren von Matsch 1504 ausstarben, erbten die späteren Grafen Trapp. Sie sind noch heute die Besitzer und bewohnen die Churburg auch. Unter ihren Händen wurde 1537–70 aus der mittelalterlichen Burg ein wohnliches, wenn auch mit Zwinger und Vorburg stark befestigtes **Renaissanceschloss**.

Vom Führungstreffpunkt hinter dem vorderen Burgtor hat man einen schönen Blick auf die drei Gartenterrassen, von denen die unterste einst Turnierhof gewesen ist. Nach dem inneren Burgtor öffnet sich – gleichsam als erster Höhepunkt – der dreigeschossige *Arkadenhof*, dessen Stützpfeiler Elemente aus Romanik, Gotik und Renaissance vereinen. Was für ein Aufwand an schmückenden und erzählenden **Fresken** im ersten Stock: Fabelwesen, der Stammbaum derer von Matsch und Trapp, Zitate griechischer Philosophen und aus den Fabeln Äsops. Originell ist die Szene mit einem alten Narren, der Eier ausbrütet, aus denen wieder kleine Narren ausschlüpfen, um gewogen, gemessen, sortiert und in Säcke verpackt zu werden.

Die *Dürnitz*, der Aufenthaltsraum der Burgsoldaten, hat eine schwere Balkendecke, die zahlreiche Löcher aufweist. Der Grund: die Hellebardenträger stießen ihre Waffe einfach mit der Spitze ins Holz und ließen sie so hängen. Im getäfelten *Jakobszimmer* sind das lebensgroße Standbild Jakobs VII. von Trapp (ein Werk des Wolf Verdroß), eine kleine Hausorgel (um 1560, älteste noch bespielbare Orgel Tirols), der ›Greifenklau‹, ein Willkommbecher aus Büffelhorn, und der Pilgermantel Jakobs VII. zu bewundern. Im *Ahnensaal* finden sich Porträts der Grafen Trapp vom 16. Jh. bis in unsere Tage.

Die **Rüstkammer** wartet mit einem staunenswerten Arsenal von Waffen und Rüstungen. Unglaublichstes Stück ist die Riesenrüstung (230 cm hoch!) Ulrichs IX. von Matsch, die nicht weniger als 45 Kilogramm wiegt. Abseits aller Übergrößen kann man hier auch die Entwicklung des Plattnerhandwerks verfolgen, von den ersten Plattenharnischen, die einige Bequemlichkeit brachten, über Kettenhemden mit ›Hundsgugelhelmen‹ für die Fußmannschaften bis zu den schon sehr raffinierten eisernen Rüstungsmoden der Innsbrucker Hofplattner, die ab der Mitte des 15. Jh. die Führung in Europa innehatten. Die *Schlosskapelle* (1334) be-

Kostbar gravierte Paraderüstungen für Ross und Reiter in der Rüstkammer der Churburg

Kehre um Kehre windet sich die Straße vom Trafoier Tal aus über das Stilfser Joch

wahrt eine romanische Madonna mit Kind (um 1270). Im ehem. Pferdestall, wo man heute Souvenirs erwerben kann, endet die Führung.

Vor der Weiterreise lohnt ein Spaziergang durch die **Schludernser Auen** am Ortsrand. Ein von Infotafeln begleiteter *Rundwanderweg* (ab Sportplatz Schluderns, ca. 1 h) erschließt diesen grünen, blühenden Erlenwald. Schmale Bachläufe durchziehen ihn, immer wieder stößt man auf kleine Seen oder Tümpel.

i Praktische Hinweise

Information

Tourismusbüro Schluderns, Meraner Str. 1, Schluderns, Tel. 04 73 61 52 58, www.ferienregion-obervinschgau.com

Hotel

Burggasthof, Meraner Str. 3, Schluderns, Tel. 04 73 61 53 00, www.burggasthof.com. Günstige Zimmer am Fuß des Burgbergs.

Reisefilm: Schluderns
QR Code scannen [s. S. 5] oder dem Link folgen: www.adac.de/rf0004

46 Trafoier Tal und Stilfser Joch

Giogo dello Stelvio

Durch das Trafoier Tal zur ›Königin der Alpenstraßen‹ – mit einem Schwenk ins Suldental

Eine Fahrt auf der **Stilfser-Joch-Straße** (meist Juni–Okt. geöffnet) vom Etschtal durchs Trafoier Tal bis zur Passhöhe ist eines der großen Erlebnisse in Südtirol. Dabei überwindet man auf einer Strecke von 28 km fast 2000 m Höhenunterschied.

Geschichte Überdies folgt man so uralten Spuren: Schon in der Vorzeit nahmen Menschen den Weg über das Stilfser Joch. Im Mittelalter wurde er dann ›Wormser Weg‹ genannt, weil er nach Bormio (Worms) führte.

Die heutige Straße ist eigentlich ein ›Museumsstück‹. Das verkehrstechnische Wunderwerk windet sich in 46 zum Teil dem Fels abgerungenen Serpentinen gen Himmel. Nach nur fünf Jahren Bauzeit wurde sie 1825 eröffnet. Die Straßenbreite betrug damals 5 m (heute 6 m), die maximale Steigung – wie heute noch – 12 %. Einziger Unterschied: Damals wurde der Pass auch im Winter offen gehalten! Dies war aber notwendig, weil der Weg über das Stilfser Joch Tirol mit der zu je-

Blick über die Berge des Nationalparks Stilfser Joch

ner Zeit noch österreichischen Lombardei verband, was Kaiser Franz überhaupt zum Bau der Straße veranlasst hatte.

Besichtigung Das Trafoier Tal zweigt bei Sponding vom Etschtal ab, wo der Suldenbach mit seinen vom Ortlerkalk weiß gefärbten wilden Wassern in die Etsch mündet. Ein Halt bietet sich in am Beginn der Straße zum Stilfser Joch **Prad** an. Hier informiert das **Nationalparkhaus Aquaprad** (Tel. 0473 618212, Kreuzweg 4c, www.aquaprad.com, Di–Fr 9–12 und 14.30–18, Sa/So 14.30–18 Uhr) über das Leben in Seen und Flüssen der Alpen.

In Gomagoi zweigt die Straße ins an steilem Hang hoch über der Talstraße liegende **Stilfs** ab. Wahrscheinlich wurde der Ort im Mittelalter von Knappen gegründet, die hier bis 1612 Bergbau betrieben. In der neoromanischen *Pfarrkirche* erinnert nur die Schale des Weihwasserbeckens an einen bereits im 14. Jh. erwähnten gotischen Bau.

Ebenfalls bei Gomagoi führt eine Nebenstraße tief in die Hochgebirgswelt des Suldentals. Auch **Sulden** soll seine Gründung dem Bergbau verdanken, der hier bis 1775 betrieben wurde. Den Bau der Pfarrkirche St. Gertraud betrieb der aus Langtaufers stammende Kurat Johann Eller, der ab 1863 auch den Fremdenverkehr förderte. Darin unterstützte ihn bald der in Wien ansässige Jurist und Landtagsabgeordnete Dr. Theodor Christomannos (1854–1911). Nach seinen Ideen wurde 1893 das ›Grand Hotel‹ gebaut.

Noch mehr Besucher hat Sulden, seit Reinhold Messner im Flohhäuschen, einer Berghütte neben dem Hotel Post, das Museum *Alpine Curiosa* (tgl. 9–19 Uhr) einrichtete. Die hier versammelten ›Kuriositäten der Alpinistik‹ sind Aufhänger für 13 meist lustige Geschichte aus den Bergen. Außerdem schuf der Bergsteiger das in einen Hügel integrierte *Messner Mountain Museum Ortles* (www.messner-mountain-museum.it, Mitte Dez.–April und Juni–Mitte Okt. Mi–Mo 14–18 Uhr, Juli/Aug. 13–19 Uhr) zum Thema Eis. Es soll dem Besucher Schrecken und Schönheit von Eis und Schnee im Angesicht der Gletscher des Ortlers näher bringen. Sein Gipfel ist durch das von einem gezackten Fenster durchbrochene Dach zu sehen.

Wer sich dem Ortler annähern will, der kann mit der *Kabinenbahn* (Sulden 127,

Am Fuß des Ortlers

In einer halben Stunde wandert man von Trafoi zum Wallfahrtsort *Heilig Drei Brunnen*, der wohl schon in heidnischer Zeit ein Quellheiligtum war. Neben der kleinen barocken Marienkirche (1701 geweiht) steht die Loretokapelle mit dem Brunnenhaus. Vermutlich leitet sich der Name Trafois von den drei Quellen (lateinisch ›Tres fontes‹) ab. Heilig Drei Brunnen kann Ausgangspunkt einer Rundtour unter dem Ortler sein, die über die Berglhütte, Payerhütte und Alpenrosenhütte wieder nach Trafoi führt (5–6 Std.).

Tel. 0473 613047, www.seilbahnensulden.it) zur Bergstation in 2610 m Höhe auffahren. Schon seit 1876 steht hier oben die Schaubachhütte, bei deren Einweihung ein Bär das Maultier des Geistlichen zerrissen haben soll. Solche Gefahren gehen von den tibetischen Yaks, die Reinhold Messner alljährlich Ende Juni zur Madritschhütte auftreibt, nicht aus. Von der Hütte sind es gut 45 Minuten (Weg 28, 210 HM) auf leichtem Weg zu den Tieren.

Eine Wanderung, an der dank mehreren Erlebnisstationen auch Kinder ihre Freude haben, ermöglicht die *NATURAronda* (ab Parkplatz Sessellift/Sulden). An ihrem Wendepunkt überspannt eine schwankende Hängebrücke einen rauschenden Gebirgsbach.

Mit Blick auf den atemberaubenden Talschluss von Sulden, den Ortler, Zebrù und Königs-Spitze bilden, geht es zur Stilfser-Joch-Straße zurück und nach **Trafoi** (1534 m). Der Wintersportort liegt vor der mächtigen Trafoier Eiswand (3563 m). Hier beginnt der große Anstieg der Stilfser-Joch-Straße. Immer wieder hat man einen Ausblick auf die Eisriesen der Ortlergruppe, den man bei einer Rast am *Weißen Knott* (1877 m) genießen kann.

Turbulent geht es dann auf der Jochhöhe zu, wo wegen des Sommerskilaufs auf einigen der Gletscher Parkplatznot herrscht. Die Ortlergruppe ist Kerngebiet des 956 km² großen *Nationalparks Stilfser Joch*, in dem es 103 Gletscher gibt, meist ›Ferner‹ genannt, wobei der vom Ortler gegen Sulden herabkommende Gletscher den bezeichnenden Namen ›End'-der-Welt-Ferner‹ hat.

i Praktische Hinweise

Information

Ferienregion Ortler im Nationalpark Stilfserjoch, Hauptstr. 72, Sulden, Tel. 0473 613015, www.ortlergebiet.it

Touristeninformation Prad, Kreuzweg 4 c, Prad, Tel. 0473 616034, www.prad.it

Sport

Unangefochtene Nr. 1 unter den **Wintersportorten** im Ortlergebiet ist Sulden. Die Pisten um Langensteinhütte, Schaubachhütte und Madritschjoch werden von einer Kabinenbahn erschlossen. **Trafoi** verfügt über einige Sessellifte.

Das **Sommerskigebiet** am Stilfser Joch in 2760–3450 m Höhe ist mit Kabinen-, Gondelbahn und Liften Juni–Okt. in Betrieb. Ausgangspunkt ist Trafoi.

Um die Faszination von Schnee und Eis geht es im Museum Ortles in Sulden

Am Laaser Sonnenberg

Besonders im Herbst, wenn sich die Bergwälder verfärben, lohnt eine Wanderung (ab Dorfplatz Laas, Wege Nr. 23, 25, 20, 550 HM, ca. 5 h) am Hang des Sonnenbergs. Über die Allitzer Brücke, die ungefähr den nördlichen Ausläufer der Gadria-Mure markiert (s.o.), geht es nach Tannas, von wo sich der Blick über die Berge um das Stilfser Joch weitet. Über Eyrs geht es dann zurück nach Laas.

Alpinschule Ortler, Haus der Berge, Sulden, Tel. 0473 61 30 04, www.alpinschule-ortler.com. Hat Juli–Sept. Kletter- und Alpinkurse, Kletter- und Trekkingwochen, sowie Mountainbike- und Gletschertouren im Angebot.

Hotel

****Post**, Hauptstraße 24, Sulden, Tel. 0473 61 30 24, www.hotelpost.it. Stilvolles Hotel, erhöht am Ortsrand gelegen. Von einigen Zimmern sowie vom Whirlpool aus genießt man einen herrlichen freien Blick auf ›König Ortler‹.

Restaurant

Yak & Yeti, Sulden, Tel. 0473 61 32 66, www.messner-mountain-museum.it. In einem Bauernhof von 1600 gibt es Yakfleisch in allen Variationen (Pfingsten – 2. So/Okt.).

Reisefilm: Stilfser Joch
QR Code scannen [s. S. 5] oder dem Link folgen: www.adac.de/rf0002

47 Laas
Lasa

Mancher Kopf der ›Walhalla‹ bei Regensburg ist aus Laaser Marmor gemeißelt.

In Laas im Vinschgau dreht sich zwar nicht alles, aber vieles um den reinweißen **Marmor**, der hier seit dem 15. Jh. gebrochen und aus ca. 2000 m Höhe mit raffinierter Technik zu Tal geholt wird. Schon seit den Zeiten der ›k. u. k. Monarchie‹ gibt es eine Steinmetzschule, und einige Bildhauer erfüllen individuelle Wünsche.

Die Gadria-Mure von Allitz, die zweitgrößte der Alpen, hat Laas und die Etsch an den Südrand des Tales gerückt. Bei Tschengls und Eyrs wird in zwei **Biotopen** die Natur des Etschtals mit seltener Flora und Fauna geschützt.

Große Brände haben noch im 19. Jh. viel vom alten Laaser Dorfbild zerstört. So musste auch die **Pfarrkirche** 1852 bis auf den Chor neu errichtet werden. Von der Schönheit eines romanischen Vorgängerbaus kündet die mit originalen mittelalterlichen Werkstücken rekonstruierte Apsis. Die Flechtbänder, Blendbögen, Ornamente und Figuren, in ihrer Bedeutung schwer zu enträtseln, sind wohl um 1160 von einer lombardischen Bauhütte ausgeführt worden. Neben der Pfarrkirche steht die romanische Kapelle **St. Marx**, lange schon profaniert und bis 1910 Quartier der damaligen Fachschule für Steinbearbeitung. Durchaus sehenswert ist auch das **Rathaus** von Walther Gadner, der in den Bau einen nachempfundenen Marmorkran integriert hat.

Ein Spaziergang führt zur Kirche **St. Sisinius**, einer der ältesten des Vinsch-

Der weiße Marmor von Laas harrt seiner Verwandlung durch geschickte Steinmetze

gaus überhaupt. Das dem Nonsberger Märtyrer geweihte mauerumfriedete Gotteshaus dürfte schon im 8. Jh. so wehrhaft in der Landschaft gestanden haben. Der Turm mit seiner gemauerten Pyramide kam im 12. Jh. dazu. Lohnend ist ferner eine Wanderung auf die gegenüberliegende Talseite zur Burgruine Tschenglsberg über dem Dorf Tschengls.

i Praktische Hinweise

Information

Tourismusverein Schlanders-Laas, Bahnhof, Laas sowie Göflaner Str. 27, Schlanders, Tel. 0473737155, www.schlanders-laas.it

Restaurant

Zur Krone, Hauptplatz 10, Laas, Tel. 0473626533, www.krone-laas.it. Gutes Essen in bodenständigem Ambiente.

48 Schlanders
Silandro

Man sagt, der sonnige Süden beginne im Vinschgau beim Kastanienhain von Kortsch, gleich bei Schlanders.

Schlanders ist das **Einkaufszentrum** des Vinschgaus. Der malerische Dorfkern ist mit eleganten Läden, Cafés und Bauerngasthöfen ein autofreies Flanierviertel. Am verkaufsoffenen Freitagabend wird es mit Musik und ›Standln‹, die auch kulinarische Leckerbissen im reichhaltigen Angebot haben, zum Festplatz. Für seine Gäste organisiert Schlanders im Mai *Blütenwanderungen* (Do, 2 Std.) und im Herbst Touren durch die Obstgärten.

Die **Pfarrkirche** von Schlanders hat einen der höchsten (90 m) und sicher auch nadelspitzesten Kirchtürme Südtirols. Im Engadiner Krieg (1499) mit dem ganzen Ort niedergebrannt, wurde die Kirche 1499– 1505 neu gebaut, 1758 verlängert und barockisiert. Der Wiener Hof- und Theatermaler Joseph Adam Mölk schuf die strahlenden Deckengemälde, einen Marienzyklus mit der Verkündigungsszene, der ›Verehrung Mariens durch die Erdteile‹, dazu die alttestamentarische Szene ›Esther vor Ahasver‹. Im neobarocken Hochaltar wird die stark veränderte Schnitzgruppe einer ›Krönung Mariens‹ von Jörg Lederer aufbewahrt.

Die **Spitalkirche** an der Hauptstraße besitzt ebenfalls Deckenfresken von

Hoch über Kortsch steht die Ägidiuskapelle inmitten von Kastanienhainen

Mölk, im Chor das ›Pfingstwunder‹, im Langhaus die ›Aufnahme des hl. Johannes Nepomuk in den Himmel‹. An den Chorwänden sind noch Reste gotischer Fresken (signiert 1516) erkennbar.

Ein schönes Portal ziert das *Rathaus* von Schlanders. Rokokomalereien zeichnen die Fassade des Ansitzes Schlanderegg am Plawennplatz aus. Inzwischen hat ihn ein Café bezogen. Während die um das Jahr 1600 errichtete *Schlandersburg* mit schönem Arkadenhof am nördlichen Dorfrand liegt, thront die namensähnliche **Burg Schlandersberg** (nicht zugänglich), ein Wohnturmkubus von beträchtlichem Ausmaß, hoch über dem Schlandrauner Tal.

Nur die Staatsstraße trennt Schlanders von **Kortsch**. Prunkstück der Pfarrkirche ist der *spätgotische Flügelaltar* (um 1520) – eine Arbeit aus der Werkstatt von Hans Schnatterpeck. Der Schrein enthält Figuren der Muttergottes, der hl. Dorothea und des hl. Ägidius. Letzterer verweist auf die Herkunft des Altars aus der **Ägidiuskapelle** (20 Min. auf Rosenkranzweg ab

Bequeme Wanderwege erschließen das Martelltal bei Latsch

Kortsch, mit dem Auto über Sonnenbergstr.) auf einer Felsnase über dem Dorf. Sie ist romanischen Ursprungs und besitzt Reste von Fresken aus dem 13. bis 17. Jh.

Am Hochaltar (um 1490) in der Pfarrkirche des nahen **Göflan** ist die Mantelteilung des Kirchenpatrons St. Martin zu sehen. Den seitlichen Marienaltar schuf Jörg Lederer um 1515. Die Fresken unter dem prachtvollen Netzgewölbe der *Walpurgiskapelle* (1502) interpretieren das ›Jüngste Gericht‹.

i Praktische Hinweise

Information

Tourismusverein Schlanders/Laas, Göflanerstr. 27, Schlanders, Tel. 04 73 73 71 55, www.schlanders-laas.it

Tourismusverband Vinschgau, Kapuzinerstr. 10, Schlanders, Tel. 04 73 62 04 80, www.vinschgau-suedtirol.info

Hotels

*****Vinschgerhof**, Alte Vinschger Str. 1, Vetzan/Schlanders, Tel. 04 73 74 21 13, www.vinschgerhof.com. Schmucke Suiten und ein ausgezeichnetes Lokal.

Schwarzer Widder, Hauptstr. 96, Schlanders, Tel. 04 73 73 00 00, www.schwarzer widder.com. Viel Holz in rustikal bis überaus stilvoll eingerichteten Zimmern.

49 Latsch
Laces

Glanzstück ist die Spitalkirche mit dem Flügelaltar von Jörg Lederer.

Ein schönes Straßendorf ist der Markt Latsch (4000 Einw.). Es erstreckt sich auf einem der für den Vinschgau typischen Murenkegel. Nette Geschäfte gibt es um die Hauptstraße. Einst war der Ort Rastplatz an jener Nord-Süd-Route, die das sumpfige Etschtal zwischen Salurn und Meran vermied und stattdessen direkten Kurs über das Nons-, Ulten- und Martelltal auf Latsch nahm – das Bergauf und Bergab dabei nicht scheuend.

Die **Pfarrkirche** (Anfang 16. Jh.) im Zentrum hat eine neoromanische Ausstattung, doch ist ihr Portal mit der etwas derben Bauplastik beachtenswert.

Nur wenige Schritte trennen sie von der kunsthistorisch weitaus bedeutenderen **Spitalkirche zum Hl. Geist** (Mitte April–Mitte Nov. Mo–Sa 10–17 Uhr). Die Herren von Annenberg, ein kunstliebendes Geschlecht, dessen Schloss über Goldrain steht, führten das von Johannitern gegründete Spital zu Latsch fort und ließen 1471 den Chor und 1517 das Langhaus umbauen. Ihr Wappen findet sich auch am reich verzierten *Südportal*. Die *Fresken* in der größtenteils barock eingerichteten Kirche wurden um 1600 gemalt, sind also für Südtirol seltene Werke des Manierismus. Interessant auch wegen der zeitgenössischen Kleidung ist an der Westwand ein Familienbildnis mit Matthäus von Annenberg, seinen beiden Frauen und neun Kindern.

TOP TIPP Kostbarster Kirchenschatz ist der spätgotische **Jörg-Lederer-Altar**. Das um 1517 entstandene Meisterwerk ist, von der Predella abgesehen, vollständig erhalten. Im Schrein sieht man vor goldenen Hintergründen einen geschnitzten Gnadenstuhl, flankiert von Johannes dem Täufer und St. Wolfgang. Als Schreinwächter fungieren die in zeitgenössische Tracht gehüllten hll. Georg und Florian. Die Flügel tragen an den Innenseiten Reliefs aus dem Marienleben, außen gemalte Passionsszenen. Auch die Hintergründe der Reliefs sind gemalt. Im Gegensatz zu der mitunter harten Realistik der Gemälde sind die geschnitzten Figuren idealistisch aufgefasst, mit einer Neigung zur Idylle. Man betrachte allein das Relief ›Anbetung der Hl. drei Könige‹! Da glaubt man, der gute Patenonkel überreiche sein Geschenk, über das sich die junge Mutter freut, während die Hände ihres Buben vom Glanz der Goldkiste angezogen werden.

Westlich des Ortskerns steht an der Hauptstraße der **Ansitz Mühlrain** (um 1680, nicht zu besichtigen), wegen seines Anstrichs auch ›Rotes Schloss‹ genannt. Der prachtvolle Barockbau mit zwei Erkertürmchen ist mit Fresken in Grisailletechnik (Grau in Grau) überzogen. Gleich daneben trägt die ebenfalls barocke **Annakapelle** im Volutengiebel ein Marmorrelief der Immaculata.

Um die Tarscher Alm

Vom Latscher Ortszentrum aus erschließt eine Seilbahn den Weiler *St. Martin im Kofel* (1740 m) mit seiner hübschen Wallfahrtskirche. Mit der Sesselbahn geht es weiter zur *Tarscher Alm*, von wo ein familientauglicher Wanderweg um den **Tarscher See** führt. In St. Martin beginnt auch die zweite Etappe (25 km, 1150 HM, ca 8 h) des **Vinschger Höhenweges** nach Paflur.

Wenn es in den Sommermonaten drückend heiß wird im Etschtal, ist auch das Freizeitbad **AquaForum Latsch** (Marktstr. 48, Tel. 0473 62 35 60, www.aquaforum.it) mit seinem ausgedehnten Freigelände nicht zu verachten.

Ausflüge

Ein längerer Ausflug hat das **Martelltal** zum Ziel, das bis unter die Kette der höchsten Ortlergipfel reicht und im Bereich des Nationalparks Stilfser Joch liegt. Der Straßenverkehr zum Talschluss hat ihm zwar einiges von seiner einstigen Abgeschiedenheit genommen, doch gehört es immer noch zu den ruhigeren Wandertälern in Südtirol.

Morter, unmittelbar am Taleingang gelegen, hat mit der *Vigiliuskirche* ein romanisches Gotteshaus (um 1180) mit kreuzförmigem Grundriss und kleeblattförmigem Chor zu bieten. Ein kurzer Wanderweg führt vom Ort aus zu den

Gottvater und eine den Hl. Geist symbolisierende Taube am Altar der Latscher Spitalkirche

Waale

Wer denkt schon daran, wenn er heute auf einem Waalweg wandert, dass das traulich murmelnde Wasser an seiner Seite, zumindest in früheren Zeiten, den Stellenwert einer **Lebensader** gehabt hat? Die Waale im Vinschgau und im Burggrafenamt wird es wohl schon in vor- und frühgeschichtlicher Zeit gegeben haben, denn auch damals haben die Ötztaler Alpen den Regen vom Vinschgau abgehalten. Hier fallen nur 550 mm Niederschlag im Jahr! Da haben andere Regionen in den Alpen das Dreifache! Und so wären besonders die sonnseitigen Hänge im Vinschgau eine Wachholdersteppe, wie man sie zum Beispiel im Jura antrifft.

Aus Höhen knapp unter der Grenze des ewigen Eises beziehen manche Waale ihr **Wasser**, der eine oder andere auch aus der Etsch. Sog. Tragwaale, oft an Felswänden aufgehängte Rinnen, bringen das Wasser in den menschlichen Lebensraum herunter, wo es mit Hilfe kleiner Schleusen und nach einem exakt ausgeklügelten, ausgehandelten und oft ausgelosten Zeitintervall in **Erdkanälen**, den ›Ilzen‹, in die einzelnen Grundstücke geleitet wird. An kritischen Stellen lassen kleine Wasserräder ›Waalschellen‹ erklingen. Der Schellenklang bedeutet: alles in Ordnung. 80 % der Waale sind heute durch Beregnungsanlagen oder moderne Wasserleitungen ersetzt. Manche Waale, wie der Schnalswaal, stehen unter Denkmalschutz und zeugen von Generationen, die sich selbst vom Himmel das Wasser nicht abgraben ließen.

Ruinen der Burgen *Unter-* und *Obermontani.* Letztere war einst die mächtigste Burg der Tiroler Landesfürsten im Vinschgau. Hier wurde im 19. Jh. die zweitälteste Fassung des Nibelungenliedes gefunden. Das Innere der einst zum Schloss gehörenden Kapelle *St. Stephan* (tgl. 11 und 15 Uhr nach Voranmeldung unter Tel. 0473742344) außerhalb der Burgruine gleicht einem biblischen Bilderbuch. Ein lombardischer Maler hat hier um 1430 in einem sehr eigenen Stil figurenreiche Erzählungen aus dem Alten und Neuen Testament hinterlassen. Faszinierend allein schon die Bilder der Ursula-Legende an der Ostwand! 1487 versah dann ein aus Schwaben stammender Künstler auch die Süd- und Nordwand mit Fresken und malte an die Westwand neben Passionsszenen eine aufregende Version des ›Jüngsten Gerichts‹.

Hinter Morter überwinden Serpentinen einen gewaltigen vorgeschichtlichen Bergsturz. Danach erreicht man das Nationalparkhaus **Culturamartell** (Ende Mai–Okt. Di–Fr 9–12 und 14.30–18, Sa, So, Fei 14.30–18 Uhr, www.culturamartell.com) in Trattla. Die Ausstellung in dem kubischen, Beton und Holz originell mischenden Bauwerk erinnert an das harte Leben, das die Talbewohner bis ins 20. Jh. hinein führten.

Erst ab Maria in der Schmelz weitet sich der Blick. Am Ufer des aufgestauten *Zufrittsees* (1850 m) hat man dann den herrlichen Talschluss mit dem Cevedale (3769 m) vor sich, dem die Zufall-Spitze vorgelagert ist.

Mit dem Mountainbike zur Zufallhütte

In den Sommermonaten kennen die meisten Mountainbiker, die das Martelltal ansteuern, nur ein Ziel: die *Zufallhütte* (Tel. 0473744785, www.zufallhuette.com) auf 2257 m. Eine beliebte Tour (47 km, 1753 HM) startet in Goldrain am Sonnenberg über Latsch. Von dort geht es einigermaßen gleichmäßig ansteigend ins Martelltal und dann über einen fordernden Trail hinauf zur Hütte.

i Praktische Hinweise

Information

Tourismusverein Latsch-Martell, Hauptstr. 38 a, Latsch, Tel. 0473623109, www.latsch-martell.it

50 Kastelbell-Tschars
Castelbello-Ciardes

Eine trutzige Burg und die Möglichkeit zu einer herrlichen Waalwanderung.

Kastelbell liegt am Sonnenhang des Etschtals, an dem gelobte Weine wachsen. Auf trutzigem Felsen über der Talstraße bietet das zinnenbekrönte **Schloss Kastelbell** (Tel. 0473624193, www.schloss-kastelbell.com, Führungen Mitte Juni–Sept. Mi–Sa 14, 15 und 16, So/Fei 10.30, 14, 15 und 16 Uhr, Ausstellung Via Claudia Mitte April–Okt. Mi–So 14–18 Uhr) mit massigen Rundtürmen ein ansprechendes Bild. Datiert auf das 13. Jh. und im 16. Jh. von den Grafen Hendl erweitert, brannte das Schloss im frühen 19. Jh. zur Halbruine ab. Nach der Restaurierung kann man heute wieder sehr schön den architektonischen Übergang von einer Burg zu einem Schloss verfolgen. Außerdem wird auf dem Schloss an die Via Claudia Augusta erinnert, die die römischen Kaiser vor 2000 Jahren über die Alpen bauen ließen.

Über Kastelbell verstecken sich am ›Köschtnplon‹ (Kastanienplan) die Reste der **Burg Montalban**, weiter westlich folgen am Hang die Ruinen von *Galsaun* und *Hochgalsaun* sowie der **Ansitz Kasten**, der einstige Kornspeicher der Burg Hochgalsaun.

Latschander und Schnalser Waalweg

Zwei der schönsten Waalwege Südtirols beginnen oder enden in Kastelbell-Tschars. Zunächst ist da der Latschander Waalweg (5 km, ab Schloss Kastelbell) nach Latsch. Unterwegs passiert man die Latschanderschlucht, wo der Waal in mühevoller Arbeit dem Fels abgerungen werden musste.

Auf einer Strecke von 11 km begleitet ein Weg den Schnalswaal. Schon seit dem Beginn des 16. Jh. bewässert er die Obstgärten entlang seines Laufs. Der Einstieg befindet sich nahe des Hotels Himmelreich (Tschars/Klostergasse) und führt über Schloss Juval, den Wohnsitz von Reinhold Messner, nach Neuratheis.

i Praktische Hinweise

Information

Tourismusverein Kastelbell-Tschars, Staatsstr. 5, Kastelbell, Tel. 0473624193, www.kastelbell-tschars.com

Burg Kastelbell im Etschtal ist Ausgangspunkt des Latschander Waalweges

Mitte September feiern die Schnalstaler den Schafabtrieb mit dem Hirtenfest am Vernagtsee

51 Schnalstal
Val Senales

Hier kam vor 5300 Jahren der ›Ötzi‹ durch.

Das Schnalstal wird im Westen vom Salurnkamm der Vinschgauer Berge, im Norden von den Ötztaler Alpen und im Osten von der Texelgruppe begrenzt.

Schon seit Jahrtausenden zogen Menschen aus dem Ötztal über das Niederjoch (3019 m) bei der heutigen Similaunhütte hinüber ins Schnalstal. Bekanntester vorzeitlicher Bergsteiger ist der als **Ötzi** bekannte ›Homo tirolensis‹, den Wanderer 1991 im tauenden Gletschereis des Similaun fanden. Mittlerweile verwahrt das Bozener Archäologiemuseum [s. S. 90] seinen tiefgefrorenen Körper.

Der Bau des Vernagt-Stausees (1956–62) ließ acht Höfe und die Kirche von Vernagt in den Fluten versinken. Im folgenden Jahrzehnt entdeckte der Tourismus das schöne Tal. 1975 nahm schließlich die ›Schnalstaler Gletscherbahn‹ in Kurzras ihren Betrieb auf.

Die Auffahrt in das etwa 25 km lange Schnalstal führt zunächst durch eine düstere Schlucht, bis sich auf der Höhe von Altratteis das Tal weitet und der Blick auf den eisbedeckten Similaun frei wird. Bald zweigt rechts eine schmale Straße nach **Katharinaberg** (1245 m) ab, einem Weiler, dessen Name auf die Patronin der spätgotischen, barock veränderten Kirche zurückgeht.

Gegenüber der Mündung des Pfossentals liegt über der Talstraße **Karthaus** (1327 m). Im Jahr 1326 holte Heinrich Graf von Tirol, Vater der Margarethe Maultasch und ab 1307 drei Jahre lang König von Böhmen Mönche aus der Kartause Mauerbach im Wienerwald ins Schnalstal. Er schenkte ihnen Bauplatz und einige Höfe, dazu für sie lebensnotwendige Fischrechte. Im Bauernkrieg 1525 wurde das Kloster völlig ausgeraubt, konnte aber danach seinen Besitz sogar vergrößern. Erst 1782 schloss der Reformkaiser Josef II. die *Kartause Allerengelberg* (Führungen Juni–Aug., Zeiten bei Tourist Info erfragen) . Anschließend bezogen Handwerker und Bauern die Mönchszellen und bauten diese zu Wohnhäusern aus. So verwandelte sich die Kartause in eine höchst originelle Siedlung. Noch heute sind ihre Gebäude, bewohnt. Im Gegensatz zu den einstigen Mönchszellen steht der *Kreuzgang* Besuchern offen, im Sommer finden dort Ausstellungen statt.

Der größte Ort im Tal ist **Unser Frau**. Hier steht eine spätgotische, 1765 barockisierten *Wallfahrtskirche*. Im Inneren erzählen sechs alte Bilder ihre Gründungslegende. Der Gnadenaltar enthält eine Marienstatue, wohl aus der Zeit um 1300.

Inspiriert vom Fund des ›Ötzi‹ am Similaun gewährt der **ArcheoParc** (Unser Frau 163, Tel. 0473676020, www.archeoparc.it, Juli/Aug. tgl. 10–18 Uhr, Mitte April–Juni und Sept./Okt. Di–So 10–18 Uhr) am Ortsrand Einblicke in die Welt der frühen Alpenbewohner. Getreu dem Motto ›erleben und be-greifen‹ können vor allem junge Besucher dem Leben in der Frühzeit nachspüren: unter Anleitung fertigen sie etwa jungsteinzeitlichen Schmuck, kochen auf heißen Steinen oder sammeln Wildkräuter.

In Serpentinen geht es dann hinauf zum **Vernagt-Stausee** mit dem Weiler Vernagt (1658 m). Von hier steigt man zur *Similaunhütte* (3019 m) am Niederjoch auf. Hier oben, im Grenzgebiet zwischen Italien und Österreich, befand sich für 5300 Jahre das kalte Grab von Ötzi (s. u.).

Über dem Vernagt-Stausee liegt auf 1953 m Seehöhe der **Finailhof**, der höchste ›Kornhof‹ Tirols. Wirtschaftlich ist der Feldbau hier oben nicht, dennoch bringt der Finailbauer auf einem kleinen Feld Winterroggen aus. Hauptgeschäft ist inzwischen die Jausenstation. Von der Veranda vor dem uralten Gemäuer hat man einen unübertroffenen Blick auf den Stausee. Auf Schusters Rappen kommt man von Vernagt in etwa 2 h zum Hof.

Kurzras ist ein das ganze Jahr über belebtes Skizentrum. Die *Schnalstaler Gletscherbahn* mit ihrer futuristischen Bergstation auf 3212 m Höhe erschließt von dort das ganzjährige Skigebiet am Hochjochferner. Auch die *Schöne-Aussicht-Hütte* (2848 m) unterhalb des Hochjochs ist Stützpunkt für die geführte Besteigung der *Weißkugel* (3739 m).

i Praktische Hinweise

Information

Tourismusverein Schnalstal, Karthaus 42, Schnals, Tel. 0473679148, www.oetzisworld.it

Sport

Mittelpunkt des **Skigebiets Schnalstal** ist Kurzras (Info-Büro, Tel. 0473662144, Wintersaison: Nov.–April). Auf dem Hoch-

Zur Ötzi-Fundstelle

In Vernagt startet die anstrengende Wanderung (einfach ca. 5 h, 1550 HM) zu jener Stelle, an der die beiden deutschen Bergwanderer Erika und Helmut Simon am 19. September 1991 die im ewigen Eis zur Mumie gewordene Leiche von Ötzi fanden. Zunächst geht es zum Tisenhof, dann auf Weg Nr. 2 zur Similaunhütte (3019 m). Nun folgt der Weg einem felsigen, teils seilversicherten Kamm zum Tisenjoch, wo eine Stele den Fundort markiert.

Wanderung im Pfossental

Kurz nach Katharinaberg mündet das **Pfossental**, urwüchsiger Lebensraum von Murmeltieren, Gämsen und Steinadlern, ins Schnalstal ein. Die Straße durchs Tal endet am Vorderkaser (1693 m). Eine Wanderung (einfach ca. 1,5 h, 350 HM) auf Wirtschaftswegen führt von dort hinauf zum **Eishof** (Tel. 0473 42 05 24, www.eishof.com), wo man auf 2076 m Höhe einkehren und sogar übernachten kann. Der Eishof ist einer jener hoch gelegenen *Bergbauernhöfe*, die noch die alte Holzbauweise aufweisen. Erweitern kann man die Tour um den Anstieg zum Eisjöchl (ca. 3 h einfach, 2908 m), dem Pass hinüber ins Passeiertal unterhalb der Texelgruppe.

jochferner ist von Juni–April Betrieb. Dort gibt es auch eine bei Schneemangel im Tal gespurte Gletscherloipe.

Hotels

*****Zur Goldenen Rose**, Karthaus 29, Schnals, www.goldenerose.it, Tel. 0473 67 91 30. Familiengeführtes Hotel, auch ein Appartement-Haus und die Schutzhütte Schöne Aussicht gehören zur Goldenen Rose.

Dieses Haus hält, was sein Name verspricht: Die Schöne-Aussicht-Hütte am Hochjoch

Schwarzer Adler, Unser Frau 26, Tel. 0473 66 96 52, www.adlernest.com. Wellness für die Eltern, Streichelzoo für die Kleinen.

52 Naturns
Naturno

Uralte Wandmalereien und der Wohnsitz Reinhold Messners.

Obst, Wein und Fremdenverkehr sind die drei tragenden Säulen der Wirtschaft in der Gemeinde Naturns. Der Tourismus hat den Luftkurort Naturns stark anwachsen lassen, auch an Sportmöglichkeiten fehlt es den Gästen hier nicht; sogar ein **Spaßbad** (Feldgasse 5, Tel. 0473 66 80 36, www.erlebnisbad.it) mit einer 72 m langen Wasserrutsche ist geboten.

Trotzdem gibt es noch eine Reihe historischer Häuser, vor allem die Gasthöfe ›Zum Adler‹ (s. S. 147), ›Weißes Rössl‹ (Hauptstr. 57) und ›Zur Rose‹ (Schlossweg 4). Die Pfarrkirche **St. Zeno**, ein gotischer Bau von 1475, wurde 1760 im Stil des Barocks eingerichtet. In den Fundamenten des Turms und der Sakristei vermutet man Reste einer karolingischen Kirche.

Top Tipp

Die meisten Besucher von Naturns haben allerdings das von Obstgärten umgebene Kirchlein **St. Prokulus** (Tel. 0473 66 73 12, Anfang März–Okt. Di–So, Fei 9.30–12 und 14.30–17.30 Uhr, Führungen 10 und 15 Uhr) mit seinen

überwältigenden Wandmalereien zum Ziel. Die Kirche ist ein einfacher, um 630 entstandener Rechteckbau mit Altarnische, wie er für frühe bayerische Holz- oder Steinkirchen typisch ist. Das Raummaß des Schiffs beträgt nur 5 x 6 m. Im 12. Jh. wurde der Turm angebaut, das Langhaus im 14. Jh. erhöht. Grabungen wiesen als Vorgänger ein spätantikes Haus nach, das kurz nach 600 abbrannte.

Die **Außenfresken** an der von einem Vordach geschützten Südwand sind gotisch (um 1400), zeigen in zwei Bildreihen die Schöpfungsgeschichte (oben) und das Leben Adams und Evas. Diese unteren Bilder sind leider sehr ausgewaschen, was die Beregnungsanlagen der umliegenden Obstgärten bewirkt haben, die heutzutage die Waale ersetzen.

In der kleinen Kirche lässt ein umlaufendes Mäanderband, das auf der Triumphbogenwand in ein Flechtband übergeht, die Höhe des ursprünglichen Raums erkennen. Darüber finden sich **gotische Malereien** aus der Zeit der Außenfresken: ›Marienkrönung‹, eine ›Maria lactans‹, Maria und Jesus als Schutzmantelbilder (Chorwand), Auszug und Anbetung der Hl. Drei Könige (Nordwand), ›Abendmahlszene‹ (Südwand). In die Mitte des 14. Jh. sind die Fresken der Apsis (›Kreuzigung‹ und ›Christus in der Mandorla‹) zu datieren.

Das Interesse der Besucher gilt in erster Linie den **frühmittelalterlichen Fresken**. Diese lassen den Einfluss irischer Buchmalerei (Flechtband!) erkennen, der mit der iroschottischen Mission im St. Gallener und Salzburger Raum zusammenhängt. Eine genaue Datierung war der Forschung bisher nicht möglich. Mit Sicherheit stammen diese kräftigen, mit Farbe gefüllten Umrisszeichnungen aus dem 7./8. Jh. und sind damit die ältesten Fresken im gesamten deutschen Sprachraum. An der Nordwand sieht man fünf Heilige mit einem Engel, an der Westwand eine Rinderherde (St. Prokulus ist Viehpatron), angeführt von zwei Hirten und einem Hund. Am berühmtesten ist das Bild in der Mitte der Südwand: Drei Männer unter einem stilisierten Dach scheinen einen wie auf einer Schaukel sitzenden Mann von einer Mauer abzuseilen. Damit könnte die Flucht des Paulus aus Damaskus gemeint sein, doch dürfte es sich eher um den hl. Prokulus handeln, der als Bischof vor seiner Gemeinde aus Verona fliehen musste. Links schreiten fünf Frauengestalten in einem

Kein schaukelnder Knabe, sondern ein flüchtender Heiliger an der Kirche St. Prokulus

Opferzug zum Altar, rechts verfolgen sechs Zuschauerinnen die Flucht des Heiligen. Eindrucksvoll auch die von einem anderen Maler derselben Epoche stammenden Fresken der Chorbogenwand – zwei Engel, die zum Altar weisen –, und die Halbfiguren von Christus und den Aposteln in der Bogenlaibung.

Bei der ab 1912 in Angriff genommenen Freilegung der Malereien wurde eine darüber liegende Schicht gotischer Fresken abgenommen. Diese sind heute zusammen mit Funden aus den Gräbern des Seuchenfriedhofs von St. Prokulus im **Prokulus-Museum** (www.prokulus.org, Tel. 0473 67 31 39, April–Okt. Di–So, Fei 9.30–12 und 14.30–17.30 Uhr) ausgestellt. Dessen – vollständig unterirdisch angelegter – Museumsparcours entführt mit Hilfe von Videoprojektionen in Spätantike, Frühmittelalter, Gotik und Pestzeit.

Schloss Juval

Reinhold Messner öffnet seinen Wohnsitz auf Schloss Juval (Juval 3, Shuttlebus ab Parkplatz an der Staatsstraße zwischen Naturns und Staben, Tel. 0471 63 12 64, www.messner-mountain-museum.it, April–Juni, Sept./Okt. Do–Di 10–16 Uhr) im Frühsommer für Besucher. Der geführte Rundgang beginnt im Schlosshof, wo Himalaja-Zedern ihre Schatten auf Skulpturen aus Nepal und Indien werfen. In der Burg sind die Bibliothek Messners, seine Maskensammlung und die Bergsteiger-

Im Maskenzimmer von Schloss Juval beeindruckt eine große Guru-Rimpoche-Figur

ausrüstung im Expeditionskeller zu sehen. Wer das Schloss erwandern will, der sollte den **Schnalser Waalweg** [s. S. 141] beschreiten. Von Staben aus erreicht man Juval auf dem Alten Schlossweg.

i Praktische Hinweise

Information

Tourismusverein Naturns, Rathausstr. 1, Naturns, Tel. 0473 66 60 77, www.naturns.it

Restaurants

Zum Adler, Hauptstr. 45, Naturns, Tel. 0473 66 82 88, www.zumadler.eu. Seit dem 18. Jh. kehren Reisende beim Adler ein, heute werden hier Pizza und Südtiroler Spezialitäten serviert.

Schlosswirt Juval, Juval/Staben, Tel. 0473 66 80 56, www.schlosswirtjuval.it. Im Bauernhof am Fuße des Burgbergs kommen Carpaccio vom Lamm und Juvaler Schweinefilet auf den Tisch.

Weiter, immer weiter: Museumsgründer Reinhold Messner

Er bestieg den Mount Everest ohne Sauerstoff und legte bei seiner Antarktisdurchquerung 2800 km zu Fuß zurück. Reinhold Messner wählte stets die extremsten Herausforderungen, um sich und der Welt seine Leistungs- und Leidensfähigkeit zu beweisen.

Als Messner aber begann, für sein **Messner Mountain Museum** (MMM, www.messner-mountain-museum.it) zu werben, musste er sich nicht gegen Naturgewalten, sondern seine eigenen Landsleute durchsetzen. Zeitweilig waren 90 % der Bozener gegen seine Museumspläne für Schloss Sigmundskron über der Stadt.

Inzwischen sind die Streitigkeiten vergessen, und über Südtirol und das Trentino verteilt entstanden fünf Museen. Auf Sigmundskron befasst sich das **MMM Firmian** mit der Beziehung zwischen Mensch und Berg, im **MMM Dolomites** in einem alten Fort auf dem Monte Rite zeigt Messner Gemälde und Fotos der Dolomiten und schildert die Erschließung des Gebirgsmassivs. Im **MMM Ortles** vor der Kulisse des Ortlermassivs dreht sich alles ums Eis. Das **MMM Juval** will den Mythos Berg ergründen, und im **MMM Ripa** auf Schloss Bruneck werden die Bergvölker dieser Erde vorgestellt.

53 Partschins
Parcines

In Partschins erfand Peter Mitterhofer 1864 die Schreibmaschine.

Partschins liegt etwas abseits der Hauptstraße durchs Etschtal an der Einmündung des *Zieltals*. Dass nur 10 km den Ort von Meran trennen, erkennt man an den vielen Einfamilienhäusern der Pendler, die den alten Ortskern umgeben.

Beim Rundgang stößt man auf einige alte **Adelssitze**. Die *Stachlburg* (Mitterhoferstr. 2, Tel. 0473968014, www.stachlburg.com) zeichnet sich durch ihren wuchtigen Viereckturm aus. Zu Weinproben (Do 17 Uhr, Anmeldung beim Tourismusbüro Partschins) darf man den Ansitz sogar betreten. Nur von außen zu bewundern sind der Ansitz *Spauregg* (Spaureggstr.) mit zwei Türmen und der *Gaudententurm* (Gaudententurmstr. 7).

Die Pfarrkirche **St. Peter und Paul** ist ein spätgotischer Bau von 1502 mit schöner Barockeinrichtung. An der nördlichen Langhauswand zeigt ein Wandgemälde die Stifterfamilie des Georg von Stachelburg vor einem Kreuz kniend.

Am Kirchplatz beherbergt ein architektonisch kühner Neubau das **Schreibmaschinenmuseum Peter Mitterhofer** (Tel. 0473967581, www.typewritermuseum.com, April–Okt. Mo/Fr 15–18, Di–Do 10–12 und 15–18, Sa 10–12, Nov.–März Di 10–12 Uhr). Es ist dem Partschinser Zimmermann Peter Mitterhofer (1822–1893) gewidmet, der 1864 die Schreibmaschine erfand. Sein erstes Modell war aus Holz und konnte vielleicht deshalb keinen durchschlagenden Erfolg verbuchen. Das Museum zeigt Stücke aus den Pionierjahren der Schreibmaschine bis hin zu elektronischen Schreibgeräten.

Rabland

Unterhalb von Partschins, direkt an der Straße durchs Tal, liegt Rabland. Hier fand man 1552 einen römischen Meilenstein der ›Via Claudia Augusta‹, der heute im Stadtmuseum von Bozen zu sehen ist. Die gotische Pfarrkirche *St. Jakob* (um 1513) bildet mit dem Gasthof Hanswirt ein malerisches Motiv. Der Bozner Architekt Erich Pattis baute hier 1961–63 die *Neue Pfarrkirche*, die sich bei aller Moderne gut in die Landschaft einpasst. Sehenswert ist im Inneren der überlebensgroße Kruzifixus, ein Werk des Vinschgauer Bildhauers Friedrich Gurschler.

Mit dem Mountainbike aufs Vigiljoch

Im Ortszentrum von Naturns startet eine Mountainbike-Runde (41 km, 1600 HM) für konditionsstarke Radler. Zunächst geht es zum Naturnser Sportplatz, dann auf den Naturnser Norderberg und zum Parkplatz Kreuzbrünnl. Auf einer Forststraße klettert man dann zur Naturnser Alm empor, um von dort auf Weg Nr. 9a/9 zum Vigiljoch mit der hübschen Kirche zu gelangen. Über Aschbach kehrt man schließlich nach Naturns zurück.

Algund

Schon vor den Toren Merans, erstreckt sich Algund. Vorzüglichen Käse verkauft hier die **Algunder Sennerei** (Mitterplars Nr. 29, Tel. 0473448710, www.sennereialgund.it). Auch das Bier der **Brauerei Forst** (Vinschgauerstr. 8, Tel. 0473260111, www.forst.it, Führungen April–Okt. Mi 14 Uhr, Anmeldung erforderlich) ist nicht zu verachten – besonders wenn man es im großen Biergarten genießt.

i Praktische Hinweise

Information

Tourismusverein Partschins, Rabland und Töll, Spaureggstr. 10, Partschins, Tel. 0473967157, www.partschins.com

Hotel

****__Hanswirt__, Geroldplatz 3, Rabland/Partschins, Tel. 0473967148, www.hanswirt.com. Großzügige Räume in einem traditionsreichen Gasthaus.

Vigiljoch und Wasserfall

Von Rabland aus fährt eine Kabinenbahn (Tel. 0473968243, tgl. 8–19 Uhr zur vollen Stunde) ins Bergdörfchen *Aschbach* (1320 m). Der Ort ist Ausgangspunkt für schöne **Wanderungen**, beispielsweise zum Vigiljoch (Wege Nr. 27/28/28a, 1 h).

In der Sonnenbergstraße in Partschins kann man zum 100 m hohen *Partschinser Wasserfall* (Wege Nr. 1, 8b, 450 HM, einfach 1,5 Std., Rückfahrt mit Linienbus) wandern. Unterwegs passiert man den Weiler Salten und das Gasthaus Birkenwald.

Weinstraße und Unterland – Südtirols Süden

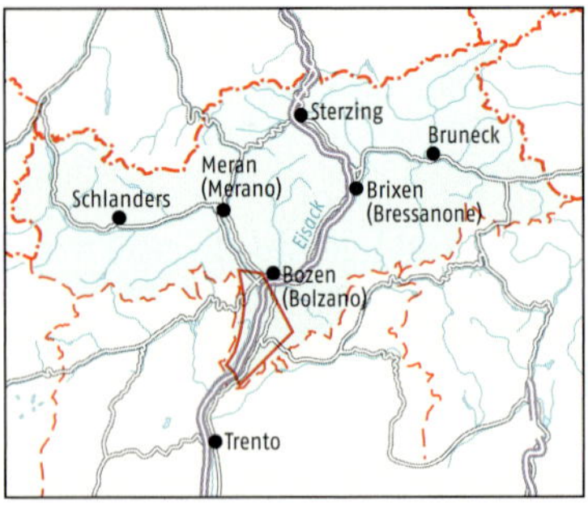

Die ›Südtiroler Weinstraße‹ führt von Bozen über **Neumarkt**, **Kaltern** und **Tramin** zur alten Sprachgrenze bei Salurn. Das Überetsch um Eppan ist von der Natur verwöhnt. Wie eine warme Wanne liegt es zwischen dem Mendelkamm und dem bewaldeten Mitterberg, der es vom Unterland trennt. Fast 2000 Sonnenstunden im Jahr verwöhnen das Land! Da gedeiht der **Wein**, der hier alles ist. Inmitten der Reben liegen Dörfer, Ansitze und Burgen, geprägt vom heiteren ›Überetscher Stil‹, der im 16. und 17. Jh. der deutschen Spätgotik mit ihren Erkern noch allen Zierat der südlichen Renaissance umgehängt hat. Jede Jahreszeit hat hier ihren besonderen Reiz, am schönsten aber ist es im Oktober. Dann duftet der neue Wein aus den Keltern, und alles scheint voller Gold.

54 Eppan
Appiano

Viel Wein und für Kunstfreunde der romanische Freskenschatz von Hocheppan.

Die Gemeinde Eppan (12 500 Einw.) nimmt das nördliche Überetsch ein. Sie besteht aus mehreren Dörfern, verstreut liegen viele Ansitze, Burgen und Weinhöfe im Gelände, das nach Westen zur *Mendel* mit dem aussichtsreichen Gantkofel (1860 m) ansteigt. Unter dem Mendelabhang lässt es sich auf dem *Eppaner Höhenweg* mit prachtvollen Panoramablicken herrlich wandern. Übrigens: In Eppans Fraktion Girlan bereitete sich die deutsche **Fußballnationalmannschaft** auf die WM 2010 in Südafrika vor.

Verwaltungssitz der Gemeinde Eppan ist **St. Michael**, das im malerischen Ortskern das Bild eines stattlichen Weindorfes bietet. Einen guten Blick auf den Ort und die Umgebung hat man vom Kalvarienberg mit der *Gleifkapelle* (1720).

Da viele der Ansitze, die Weinberge und Dörfer zieren, in Privatbesitz sind, kann man sich oft nur an ihren Fassaden erfreuen. Anders ist das mit **Schloss Moos-Schulthaus** (Tel. 04 71 66 01 39, Führungen Ostern–Allerheiligen Di–Sa 10, 11, 16 und 17 Uhr) bei Englar. Der Bozner Kaufmann Walther Amonn hat es 1959 vor dem Verfall gerettet und in ein volkskundliches *Museum für Wohnkultur aus dem Mittelalter* verwandelt. Der Rundgang führt durch getäfelte Stuben und aufgedeckte Fresken (u. a. Szenen zur Fabel vom Katzen- und Mäusekrieg). Angeschlossen ist eine Galerie mit Werken Tiroler Künstler des 20. Jh.

Vom Schloss führt der Wanderweg Nr. 15 zu den **Eislöchern** am Fuß des Gandberges (935 m). Sie bilden den Ausgang eines im Berg verzweigten Röhren- und Spaltensystems, das mit starkem Durchzug wie ein Kühlschrank wirkt. So kann es selbst im Hochsommer am Höhlenausgang Eisbildung geben. Die niedrigen Temperaturen lassen um die Eislöcher alpine Flora gedeihen.

St. Pauls 3 km weiter nördlich ist mit seinen engen Gassen und behäbigen Häusern ebenfalls ein äußerst pittoreskes Weindorf. Die gotische *Pfarrkirche* wird wegen ihrer Größe, ihres hohen Zwiebelturms und des mächtigen Geläuts auch ›Paulser Dom‹ genannt. Ab 1460 entstand der dreischiffige Umgangschor, ab 1500 wuchsen die Mauern des Langhauses empor, dessen Gewölbe um 1550 eingezogen wurde. Drei Bauabschnitte benötigte auch der Turm, dessen oberster Teil mit dem Helm sogar erst 1647 aufgesetzt wurde. Die Pläne für die reich gegliederte Westfassade mit dem eingezogenen Turm lieferte 1514 der Augsburger Jakob

Zwiesel. Im ganzen Bau finden sich Anklänge an die Bozner Pfarrkirche. Das Chorgestühl (um 1600), das Kruzifix an der Langhauswand (16. Jh.) und die Steinguss-Pietà (um 1420) des rechten Seitenaltars sind besonders schöne Arbeiten. Der *Friedhof* mit seinen Arkaden, ab 1571 angelegt, hat seine Vorbilder in Italien.

Missian ist Ausgangspunkt für einen Besuch des Burgendreiecks auf der Hochterrasse von Perdonig. Im 19. Jh. stark umgebaut, ist **Schloss Korb** (Hocheppanerweg 5, s.u.) heute ein stilvolles Hotel. Ein Spaziergang von 15 Minuten führt von hier zur romanischen Burg **Boymont** (April–Anfang Nov. Di–So 11–17 Uhr). Erbaut um 1230, wurde sie im 15. Jh. bei einer Feuersbrunst schwer beschädigt und verfiel seither zur malerischen Ruine. Der Burghof bildet den stimmungsvollen Rahmen für eine Weinschenke im Mittelalterstil.

TOP TIPP Weiter geht es zur **Burg Hocheppan** (Hocheppanerweg 16, Tel. 0471636081, www.hocheppan.com, April–Anfang Nov. Do–Di 10–18 Uhr, Fresken 10.30–17 Uhr). Ihre Mauern bergen den größten Kunstschatz im Überetsch. Sie wird zwar erst 1211 erstmals als ›Castrum de Piano‹ genannt, muss aber schon im 12. Jh. gebaut worden sein. Errichtet wurde sie von den Grafen von Eppan, deren Stammburg vermutlich Freudenstein bei St. Michael in Eppan war. Das Geschlecht war, gleich den Grafen von Tirol, Lehensträger der Bischöfe von Brixen und Trient. Wie die Grafen von Tirol bekämpften auch die Eppaner bald ihre geistlichen Lehensherren.

1158 übernahmen sie sich dabei. Eppaner Ritter überfielen eine von Bischof Adelpret begleitete päpstliche Gesandtschaft, die Kaiser Friedrich Barbarossa Geschenke bringen sollte. Dabei nahmen sie den Bischof gefangen und sperrten ihn in der Haderburg bei Salurn [Nr. 57] ein. Der Kaiser schickte seinen Vetter, Herzog Heinrich den Löwen auf Strafexpedition nach Tirol. Wie die Eppaner war er ein Welfe. Die Annalen schweigen über den Erfolg der Mission. Mit der Macht der Herren von Eppan ging es in den folgenden Jahrzehnten jedenfalls bergab.

Die Reste der halb verfallenen Burganlage sind noch immer imposant. Ziel der Besucher ist vor allem die **Burgkapelle**, die vermutlich schon vor dem Burgbau als Hügelkirche bestand. An der Außen-

Von ihrer Burg blickten die Herren von Eppan bis Bozen und zu den Dolomitengipfeln

Ein Kleinod ist die Burgkapelle von Hocheppan mit ihren romanischen Fresken

Das Adelsparadies

Mehr als 250 Burgen gibt es in Südtirol. Einige, wie die **Churburg**, werden noch von den angestammten Familien bewohnt, andere, wie **Schloss Tirol**, zeigen Sammlungen, viele wurden in gastliche Stätten verwandelt oder sind – wie **Schloss Maretsch** in Bozen – Tagungszentrum geworden.

Man spricht in Südtirol von einem ›Adelsparadies‹ und meint damit das **Überetsch**, das sonnige Land an der ›Südtiroler Weinstraße‹. Hier zählt man 86 Burgen und Ansitze! Mit Strategie kann diese Dichte nichts zu tun haben, ausgenommen Hocheppan, das die Herren von Eppan als Antwort auf das von der Konkurrenz, den Vinschgauer Grafen, errichtete Schloss Tirol hingestellt haben. Die anderen Burgen und Ansitze dienten dem Fußfassen im irdischen Paradies, wo einem Wein und Obst fast in den Mund wachsen und die Sonne selbst im Winter noch das Gemäuer wärmt.

Gut hat man sich eingerichtet, Bauleute aus der Gegend des Comer Sees waren einfühlsam genug, den südlichen Bauschmuck der **Renaissance** mit den Elementen der nordischen **Spätgotik** zu verbinden, den adeligen Bauherrn Wohnsitze im ›Überetscher Stil‹ hinzustellen, eine Mischung zwischen vorgetäuschter, verspielter Wehrhaftigkeit und handfester ländlicher Gemütlichkeit. Maler, Fotografen und Hotelgäste haben heute noch ihre Freude daran.

wand befinden sich mehrere Fresken: St. Christophorus, eine Kreuzigung und eine Hirschjagd, die vermutlich der St. Oswald-Legende entstammt. Im leeren Innenraum des unscheinbaren Kirchleins überrascht ein umfangreicher romanischer **Freskenzyklus** aus der Zeit um 1200. Die beiden Langhauswände tragen in zwei Reihen Bildfolgen mit Szenen aus dem Leben Jesu, von ›Mariä Verkündigung‹ bis zur ›Grablegung‹. Die Bilder lassen vor allem in der starren Mimik der Gesichter einen byzantinisch beeinflussten Meister erkennen, dem vielleicht ein lustiger Tiroler geholfen hat. Wie käme sonst ein Mann, der eine Wurst isst, in die Hochzeit von Kanaa? Und im Stall von Bethlehem probiert gar eine Frau die von ihr gekochten Knödel! Dagegen stehen der große Ernst und die Würde in den Apsiden: in der Mitte die fast ikonenhafte Muttergottes mit dem segnenden Jesus, von Engeln flankiert, dazu die klugen und die törichten Jungfrauen, in der linken Apsis das Lamm Gottes mit den beiden Johannes, in der rechten Apsis übergibt Jesus die Schlüssel an Petrus und die Schriftrolle an Paulus.

Nach so viel Kulturgenuss verspricht ein Bad im **Lido Montiggl** (Montigglerstr. 55, Tel. 0471661707, www.eppan.com/lido, Mitte Mai–Mitte Sept. tgl. 9–18.30 Uhr) am Großen Montiggler See Abkühlung. Eine rasante Wasserrutsche, große Liegewiesen und das beheizte Schwimmbad sorgen für Abwechslung. Auch einen Tretbootverleih gibt es.

i Praktische Hinweise

Information

Tourismusverein Eppan an der Weinstraße, Rathausplatz 1, Eppan, Tel. 0471 66 22 06, www.eppan.com

Tourismusverband Südtirols Süden, Pillhofstr. 1, Frangart, Tel. 0471 63 34 88, www.suedtirols-sueden.info

Hotels

****__Schloss Korb__, Hocheppaner Weg 5, Missian/Eppan, Tel. 0471 63 60 00, www.schloss-hotel-korb.com. Luxushotel in einem behutsam umgebauten Wehrschloss aus dem 13. Jh. mit benachbartem Neubau. Das Anwesen der Familie Dellago liegt wunderschön inmitten von Weingärten am Rand der Dolomiten. Der Blick auf Bozen krönt die herrliche Aussicht ins Tal.

****__Stroblhof__, Pigenoerstr. 25, St. Michael/Eppan, Tel. 0471 66 22 50, www.stroblhof.it. Eingebettet in sanfte Weinhänge, erwartet der Stroblhof seine Gäste mit ansprechend ausgestatteten Zimmern und einem guten Restaurant.

***__Weinberg__, Luziafeldweg 3, St. Pauls/Eppan, Tel. 0471 66 23 26, www.hotelweinberg.eu. Das freundliche Familienhotel liegt über terrassierten Weinbergen am Ortsrand. Schön ist das Freischwimmbecken mit grandioser Aussicht.

Auf dem Brunnen am Marktplatz von Kaltern steht eine Statue der Muttergottes

55 Kaltern an der Weinstraße
Caldaro sulla Strada dell Vino

Vom eleganten Lido des Kalterer Sees mit der Standseilbahn zum Mendelpass hinauf!

Spricht man von Kaltern, denkt man zunächst an den **Kalterer See**. Der Name bedeutet ja zweierlei: einmal einen der bekanntesten Weine Europas, zum anderen einen der wärmsten Alpenseen, der mit 1,4 km² Fläche der größte natürliche See Südtirols ist. Sein Spiegel liegt übrigens 6 m unter dem normalen Wasserstand der Etsch. Ein breiter Schilfstreifen am flachen Südufer ist Nistplatz vieler Arten von Wasservögeln, am Nordufer steigen Weinleiten auf, im Osten fällt der Mitterberg steil zum Ufer ab, und ein Teil des Westufers ist der ›Lido‹ der Wasserratten, Surfer und Segler.

Die Gemeinde Kaltern an der Weinstraße (7000 Einw.) mit ihren Fraktionen Mitterdorf, St. Anton, St. Nikolaus, Altenburg, St. Josef am See und Planitzing hat ihren Sitz in Kaltern-Markt.

Geschichte Kaltern wird bereits im 12. Jh. erwähnt und zur Ausstattung der Marienkirche sollen schon früher Höfe im oberbayerischen Winhöring gezählt haben. Mit dem Gericht Kaltern waren 1286–1410 die Herren von Rottenburg belehnt, verloren hier aber alle Besitzungen, nachdem sie sich als Rädelsführer der Bünde

der ›Elefanten‹ und ›Falken‹ gegen Herzog Friedrich ›mit der leeren Tasche‹ stark gemacht hatten. Im 17. Jh. kam Kaltern an die Grafen Lodron, die es an die Freiherren von Giovanelli verpfändeten. Der Kalterer Wein wird als ›Vinum de Caldario‹ schon 1220 urkundlich genannt.

Besichtigung Einer Kleinstadt gleicht das Ortsbild von Kaltern-Dorf. Die prächtige Marktgasse säumen die Fassaden von Ansitzen, Handwerker- und Weinbauernhöfen, am verkehrsfreien Hauptplatz mit dem barocken Marienbrunnen nehmen Laubenhäuser eine ganze Längsseite ein. Am Hauptplatz ragt auch die Pfarrkirche **Mariä Himmelfahrt** auf, ein klassizistischer Bau der Jahre 1791/92. Dem kühlen Stil passen sich die *Deckengemälde* von Joseph Schöpf an, im Langhaus das ›Martyrium des hl. Vigilius‹, im Chor die ›Himmelfahrt Mariens‹.

In der vom Markt abzweigenden Goldgasse gibt das **Südtiroler Weinmuseum** (Goldgasse 1, Tel. 0471963168, www.weinmuseum.it, April–Mitte Nov. Di–Sa 10–17, So/Fei 10–12 Uhr) einen Überblick über die Kulturgeschichte des Weins. Uralte Torggeln, also Weinpressen, und Gefäße fehlen ebensowenig wie Flaschen und Gläser, die Weinheiligen oder ein eigener Raum zum Verkosten. Zum Probieren lädt auch das moderne **Winecenter** (Bahnhofstr. 7, www.winecenter.it) am Ortsrand. In dem kantigen, mit viel Glas und rostroten Faserzementplatten verkleideten Bau der Wiener Architektengruppe feld72 stellen sich 420 Winzer der Region vor.

Über Rottenburger Platz und Mühlenweg geht es binnen weniger Schritte in Kalterns Ortsteil *Mitterdorf*. Hier steht die Kirche **St. Katharina** (15./16. Jh.) mit Fresken aus der Zeit um 1400. In der Darstellung des Marientodes im Chor segnet Christus seine von den Aposteln umgebene Mutter und hält im Arm ihre Seele. Über dem linken Seitenaltar ist recht drastisch die Legende der hl. Agnes dargestellt.

Im Ortsteil *St. Nikolaus* lohnt ein Blick in die ebenfalls dem **hl. Nikolaus** geweihte Kirche. Sie schmückte Bartlme Dill-Riemenschneider – Sohn des großen fränkischen Bildhauers Tilman Riemenschneider – 1529 mit Blumen-, Grotesk- und Ornamentmalerei.

Während die Straße hinauf zum Mendelpass (1363 m) in St. Nikolaus ihren Anfang nimmt, verkehrt die **Standseilbahn** zum Pass ab St. Anton. Seit ihrer Eröffnung im Jahr 1903 ist sie eine beliebte Attraktion. Die 4,5 km lange Bahnlinie meistert eine Höchststeigung von 64 % Durch ihre verglasten Dächer bietet sich eine umfassende Sicht auf die majestätischen Berge.

Wer von Kaltern aus mit dem Auto zum Mendelpass hinauffährt, kann über eine Stichstraße zum *Penegal* (1737 m) gelangen. Von hier oben geht der Blick über das ganze Überetsch und Unterland.

Nahe der Straße von Kaltern-Dorf nach Planitzing steht auf dem *Kalvarienberg* die barocke Heiligkreuzkirche (1720–23) Die Deckenfresken mit Passionsszenen in dem wunderschönen Zentralbau malte

Die 1950er-Jahre leben weiter im Goldenen Krokodil in der Altstadt von Kaltern

Einen farbigen Akzent am Kalterer See setzten die Terrassencafés von St. Josef am See

Mathias Pußjäger, und mit den kreuztragenden Engeln an der Chordecke schuf der in Welsberg [Nr. 20] geborene Paul Troger sein erstes Fresko (1722). Sein frühes Talent bewies er auch in der ›Kreuzabnahme‹ auf dem Altarblatt.

Nun geht es hinunter nach *St. Josef am See* auf der Westseite des Kalterer Sees. Mehrere Freibäder laden hier zum Verweilen, etwa **Lido** (St. Josef am See 16, Tel. 0471960066), der sich durch seine extravagante Architektur auszeichnet, und die **Gretl am See** (St. Josef am See 18, Tel. 0471960273, www.gretlamsee.com). Nahe des Sees befindet sich auch das **Weingut Manincor** (St. Josef am See 4, Tel. 0471960230, Mo–Fr 9.30–12.30 und 13.30–18, Sa 10–17 Uhr, www.manincor.com). In vorbildlicher Weise gelang es seinem Besitzer, seinen 2004 eröffneten Weinkeller in den Weinberg zu integrieren.

Urältesten Kulturboden betritt man bei einem Ausflug nach **Altenburg**, 6 km südlich und 400 Höhenmeter oberhalb von Kaltern. Sehenswert ist die gotische Pfarrkirche *St. Vigilius* (1491–97) mit ihren Fassadenfresken der Bozner Schule, darunter einem Bild der so genannten hl. Kümmernis.

Auf dem Petersbühel oberhalb des Dorfes steht die Ruine der Kirche *St. Peter*. Früher führte eine Steinbrücke über eine Schlucht zu dem schier uneinnehmbaren Platz (heute Treppensteig), der schon in vorgeschichtlicher Zeit Bedeutung gehabt haben muss. Die Kirchenruine, der einzige noch aufrecht stehende Bau aus der frühchristlichen Zeit Tirols, stammt mit Sicherheit aus dem 6. Jh. Rätselhaft ist die Bedeutung einer Felswanne an der südlichen Langhausmauer (Kultstätte, Grab, Taufbecken?). Über dem Ostufer des Kalterer Sees ragt auf dem Mitterberg die Ruine der *Leuchtenburg* auf, die ebenfalls auf dem Boden einer vorgeschichtlichen Verteidigungsanlage steht.

i Praktische Hinweise

Information

Tourismusverein Kaltern am See, Marktplatz 8, Kaltern, Tel. 0471963169, www.kaltern.com

Restaurants

Gretl am See, St. Josef am See 18, Tel. 0471960273, www.gretlamsee.com. Die formidable Lage am Kalterer See zeichnet es aus (Mo und Nov.–Ostern geschl.).

Weißes Rößl, Marktplatz 11, Kaltern, Tel. 0471963137, www.weisses-roessl-kaltern.com. Gute Küche und feine Eigenbauweine (Mi und Dez.–März geschl.).

Der Turm von St. Julitta und Quiricus spitzt hinter den Traminer Weinbergen hervor

TOP TIPP **Castel Ringberg**, St. Josef am See 1, Kaltern, Tel. 0471 96 00 10, www.castel-ringberg.com. Traditionshaus seit 1652. Während man stilvoll speist, genießt man – besonders schön von der Panoramaterrasse – die Aussicht auf den Kalterer See (Di geschl.).

56 Tramin
Termeno

Berühmtes Weindorf mit auffälligem Kirchturm und unheimlichem Bestiarium.

Tramin ist die Heimat der gleichnamigen Rebe, die als Roter, Blauer, Weißer oder Gewürztraminer in den **Weingärten** der Welt steht. Der Gewürztraminer setzte sich sogar in Kalifornien durch. Tramin mit seiner Fraktion Söll ist also eine besondere Perle in der Kette der Weinorte im Süden Südtirols. Schon um 850 wurde eine Kirche gebaut. 1214 legte die ›Comunitas Termeni‹ mit Hilfe des in Trient regierenden Bischofs Friedrich von Wangen 1214 eine Weinkellerburg auf dem Hügel von St. Jakob auf Kastelaz an. Tramin gehörte – im Gegensatz zum größten Teil von Südtirol – bis 1777 (Tausch gegen Castello im Fleimstal) zum Fürstbistum Trient. Wegen der Bedeutung des Weinhandels wurde der Ort 1451 ›Oppidum‹ und ›Marcht‹ genannt.

Ausgiebige Betrachtung verdienen die Fresken in der Jakobskirche von Kastelaz

Das Ortsbild beherrscht der reich verzierte, gotische Turm der Pfarrkirche **St. Julitta und Quiricus**. Der mit 93 m höchste gemauerte Kirchturm Südtirols. wurde 1466–92 von dem Sterzinger Hans Feur und dem Traminer Peter Ursel errichtet. Den Chor erbaute Meister Konrad von Neumarkt um 1400, das Langhaus stammt von 1910. Das Patrozinium bezieht sich auf die hl. Julitta, die mit ihrem 3-jährigen Sohn Quiricus (auch Cyricus) um 305 in Tarsus der Christenverfolgung des römischen Kaisers Diokletian zum Opfer gefallen sein soll. Am Chor blieben außen und innen gotische *Fresken* erhalten (um 1400). Auf der rechten Seite im Chor erzählen sie die Legende der beiden Kirchenpatrone und sollen von der Hand des Ulmer Meisters Hans Stocinger sein, der auf Runkelstein [Nr. 28] gleichfalls seine Erzählfreude bewiesen hat.

Maler der Bozner Schule haben in der romanischen Kirche **St. Valentin** am Friedhof (Schlüssel nebenan bei Familie Sinner, Weinstr. 4) viele Fresken (um 1400) hinterlassen. Nur das Verkündigungsbild am Viereckpfeiler hat 1386 ein italienischer Maler beigetragen. Über drei Wän-

de zieht sich ein Zyklus von 23 Szenen aus dem Leben Jesu. An der Südwand befindet sich neben schlecht erhaltenen Fresken der Valentinslegende eine sehr lebendige Darstellung der Ursulalegende.

Das **Dorfmuseum** (Rathausplatz 9, Mobil 0039/328 560 36 45, www.dorfmuseum-tramin.com, April–Okt. Di/Fr 10–12, Mi 10–12 und 16–18 Uhr) gibt Auskunft über das Leben, Arbeiten und Feiern früherer Zeiten – z. B. die *Traminer Fasnacht* mit ›Egetmann-Umzug‹.

In einer Viertelstunde geht man vom Hauptplatz in Tramin hinauf nach **Kastelaz**, zur romanischen *St. Jakobskirche* (Mitte März–Okt. tgl. 10–18 Uhr, Führungen Fr 11 Uhr). Sie entstand um 1200, das rechte Kirchenschiff um 1400. Wer das Gruseln lernen will, ist hier am richtigen Platz. Harmlos sind die gotischen Fresken im Seitenschiff, die 1441 Ambrosius Gander, Gehilfe des Hans von Bruneck, gemalt hat, vertraut auch noch der Inhalt der im frühen 13. Jh. entstandenen romanischen Fresken in der Apsis: ›Christus in der Mandorla‹, darunter die Apostel.

Die Sockelzone aber zeigt ein unheimliches *Bestiarium*, gegeneinander in der scheußlichsten Weise kämpfende Fabelwesen mit Hundeköpfen, Fischschwänzen und Flossenfüßen, eine Sirene mit doppeltem Schuppenschwanz, eine Seeschlange, die einen Delphinreiter beißt, an den Rändern dieses gemalten Grauens zwei unförmige Gestalten, vielleicht Adam und Eva. Viel wurde gedeutet und gerätselt. Es mag alles uns heutzutage längst verborgene Symbolik sein. Vielleicht sind die Bilder aber auch eine Warnung vor Trunksucht, steht die Kirche doch auf Kastelaz, wo man um die Entstehungszeit der Malerei eine Weinkellerburg einrichtete.

Ausflüge

Zwei malerische Weindörfer liegen südlich von Tramin an der Südtiroler Weinstraße. **Kurtatsch** breitet sich auf einer von Rebgärten umgebenen Terrasse über dem Etschtal aus. Das *Museum Zeitreise Mensch* (Botengasse 2, Tel. 0471 88 02 67, www.museumzeitreisemensch.it, Führungen Ostern–Allerheiligen Fr 10, sonst nur auf Anmeldung) versammelt steinzeitliche Werkzeuge, Webstühle und Möbel aus dem frühen 20. Jh. Domizil der kleinen Schau ist der Ansitz am Orth, ein Bauernhof aus dem 15. Jh. Von Kurtatsch führt eine aussichtsreiche Straße über Ober- und Unterfennberg zum **Fenner See** (1084 m). An seinem stillen Ufer steht das romanische Leonhardskirchlein.

Margreid ist ein unverfälschtes Weindorf mit Ansitzen und Höfen, deren Torbögen, Loggien und Erker eine Lust zum Anschauen sind. Der **Ansitz Turmhof**

Schon seit Mitte des 19. Jh. wird im mittelalterlichen Turmhof in Entiklar Wein verkauft

(Schlossweg 4, Tel. 0471880122, www.tiefenbrunner.com, auch Weinverkauf) in *Entiklar* hat den merkwürdigsten Schlosspark (Führungen Di/Fr 10.30 Uhr) im Lande. Der Künstler Johann Tiefenbrunner (1827–1907) ließ hier mit Grotten und Wasserbecken seine Traumwelt wahr werden, zu der auch Lohengrin mit seinem Schwan gehört. Im Innenhof des Weingutes lädt eine Jausenstation (Ostern–Okt. Mo–Sa 10–20 Uhr) zum Verweilen.

i Praktische Hinweise

Information

Tourismusverein Tramin an der Weinstraße, Mindelheimer Str. 10 A, Tramin, Tel. 0471860131, www.tramin.com

Hotel

TOP TIPP ******Mühle Mayer**, Mühlgasse 66, Tramin, Tel. 0471860219, www.muehle-mayer.it. Eine alte Mühle, seit Generationen im Familienbesitz, wurde zu einem romantischen Hotel umgebaut. Komfort und Architektur zum Verlieben (Nov.–Anfang April geschl.).

Restaurant

Hofstätter Garten, Rathausplatz 7, Tel. 0471090003, www.hofstatter.com. Das Weingut in schöner Lage bietet eine Vinothek und einen Gewürztraminer-Schaugarten. Im Restaurant gibt es Südtiroler Spezialitäten.

57 Neumarkt
Egna

Auch an der Etsch gibt es die ›Inn-Salzach-Bauweise‹.

Jenseits des Flusses, auf der östlichen Talseite, liegt Neumarkt. Überragt von der *Burgruine Caldiff* findet der Ort mit seinen etwa 1600 Einwohnern gerade Platz zwischen der Etsch und den aufsteigenden Hängen des ›Regglbergs‹. Das ist der alte Name für das Mittelgebirge, in dem – fast noch Geheimtipps – die kleinen Urlaubsorte Aldein, Radein, Kaltenbrunn, Truden und Altrei liegen. Ein Teil dieses Gebiets steht als *Naturpark Trudner Horn* unter besonderem Schutz. Zum Etschtal heraus, gleich über Neumarkt, sind die Ortschaften Montan, Pinzon und Mazon für ihren guten Wein bekannt. Neumarkt ist im Sommer Schauplatz der *Unterländer Freilichtspiele*.

Geschichte Unmittelbar neben dem viel älteren heutigen Vorort Vill gründete Fürstbischof Konrad von Trient 1189 seinen ›Neuen Markt‹. 1222 wurde er zum Berghang hin erweitert. Der Markt war bis zum Bau der Eisenbahn (1859) ein wichtiger Warenumschlagplatz an der Etsch, die bis zum flussaufwärts gelegenen Branzoll schiffbar war.

Besichtigung Der historische Kern von Neumarkt mit seinen niedrigen Laubengängen, heute Fußgängerzone, weicht etwas von der Südtiroler Bautradition ab. Viele Häuser zeigen mit Grabendächern, denen Blendfassaden vorgesetzt sind, die in den Inn- und Salzachstädten übliche Bauweise. Nostalgie kommt auf im **Museum für Alltagskultur** (Andreas-Hofer-Str. 50, Tel. 0471812472, Ostern–Allerheiligen So 10–12, Di 10–12 und 16–18, Mi–Fr 16–18 Uhr) mit Einrichtungs- und Gebrauchsgegenständen, darunter auch Spielzeug und Toilettenartikel, bis zurück zum Biedermeier. Im **Ballhaus** am südlichen Ende der Andreas-Hofer-Straße lagerten die Waren, die auf der Etsch verschifft werden sollten. Während der Öffnungszeiten der städtischen Bibliothek, die hier inzwischen ihr zuhause hat, kann man sich einen Eindruck von dem stattlichen mittelalterlichen Gemäuer verschaffen.

Der vorzügliche Chor (1410–15) der **Pfarrkirche** ist das Werk des einheimischen Meisters Konrad von Neumarkt, das

Langhaus mit seinem Sternengewölbe kam ab 1475 dazu, die Seitenschiffe wurden erst 1645 angebaut. Altäre und Kanzel sind prunkvolle Arbeiten des Spätbarock, die großen Kreuzwegfresken malte 1938 Anton Fasal.

Der Chor der gotischen **Kirche Unserer Lieben Frau in der Vill** (nördlich von Neumarkt, an der Straße nach Auer) ist ab 1412 ebenfalls vom Meister Konrad von Neumarkt geschaffen worden, am dreischiffigen Langhaus arbeiteten 1460–1504 Hans Feur aus Sterzing, Andre Hofer und Peter Ursel aus Tramin. Auffällig ist das Sakramentshäuschen mit dreigeschossigem Aufbau (um 1500).

Die dritte Choranlage des Meisters Konrad im Umkreis seines Heimatorts ist jene von *St. Stephan* in **Pinzon**. Sie entstand ab 1410, das Langhaus folgte erst um 1500. Das Schaustück dieser Kirche ist der *Flügelaltar* des Hans Klocker (um 1400). Dieser herrliche Hochaltar wurde leider 1971 eines Teils seiner Figuren beraubt. Verblieben sind im Mittelschrein eine Madonna, flankiert von den hll. Stephanus und Laurentius, die Flügel tragen an den Innenseiten acht Heiligenreliefs, an den Außenseiten Gemälde mit Szenen der Stephanus- und Laurentiuslegende.

Zu Besuch beim Winzer

Den ›Weinritt‹ traten früher alljährlich die Kaufleute an, um das Geld für gelieferten Wein einzukassieren. Heute verkaufen viele Winzer ihre Weine selbst, Besucher können ihre Produkte vor Ort verkosten.

Erste und Neue, Kellereistr. 5–10, Kaltern-Dorf, Tel. 0471963122, www.erste-neue.it. Der Südtiroler Künstler Robert Scherer malte den Weinkeller aus, auf Anfrage ist er zu besichtigen.

Weingut Manincor, St. Josef am See 4, Kaltern, Tel. 0471960230, www.manincor.it.

Schlosskellerei Turmhof, Entiklar, Magreid, www.tiefenbrunner.com

Weinschenke Paradeis, Grafengasse 9, Margreid, Tel. 0471809500, www.aloislageder.eu. Die Schenke gehört zum Weingut Lageder, Führungen auf Anfrage.

Ausflüge

Rund 10 km sind es von Neumarkt nach Salurn, dem südlichsten Ort Südtirols. Auf halbem Weg, 2 km vor **Laag**, passiert man die romanische Kirche *St. Florian*, deren schön gegliederte Apsis mit Rundbogenfries und figuralen Konsolen durch-

Grobschlächtiger als jene in Meran oder Bozen wirkt der Laubengang von Neumarkt

aus sehenswert ist. Die Kirche gehörte zu einem mittelalterlichen Hospiz für Jerusalem- und Rompilger (400 m entfernt im Wald des Berghanges).

An der imposanten Schlucht der *Salurner Klause* verlaufen Sprach- und Provinzgrenze. **Salurn** ist ein typisches Überetscher Weindorf mit stattlichen Fassaden. Die Pfarrkirche, 1628–40 von Francesco und Domenico Lucchese erbaut, ist die erste frühbarocke Kirche in Südtirol.

Über der Talenge von Salurn ragt die Ruine der **Haderburg** (Mobil 0039/3342516694, www.haderburgschenke.com, April–Mitte Okt. Mi–So 10–20 Uhr) auf, ein wahres Felsennest. Vom Parkplatz unterhalb der Haderburg kann man sie über eine Forststraße erreichen. Seit dem 13. Jh. wacht sie über das Etschtal. Zur gemütlichen Einkehr lädt die Burgschenke im Hof.

i Praktische Hinweise

Information

Tourismusverein Castelfeder, Laubengasse 28, Neumarkt, Tel. 0471810231, www.castelfeder.info

Weinstube

TOP TIPP **Vinothek Johnson & Dipoli**, Andreas-Hofer-Str. 3, Neumarkt, Tel. 0471820323. Hier kostet man nicht nur Südtiroler, sondern Weine aus aller Welt. Dazu werden kleine, aber feine Mahlzeiten angeboten.

58 Auer
Ora

Castelfeder bei Auer – ein kleines Stück des lieblichen Arkadien?

Auer ist gleich dem nahen Branzoll, das der ›Kopfhafen‹ der historischen Schifffahrt auf der Etsch war, ein uralter Ort und heute ein nicht unbedeutender Verkehrsknotenpunkt, zweigt hier doch die Straße über den Pass San Lugano (1097 m) ins Fleimstal nach Cavalese ab. Ein Ast dieser Straße verbindet Auer mit Aldein und Deutschnofen [Nr. 59].

Das Dorf baut sich auf einem Schuttkegel auf, den der Schwarzenbach einst ins Etschtal geschwemmt hat. Muren und Schlamm der früher ungebändigten

Durch die Bletterbach-Klamm

Bis zu 400 m hoch ragen die Felswände der 8 km langen Bletterbachschlucht empor. Gut 15 000 Jahre dauerte es, bis der Bletterbach, der im Sommer als Bach die Schlucht durchfließt, sich im Winter aber in einen reißenden Fluss verwandelt, dieses UNESCO-Weltnaturerbe gegraben hatte.

Vom Besucherzentrum des **Geoparcs Bletterbach** (Lerch 40/Aldein, 20 km ab Auer, Tel. 0471886946, www.bletterbach.info) aus steigt man in die Schlucht ein. Entlang des Geowegs durch die Klamm informieren Infotafeln über die Gesteinsarten, ihr Alter und all die Tierarten, die in der Schlucht leben. Wer bis zum Wasserfall am Butterloch wandert, muss etwa 3,5 km bewältigen. Um den Talschluss zu erreichen, hat man gut 7 km vor sich.

Die Mauerreste einer mittelalterlichen Siedlung blieben in Castelfeder bei Auer erhalten

Etsch haben das Niveau in Auer im Lauf der Jahrhunderte so ansteigen lassen, dass man beispielsweise zum Portal der Pfarrkirche **St. Peter** über acht Stufen hinabsteigen muss. Die Kirche steht am Südrand des Ortes, da der romanische Vorgängerbau Zentrum einer Urpfarrei war, die im Süden bis Laag reichte. Der romanische Turm hat sich erhalten, Chor (Hieronymus Felder, ab 1504) und Langhaus (Hans Lutz von Schussenried und Hans von Kufstein, 1517–25) sind beste Spätgotik. Prachtvoll ist der Hochaltar mit der ›Auferstehung Christi‹ von Martin Theophil Polak (1621), einem begabten Meister am Übergang von der späten Renaissance zum Barock.

Ein längerer Spaziergang führt von Auer ins Ruinenfeld **Castelfeder**. ›Arkadien Tirols‹ wird die hügelige Hochterrasse gern genannt, weil es hier meistens paradiesisch ruhig ist und weil die ganze Vegetation im Gegensatz zum umliegenden Obst- und Weinland in ihrer Kargheit an das antike Arkadien der Griechen erinnert. Wohngruben deuten dem Kundigen eine einstige vorgeschichtliche Großsiedlung an, spätantike und frühmittelalterliche Mauerreste und schließlich die auffällige Ruine der romanischen *Barbarakapelle* des 12. oder 13. Jh. versetzen den Empfindsamen geradezu in eine andere Welt, weit weg von der Betriebsamkeit, die unten im Etschtal herrscht.

Höchst attraktiv liegt auch das gotische, um 1400 entstandene Kirchlein **St. Daniel** (Schlüssel im Nachbarhof) auf einem Weinhügel über Auer. Sehenswert sind im Inneren die 1448 von einem lombardischen Meister gemalten Fresken an der Nordwand, vor allem die Darstellung Daniels in der Löwengrube.

i Praktische Hinweise

Information

Tourismusverein Castelfeder, Hauptplatz 5, Auer, Tel. 04 71 81 02 31, www.castelfeder.info

Einkaufen

Gärtnerei Spornberger, Traminer Str. 12, Auer, Tel. 04 71 81 06 79, www.spornberger.it. Wer die Pracht der *Geranien* nicht nur an Südtiroler Balkonen, sondern auch am eigenen Heim bewundern will, kann sich hier zur Genüge eindecken.

Hotel

Zirmerhof, Radein, Tel. 04 71 88 72 15, www.zirmerhof.com. Der Gast hat die Wahl: entweder er bucht eine ganze Berghütte am Waldrand nahe dem Hotels oder eines der individuell eingerichteten Zimmer im Haupthaus.

Restaurant

Gasthof Krone, Dorfplatz 3, Aldein, Tel. 04 71 88 68 25, www.gasthof-krone.it. Die Köstlichkeiten der Südtiroler Küche, frisch zubereitet und in der gediegenen Stube serviert.

Ladinien und die Südtiroler Dolomiten – König Laurins Reich

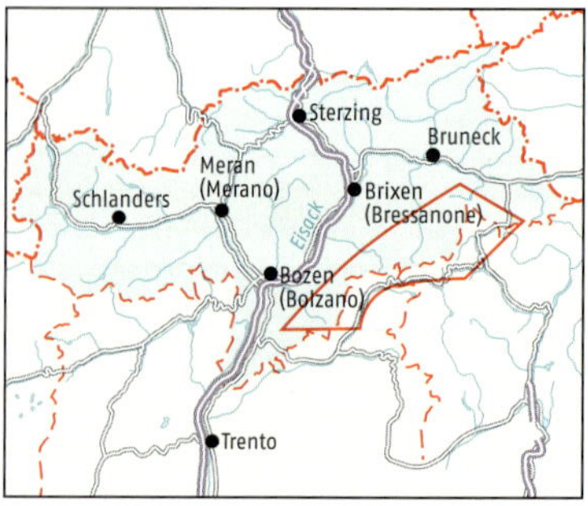

Rosengarten, Latemar, Cristallo-Gruppe, Tofana, Sella – alle diese Bergstöcke gehören zu den Südtiroler Dolomiten, einer Welt für sich. Sagen werden überliefert, nicht nur vom König Laurin und seinem versteinerten Reich der Rosen. Und gar mancher erzählt sie noch in der ladinischen Sprache der Bewohner von **Gröden**, **Fassatal**, **Gadertal**, **Buchenstein** und auch von **Cortina d'Ampezzo**. Ladinien, das Bergland der Südtiroler Dolomiten, ist neben Graubünden und Friaul eine der drei Sprachinseln, in denen sich das Rätoromanische bewahrt hat. Eine wohlklingende Sprache, in der dann ›Bales da fuià‹ Leberknödel, ›Crafons‹ aber Kirchtagskrapfen sind. Also: ›Bon di‹ im Land der Ladiner und der ›Montes pálies‹, der Bleichen Berge.

59 Deutschnofen
Nova Ponente

Die Felszacken des Latemar rahmen die grüne Wanderwelt am ›Regglberg‹.

Deutschnofen liegt auf dem ›Regglberg‹, jenem Mittelgebirge, das sich westlich des Latemar zum Etsch- und Eggental hin ausbreitet.

Die örtliche **Pfarrkirche zu den hll. Ulrich und Wolfgang** ist ein großer spätgotischer Bau. Die Sandsteinkanzel und das eindrucksvolle Kruzifix des späten 15. Jh. verdienen nähere Betrachtung. In den neogotischen Hochaltar wurden vier Holzreliefs des steirischen Meisters Hans von Judenburg integriert. Sie stammen vom ersten großen Flügelaltar Südtirols, der 1423 für die Pfarrkirche in Bozen geliefert wurde und dort 1725 dem noch heute stehenden Barockaltar weichen musste. An die Kirche in Deutschnofen verschenkt, wurde er später in Einzelteilen verkauft. Die Schreingruppe mit der Marienkrönung besitzt das Germanische Nationalmuseum in Nürnberg, andere Teile stehen in Museen in Köln und München. Das **Dorfmuseum Deutschnofen** (Tel. 0471617500, Juli/Aug. Mo–Fr 9–12, Do auch 14.30–17, sonst Di 9–12, Do 14.30–17 Uhr) im Schloss Thurn, einem romanischen Wohnturm aus dem 13. Jh., zeigt sakrale Kunst aus den Kirchen der Umgebung.

Im Sonnenlicht erstrahlt der Latemar bei Deutschnofen in dramatischen Farben

Deutschnofener Kunstwanderung

Die bleichen Wände des Latemar im Blick wandert man hinaus nach **St. Helena** (ab Kreisverkehr Ortseingang Deutschnofen, 2. Ausfahrt Richtung Bozen, dann ca. 100 Meter weiter, dort Parkplatz, ca. 1 h einfach), einem romanischen, um 1410 gotisch eingewölbten Kirchlein, das mit dem Bauernhof mit Jausenstation nebenan ein ausgesprochen pittoreskes Ensemble bildet. Die Wirtsleute halten den Schlüssel zur Kirche bereit, deren bedeutender Schatz an gotischen *Fresken* (um 1410) sich schon außen (›Kreuzigung‹, Christophorus, Maria, die Heiligen Helena, Katharina, Margarethe und Barbara) ankündigt. Innen prangt in der Apsis ›Christus als Weltenrichter‹ mit Aposteln und Evangelistensymbolen, an der Laibung des Triumphbogens sitzen Bilder der Genesis, an der Chorbogenwand das ›Opfer von Kain und Abel‹, wobei sich in Kains von der Hand Gottes zurückgewiesenem Ährenopfer ein listiges Teufelchen verbirgt. Einfallsreich sind die Bilder in den vier Feldern des Gewölbes, wo die vier Evangelisten auf Stühlen sitzen, die man mit ihren Pulten und raffinierten Fächern heute sicher als ›Mehrzweckmöbel‹ anpriese.

Kunst, abseits der großen Straßen: Außenfresko am Kirchlein St.Helena bei Deutschnofen

Ausflüge

Die Legende berichtet, die große Südtiroler Wallfahrt nach **Maria Weißenstein** (Weißenstein 10, Petersberg, Tel. 0471 615124, www.weissenstein.it) auf dem aussichtsreichen Petersberg gehe auf Leonhard Weißensteiner zurück. Angeblich bat die Jungfrau Maria ihn zum Dank für seine Heilung im Jahr 1553, ihr ein Kirchlein zu bauen. Weil die Wallfahrt rasch großen

Wanderung nach Weißenstein

Die unschwere Rundwanderung (5 km, 230 HM, ca. 1,5 h) zur Wallfahrtskirche Weißenstein beginnt im Weiler Petersberg (ca. 8 km ab Deutschnofen). Von dort führt der Weg Nr. 15 zur Pichlwiese, anschließend bringt Weg Nr. 8 den Wanderer nach Maria Weißenstein. Auf dem Rückweg folgt man dem Pilgerweg Nr. 1.

Zuspruch fand, wurde der Bau einer größeren Kirche (1638–1673, erweitert 1722) nötig. Man betritt das Gotteshaus durch einen über und über mit Votivbildern behängten Vorraum. Der Innenraum ist im Stil des Spätbarocks eingerichtet. Bei den Deckenfresken (1753) stellte Joseph Adam Mölk seine ganze Routine als Theatermaler unter Beweis.

Vor allem als Wintersportgebiet schätzen Besucher Deutschenofens Fraktion **Obereggen**. Sie hat Anteil am *Skicenter Latemar* (www.latemar.it). Am Ortsrand gibt es auch einen *Waldhochseilgarten* (Mobil-Tel. 00 39/34 88 15 16 66, www.obereggen.com, Juni–Okt. tgl. 10–18 Uhr) mit 90 m langer Zip-Line, an der man in die Tiefe sausen kann.

i Praktische Hinweise

Information

Tourismusverein Eggental,
Schloss-Thurn-Str. 1, Deutschnofen,
Tel. 04 71 61 65 67, www.eggental.com

60 Welschnofen
Nova Levante

Karersee und Rosengarten liegen hier direkt vor der Haustüre.

Das Feriendorf Welschnofen liegt an der Großen Dolomitenstraße und ist etwa 20 km von Bozen entfernt. Gegen Osten bauen sich die Felszacken des Rosengartens und des Latemar auf. In Urkunden erscheint der Ort 1298 als ›Nova latina‹, was auf die Besiedlung durch Ladiner hinweist. Bis in das 17. Jh. hinein wurde in Welschnofen Erz abgebaut. Der Bau der Eggentaler Straße (1861), die bis 1908 über den Karerpass zur Großen Dolomitenstraße verlängert wurde, brachte schon früh Tourismus in die einstige Abgeschiedenheit der sonnigen Hochfläche.

Nur 6 km von Welschnofen entfernt entzückt der **Karersee**, einer der schönsten Bergseen der Alpen. Er ist etwa 3 ha groß, liegt 1519 m hoch und ist Naturschutzgebiet. Seine Ufer säumt dunkler Wald und in seinem klaren Wasser spiegeln sich die schroffen Wände des Latemar. Berühmt ist der See für das Farbenspiel auf der ruhigen Wasserfläche, wofür eine Sage die schöne Erklärung liefert: Einer Seejungfrau sei es einmal gelungen, einen Regenbogen zu fangen und zu sich ins Wasser zu ziehen, in dem er dann zerfloss. Aber nur wer früh genug aufsteht, kann die Schönheit des Karersees in vollen Zügen genießen, denn während der Saison herrscht hier mitunter ein beachtlicher Trubel. Besonders gilt das für die ›*Elisabeth-Promena-*

Besonders im 17. Jh. erlebte die Wallfahrt zum Kloster Maria Weißenstein ihre große Blüte

Schon Kaiserin Elisabeth von Österreich-Ungarn schätzte den Karersee als Urlaubsort

de‹, den Lieblingsweg der Kaiserin Elisabeth (›Sisi‹). Sie hielt sich mehrmals am Karersee auf.

Respektvoll Abstand hält die 100 m höher gelegene *Feriensiedlung* Karersee, die sich mit Hotels und Sportstätten kurz unterhalb des Karerpasses ausbreitet. Dort wurde das *Grand Hotel Carezza* (Karerseestr. 141, www.grandhotelcarrezza.it) 1896 eröffnet und nach zwei Bränden jeweils wieder aufgebaut. Ein ›Verein für Alpenhotels‹ stand hinter diesem Projekt, angeführt vom Pionier des Südtiroler Fremdenverkehrs, **Dr. Theodor Christomannos**, dem auch Sulden seine Popularität als Urlaubsziel verdankt [Nr. 46].

Der ›Verein für Alpenhotels‹ dachte an alles, sogar die Inschriften der Kreuzwegstationen einer kleinen Kapelle beim *Geigerhof*, einem damals wie heute beliebten Wanderziel, wurden in Deutsch, Englisch, Französisch, Lateinisch und Spanisch aufgemalt!

In König Laurins Reich dringt man heute vom Karersee mit dem Sessellift vor, dessen Bergstation die **Paolina-Hütte** (2127 m) ist.

Praktische Hinweise

Information

Tourismusverein Welschnofen-Karersee, Karerseestr. 21, Welschnofen, Tel. 0471 61 31 26, www.welschnofen.com

Sport

Das **Skigebiet Welschnofen/Karersee** an den Westabhängen des Rosengartens wird vom Sessellift zur Frommeralm und von der dort zur Rosengarten-Hütte führenden Gondelbahn einerseits, von der Sesselbahn Karersee/Paolina-Hütte andererseits erschlossen. 38 km lang ist die Langlaufloipe vom Karersee zum Lavazé-Joch. Es gibt mehrere Tiefschneereviere, selbstverständlich auch Rodel- und Eisbahnen.

Golf Club Karersee, Karerseestr. 171, Welschnofen, Tel. 0471 61 22 00, www.carezzagolf.com. Der herrlich gelegene 9-Loch-Golfplatz steht auf Anfrage Gastspielern offen (Nov.–April geschl.).

Um den Rosengarten

Von Welschnofens Ortsteil Huenzensäge führt eine Sesselbahn zur Frommeralm (1721 m). Von dort verkehrt ein weiterer Lift hinauf zur Kölner Hütte (2339 m, www.rifugiofronza.com) direkt unter den Wänden des Rosengartens. Hier beginnt die nur trittsicheren Bergwanderern zu empfehlende **Umrundung** (ca. 11 km, 750 HM, 4 h) des Rosengartens. Unterwegs laden Rotwand-Hütte und Paolina-Hütte zur Rast, von letzterer kann man mit der Seilbahn zum Karersee abfahren und die Wanderung so abkürzen.

Die Paolina-Hütte (Mobil 00 39/ 347 948 96 41, www.paolina-huette.com) ist auch Ausgangspunkt des **Hirzelweges** (ca. 4 h, 7,5 km, 700 HM). Auch er umrundet den Rosengarten, ist aber deutlich leichter zu begehen. Unterwegs erinnert ein stolz in die Ferne blickender Adler an Dr. Theodor Christomannos, der den Tourismus in Südtirol beförderte.

Nur Geübten sei die Begehung des Santnerwegs empfohlen, einem gesicherten Klettersteig, der von der Kölner Hütte ausgeht und über die Santnerpass- und Gartl-Hütte die bizarre Felswelt der **Vajolettürme** (Torri del Vaiolet, 2813 m) erschließt.

Wie im Märchen – Dolomitenschönheit Rosengarten in der Morgendämmerung

König Laurins Rosengarten oder das Märchen vom Alpenglühen

Der unglücklichen Liebe des Zwergenkönigs Laurin verdanken wir das rosenrote **Alpenglühen**, das sich zur Dämmerung wie ein leuchtender Schleier über die Dolomiten legt. Laurin residierte in den Bergen, er besaß einen unterirdischen Palast aus Bergkristall und ein **Gartl**, einen Rosengarten, der das ganze Jahr über voll duftender Blüten stand. Als der wohlhabende, aber einsame Herrscher erfuhr, dass der König an der Etsch einen Bräutigam für seine Tochter **Similde** suchte, hoffte er vergebens darauf, ihr seine Aufwartung machen zu dürfen. Was blieb dem Zwerg auf Freiersfüßen anderes übrig, als die Angebetete zu entführen? Natürlich wollten sich das seine Konkurrenten nicht bieten lassen. Unter der Leitung Dietrich von Berns zogen sie aus, König Laurin zu bezwingen. Trotz eines **Zaubergürtels**, der ihm übermenschliche Kräfte verlieh, gelang es Laurin nicht, seine Widersacher zu besiegen. Deshalb setzte er seine **Tarnkappe** auf, doch Dietrich und seine Mannen kamen ihm trotzdem auf die Schliche. Als der unsichtbare Zwergenkönig durch seinen Garten lief, verrieten ihn die in Bewegung geratenen Rosen. So konnten die Recken ihn fangen, entwaffnen und Similde befreien. König Laurin aber, der Ursache seiner Niederlage gewahr, belegte den Rosengarten mit einem **Fluch**. Weder bei Tag noch bei Nacht sollte ihn jemals wieder ein Auge erblicken. Allerdings hatte Laurin bei seinem Fluch die Dämmerung vergessen, und so kommt es, dass der Rosengarten, der noch heute wie ein ödes Geröllfeld inmitten der Bergzinnen erscheint, sich nur bei Sonnenaufgang und Sonnenuntergang in seiner rosenroten Pracht offenbart.

61 Val di Fassa

Dolomiten-Schönheit zwischen den Felstürmen von Marmolada und Rosengarten

Am Karerpass ist Südtirol zu Ende, und das Trentino beginnt. Die Große Dolomitenstraße führt kurvenreich von seiner Höhe hinunter ins vom Aviso durchflossene Val di Fassa. Historisch gesehen gehörte das Fassatal bis zur Säkularisation von 1803 zum Fürstbistum Brixen, das der Talgemeinschaft gewisse Rechte der Selbstverwaltung zubilligte.

Der erste größere Talort nach dem Karerpass ist **Vigo di Fassa** auf Terrassen am sonnigen Westhang. Am oberen Ortsrand geht es mit der Kabinenbahn bequem hinauf zum Hochplateau **Ciampedie** (2000 m). Mit seinen grünen Almwiesen und malerischen Berggasthöfen ist es ein guter Ausgangspunkt für erlebnisreiche Wanderungen. Im Winter lockt hier ein kleines, aber anspruchsvolles Skigebiet. Zudem gibt es reizvolle Touren für Schneeschuhgänger mit guter Kondition und Bergerfahrung. Atemberaubend ist der Blick von hier zum *Rosengarten*

(Catinaccio), zur *Roda di Vaèl* (2806 m) und zu den *Pale di San Martino*.

Bei der Apotheke von Vigo di Fassa beginnt ein aussichtsreicher, etwa zweistündiger Spaziergang über die Strada de Piz und Strada de Sent'Uiana zur spätgotischen **Chiesa di Santa Giuliana**. Im Inneren sind besonders die Fresken der Apsis sehenswert, die in der zweiten Hälfte des 15. Jh. vermutlich von Künstlern der Brixener Schule gemalt wurden. Den kunstvoll geschnitzten *Hochaltar* (1517) mit Madonna und Kind im Kreise von Heiligen schuf der Bozener Giorgio Artz.

Folgt man dem Talverlauf weiter Richtung Pozza di Fassa, passiert man unmittelbar nach Vigo den Flecken **San Giovanni** mit seiner 1489 geweihten gotischen Pfarrkirche. In einem Bau mit Bruchsteinsockel und gelber Fassade ist das **Museo Ladin de Fascia** (Tel. 0462760182, www.istladin.net, 10. Juni–10. Sept. und 20. Dez.–6. Jan tgl. 10–12.30 und 15–19 Uhr, sonst Di–Sa 15–19 Uhr, Nov. geschl., Führungen auf Voranmeldung) ansässig, welches in den vom Mailänder Architekt Ettore Sottsass (1917–2007) gestalteten Räumen die Geschichte des Val di Fassa illustriert. Im Erdgeschoss sind die Ladiner und die Urgeschichte ihrer Heimat das Thema. Im Zwischengeschoss geht es um das Gemeinwesen, Rituale und Bräuche, die handwerkliche und künstlerische Produktion. Das Obergeschoss widmet sich Geschichte und Kultur vom Mittelalter bis in die Gegenwart. Dokumentiert werden Meilensteine wie das Konzil von Trient und die Anfänge des Alpinismus. Ein Glanzlicht unter den geschmackvoll präsentierten Exponaten ist die holzverkleidete *Stua* (Stube) aus dem 18. Jh., die von einem Hof in Pera stammt. Wichtigstes Möbel war die *Musica*, ein gemauerter Ofen mit hölzerner Ofenbank und einem Aufbau, der in Winternächten zur Bettstatt wurde.

Um das 2 km entfernte Dorf **Pozza di Fassa** am Ostufer des Avisio stehen die wilden Berggipfel des Rosengartens Spalier, und auch die imposanten Felstürme der *Torri del Vajolet* liegen im Blickfeld. Das Zentrum von Pozza empfängt Besucher mit der *Piazza Municipio*. Dahinter laden kleine Straßen mit vielen hübschen Geschäften zum Bummeln ein. Immer wieder sieht man in den Auslagen schöne Holzschnitzereien. Seit 1941 werden im hiesigen **Istituto d'Arte Giuseppe Soraperra** Holzbildhauer und Restaurateure ausgebildet.

Pozza liegt in unmittelbarer Nähe der Pisten von **Aloch** und **Buffaure.** Im Sommer gelangt man per Gondel hinauf in das Almgebiet mit Blick auf Rosengarten, Latemar und Langkofel.

Wie ein Dolomiten-Konzentrat wirkt das malerische **Val San Nicolò**, das sich östlich von Pozza in die Hänge gräbt. Von der Gaststätte am Talende kann man binnen zwei Stunden auf dem Weg Nr. 608 zum aussichtsreichen Rifugio aufsteigen. Im Sommer grasen auf den Weiden die Kühe, deren Milch zum aromatischen Käse namens *Puzzone* verarbeitet wird.

1 km weiter liegt gleichfalls am Avisio das Dorf **Pera di Fassa** mit der **Molin de**

Regionalgeschichte modern und ansprechend präsentiert – Museo Ladin de Fascia

Zünftige Wohnkultur – Bergbauernhaus mit bemalter Fassade in Canazei

Pezol (Strada Jumela, Tel. 0462764089, 20. Juni–10. Sept. Mo–Sa 10–12 und 15–19 Uhr, Führungen und weitere Öffnungszeiten auf Voranmeldung). Die 1800 in Betrieb genommene Mühle ist heute Museum. Sie verfügt über drei hydraulischen Schaufelräder, zwei Mühlsteine für Getreide und einer Enthülsungsmaschine für Gerste.

Als Keimzelle des Tourismus im Val di Fassa gilt das 7 km nordöstlich von Pera gelegene **Campitello di Fassa** zu Füßen des *Col Rodella* (2485 m), den man per Seilbahn erklimmen kann. Er fungiert im Winter als Skigebiet, begeistert aber vor allem mit Panoramablicken auf Latemar, Rosengarten, Langkofel, Sellagruppe und Marmolada.

Das 3 km von Campitello entfernte **Canazei** ist heute das touristische Zentrum des Val di Fassa. Zwischen Marmolada und Sellagruppe gelegen, erweist es sich als idealer Standort für Bergsportler, welche die zahllosen Wanderwege, Klettersteige, Skipisten und Loipen erkunden möchten. Zugleich ist Canazei ein viel

Da lacht das Skifahrerherz – der berühmte Dolomitenrundkurs Sella Ronda

umschwärmtes Zentrum der *Drachen- und Gleitschirmflieger* (Paraglidingschule, www.dolomitihighfly.com). Hübsch bemalte Fassaden prägen das Straßenbild des lebhaften Ortes. Die **Cèsa Bernard** (Stréda Dolomites 52) etwa präsentiert die Wappen der Talgemeinden und illustriert die Spitznamen ihrer Bewohner, z. B. die *Porcie* (Schweine) aus Moena und die *Béches* (Ziegenböcke) aus Campitello. Den Rahmen bilden Medaillons mit Porträts von Würdenträgern und Berühmtheiten wie die Bergsteigerlegende *Tita Piaz*. Zum üppigen Fassadendekor des **Schloss Hotels Dolomiti** (Strèda Dolomites 66) gehört ein Porträt Kaiser Franz Josephs am Erker. Auf der zentralen **Piazza Guglielmo Marconi** wiederum präsentiert das blaue Haus ein *Glockenspiel* (tgl. 11, 17 Uhr) mit Tänzern.

Von Canazei kommt man auf der Großen Dolomitenstraße nach 12 km zum **Passo Pordoi** (2239 m), dem höchsten Punkt der Panoramastrecke an der Grenze zu Venetien. Ein Bronzedenkmal zeigt den fünffachen Giro-d'Italia-Sieger *Fausto Coppi* (1919–1960) in Aktion auf der Dolomiten-Etappe des Giro. Der Passo Pordoi gehört auch zum Dolomitenrundkurs *Sella Ronda* und zum Verbund *Dolomiti Superski* (www.dolomitisuperski.com). Im Sommer locken meist leichte Wanderwege. Nach weiteren 11 km ist der **Passo Sella** (2240 m) mit seinem Ski- und Wandergebiet erreicht.

In Kehren geht es vom Passo Pordoi hinunter ins **Buchenstein** (Livinallongo), dem obersten Teil des Cordevole-Tales. Bei Arabba zweigt die Straße nordwärts über den *Campolongosattel* (1875 m) nach Corvara ab. Über dem Hauptort Buchenstein (Pieve di Livinallongo) ragt der im Ersten Weltkrieg hart umkämpfte *Col di Lana* (2462 m) auf, dessen Gipfel die Italiener 1916 unterminierten und mitsamt der österreichischen Besatzung in die Luft sprengten. Auf der weiteren Strecke zum *Falzaregopass* (2105 m) und nach Cortina d'Ampezzo erhebt sich mitten im Tal, kühn auf einen riesigen Findlingsblock gebaut, die malerische Ruine von *Schloss Andraz*, auch ›Schloss Buchenstein‹ genannt. Die Burg kam im 13. Jh. in den Besitz des Hochstifts Brixen. Während seines Streits mit der Äbtissin des Klosters Sonnenburg [vgl. Nr. 15] und dem Landesfürsten suchte Kardinal Nikolaus von Kues hier im 15. Jh. Zuflucht.

Fährt man von Canazei Richtung Osten, kann man in **Penia** einen Zwischenstopp beim heute als Museum aufbereiteten Sägewerk **Sia** (Via Pian Trevisan, Tel. 04 62 60 16 53, 20. Juni–10. Sept. Mo–Sa 10–12 und 15–19 Uhr, sonst auf Voranmeldung) einlegen, das seit dem 16. Jh. vom Avisio angetrieben wird. Die heutige Anlage stammt von 1929. Die Marmolada im Blick geht es weiter zum **Passo Fedaia** auf 2057 m Höhe. Beeindruckend ist der Blick über den tiefblauen Stausee Lago di Fedaia, die Passhöhe und die *Civetta*.

Auf die **Marmolada**, die Königin der Dolomiten, gondelt man per *Seilbahn* (Anfang Dez.–Ostern, Juni–Anfang Sept. tgl. 9–16 Uhr) in drei Sektionen von Malga Ciapela 6 km unterhalb des Lago di Fe-

Die Große Dolomitenstraße

Sie war keine zwingende Notwendigkeit, als man sie plante, denn die Orte, die sie verbindet, hatten damals alle schon genügenden Anschluss an die Außenwelt. Sie sollte auch gar nicht ›Dolomitenstraße‹ heißen, sondern **›Kaiserstraße‹** – eine Huldigung an Kaiser Franz Joseph zu seinem 50. Regierungsjubiläum, das er 1898 feiern konnte. Das mit der ›Kaiserstraße‹ hat sich von Anfang an nie durchgesetzt, und auf voller Länge dem Verkehr übergeben wurden die 109 km zwischen Bozen und Cortina d'Ampezzo auch erst 1909.

Der Plan einer Straße quer durch die wunderbare Landschaft der Dolomiten ging vom damaligen Deutschen und Österreichischen Alpenverein aus. Hauptträger der Idee waren **Dr. Theodor Christomannos** von der Sektion Meran und **Albert Wachtler** von der Sektion Bozen. Nicht nur Alpinisten, sondern einfache Touristen sollten in die erhabene Welt der ›Bleichen Berge‹ eindringen können. Und das tun sie seither auch in steigender Zahl, haben der Großen Dolomitenstraße längst den Ruf der berühmtesten unter allen Alpenstraßen eingebracht, deren schönstes Bild gewiss der **Karersee** mit den Wänden des Latemar ist. Der höchste Punkt der ganzjährig offenen Straße ist das 2239 m hohe **Passo Pordoi**. Der Herbst ist übrigens die beste Zeit für eine Fahrt durch die Zauberwelt der Dolomiten. Wer dafür ein paar Tage brauchen darf, kann sich zu den Glücklichen rechnen.

daia über Banc und Marmolada Serauta zur *Punta di Rocca* (3309 m). Es geht mitten hinein in ein schroffes Felsenmeer, Bergkette um Bergkette türmt sich vor dem Betrachter auf. Höchster Gipfel der Marmolada und der gesamten Dolomiten ist die *Punta Penia* mit 3343 m. Rund um die Marmolada gibt es zahlreiche Klettersteige.

Wanderfreuden rund um den Passo Pordoi

Von Canazei gelangt man über die Große Dolomitenstraße oder per Seilbahn hinauf zum Passo Pordoi mit dem Berghaus Belvedere. Es bietet nicht nur ein fantastisches Panorama, sondern ist Ausgangspunkt für erlebnisreiche Wanderungen. Eine der schönsten geht über den **Viel dal Pan** (Bindelweg, Nr. 601), der in etwa 3 Std. zum Lago della Fedaia am **Passo Fedaia** führt und herrliche Ausblicke auf die eisige Nordflanke der Marmolada gewährt. Ein Teilabschnitt des aussichtsreichen **Dolomiten-Höhenwegs Nr. 2** wiederum geht durch die Pordoischarte zum *Sass Pordoi* (2950 m) hinauf, der aber auch per Seilbahn zu erreichen ist. Auf dem schon zur Sellagruppe gehörigen Felsmassiv locken Panoramaterrasse und Restaurant. Von hier sind Klettersteige und weitere Wanderwege zugänglich, darunter auch die etwa einstündige Strecke hinauf zum stets gut besuchten Gipfel des **Piz Boè** (3152 m), des einzigen Dreitausenders der Sellagruppe.

Praktische Hinweise

Information

Tourismusverband Fassatal, Strèda Roma 36, Canazei, Tel. 04 62 60 95 00, www.fassa.com

Fremdenverkehrsbüro Canazei, Piaz Marconi 5, Canazei, Tel. 04 62 60 96 00

Hotels

****Hotel Maria**, Strada de Sen Pelegrin 1, Moena, Tel. 04 62 57 32 65, www.hotelmaria.com. Boutiquehotel (37 Zi.) mit Wellness und ambitionierter Küche.

****La Cacciatora**, Via de Contrin 26, Alba di Canazei, Tel. 04 62 60 14 11, www.lacacciatora.it. Komfortables Berghotel in herrlicher Lage mit gutem Restaurant.

****Hotel Croce Bianca Leisure & Spa**, Strèda Roma 3, Canazei, Tel. 04 62 60 11 11, www.hotelcrocebianca.com. Traditionsreiches Haus unweit der Lifte.

***Hotel Terme Antico Bagno**, Strada di Bagnes 23, Pozza di Fassa, Tel. 04 62 76 32 32, www.hoteltermeanticobagno.it. Das Hotel bietet Therapien mit dem Thermalwasser des Alloch.

Rifugio Viel dal Pan, Sasso Cappello, Marmolada, Mobil 0039/33 93 86 52 41, www.rifugiovieldalpan.com. Berghütte am ›Weg des Brotes‹ mit phänomenaler Terrasse über dem Lago di Fedaia. Zu erreichen von Canazei aus über Gondel nach Pecol, dann weiter mit der Seilbahn und 40 Min. Wanderung auf Weg 601.

Restaurants

La Montanara, Strèda Dolomites 183, Canazei, Tel. 04 62 60 13 52. Gemütliche Osteria mit Köstlichkeiten der Region.

Malga Panna, Strada de Sort 64, Moena, Tel. 04 62 57 34 89, www.malgapanna.it. Das elegant-rustikale Lokal auf der Alm kredenzt Highlights wie Tagliolini mit Steinpilzen und Hirsch mit Wacholder (in der Nebensaison Mo geschl.).

Rifugio Fuciade, Passo San Pellegrino, Moena, Tel. 04 62 57 42 81, www.fuciade.it. Die Berghütte (7 Zi.) mit Blick auf die Pale di San Martino erreicht man zu Fuß in 45 Min. vom Hotel Miralago (www.albergomiralago.com). Zu den Spezialitäten gehören nach alten Rezepten zubereitete ladinische Gerichte.

Vor den Bergriesen um Cortina wirkt auch der Turm von St. Philipp und Jakob zwergenhaft

62 Cortina d'Ampezzo

Die ›Hauptstadt der Dolomiten‹ war auch Austragungsort Olympischer Winterspiele.

Zur ›Magnifica Comunità‹ wurde Cortina d'Ampezzo 1487 von Venedig erhoben, und diesen Titel führt es heute noch. So ist es ganz selbstverständlich, wenn so eine ›Herrliche Gemeinde‹ mit Türmen und Toren glänzen kann. Die Tore bilden dabei die Talöffnungen, durch die aus allen vier Himmelsrichtungen die Straßen vom Gebirge her in die Stadt einfallen.

Die Türme aber sind uneinnehmbar und so hoch, wie sie keine andere Stadt der Welt haben kann. Sie sind aus hellem Dolomit gebaut und haben Namen: der Nordturm ist der Monte Cristallo (3216 m), der Südturm heißt Monte Pelmo (3168 m), im Osten steht der Sorapis (3205 m) und das Westwerk ist mit drei drohenden Türmen besetzt, der Tofana di mezzo (3244 m), der Tofana di dentro (3238 m) und der Tofana di Rozes (3224 m).

Und dass dann diese Stadt eine ›Freccia nel cielo‹, einen ›Himmelspfeil‹ auf die höchste der Tofanen in Gestalt einer modernen Drei-Sektionen-Großkabinenbahn richten kann, das macht es eben auch aus, das ›Magnifica‹.

Auf die Erde zurückgeholt, kann man immerhin noch feststellen, dass Cortina d'Ampezzo der größte, bekannteste und bedeutendste **Luftkurort** und **Wintersportplatz** in den Dolomiten ist, daher auch ›Hauptstadt der Dolomiten‹ genannt wird. Etwa 7000 Ampezzaner teilen diese Ehren, waren 1956 Gastgeber der VII. Olympischen Winterspiele und verstehen es, immer wieder spektakuläre Ereignisse in die Conca d'Ampezzo, in das Ampezzaner Talbecken, zu bringen.

Geschichte Die verstreuten Weiler im Ampezzo waren im frühen Mittelalter unter der Herrschaft des Stiftes Innichen [Nr. 26]. ›Heiden‹ oder ›Heidental‹ nannte man es dort draußen im Pustertal, vermutlich weil die Ampezzaner noch nicht christlich geworden waren. Um 1130 kam das Tal an die Grafen von Camino, die es vom Patriarchen von Aquileia zu Lehen hatten. Als Kaiser Maximilian I. im Krieg gegen Venedig Sieger blieb, wurden die Ampezzaner 1511 Tiroler und blieben es – bis auf kurze Unterbrechung in den napoleonischen Zeiten – bis zum Zwangsanschluss an Italien im Jahr 1919. Inzwischen gehört es zum Veneto. Im Ampezzo wurde ladinisch gesprochen, doch hat diese Sprache in den letzten Jahrzehnten an Bedeutung verloren.

Besichtigung Die Fußgängerzone des **Corso Italia** ist die Hauptgeschäftsstraße. Dort steht die **Ciasa de ra Regoles**, einst Sitz jener Genossenschaft, die seit dem frühen Mittelalter die im Ampezzo geltenden Weide- und Waldrechte verwaltet. Heute ist hier das *Museo d'Arte moderna Mario Rimoldi* untergebracht, eine Sammlung von Malerei des 20. Jh. (Corso d'Italia 69, Tel. 04 36 86 62 22, www.musei.regole.it, Juli–Mitte Sept. und Weihnachten–Ostern tgl. 10.30–12.30 und 16–19.30 Uhr).

Etwas zurückgesetzt steht die Pfarrkirche **St. Philipp und Jakob** (1776). Josef und Anton Costa aus Wengen im Val Badia haben hier Tiroler Rokoko und italienischen Monumental-Barock vereint. Der frei stehende Glockenturm von 1853 ist über 233 Stufen zu besteigen. Die Deckengemälde schuf Franz Anton Zeiller aus Reutte in Tirol. Er versah auch die barocke Wallfahrtskirche **Madonna della Difesa** (1743) beim Friedhof mit Bildern.

Ganz mit Holz verkleidet, fügt sich das **Olympia-Eisstadion** von 1956 (auch im Sommer geöffnet) harmonisch in das Ortsbild ein. Vor dem Stadion erinnert ein Denkmal an den französischen Mineralogen Déodat de Dolomieu (1750–1801), nach dem das Dolomitgestein benannt wurde. Oberhalb des Stadions, an der Via del Castello, sind malerische Reste des Castel Zanna aus dem 16. Jh. erhalten.

In einem alten Sägewerk im Ortsteil Pontechiesa führt das *Museo Etnografico* (Via Marangoni 1, Tel. 04 36 22 06, www.musei.regole.it) durch die Geschichte der Regole d'Ampezzo, jener Genossenschaft, die seit Jahrhunderten die Weiderechte um Cortina verwaltete. Außerdem wird altes Bauernwerkzeug gezeigt. Auch das *Museo Paleontologico* ist hier untergebracht.

Ausflüge

Ein leichtes Ziel ist die **Tofana di mezzo** (3244 m). Die Großkabinenbahn ›Freccia nel cielo‹ bringt Besucher über zwei Umsteigstationen bis unter den Gipfel, den man dann zu Fuß in knapp 10 Min. erreicht. Schier unumgänglich ist eine Fahrt über den Pass Tre Croci (1809 m) zum 20 km entfernten, herrlich klaren **Misurinasee** (1745 m) und weiter zur Auronzohütte, von der aus man meistens mehrere Seilschaften auf ihrem Weg durch die Wände der **Drei Zinnen** (Große Zinne, 2998 m) beobachten kann.

Man sollte auch die 30 km nach **Pieve di Cadore** nicht scheuen. Hier kam 1477 der große Renaissancekünstler Tiziano Vecellio (†1576) zur Welt. In seinem Geburtshaus, etwas abseits des Dorfplatzes, befindet sich eine kleine Ausstellung über ihn. Das einzige Bild, das er für seine Heimatgemeinde malte, bewahrt die *Pfarrkirche* als kostbarsten Schatz: eine Madonna zwischen dem hl. Andreas und dem hl. Bischof Tizian. Ein Kopf im Hintergrund dieses Gemäldes von 1560 trägt die Züge des Malers.

Nur wenige Schritte sind es von der Kirche zur Piazza Tiziano, den eine Statue des Künstlers, mit Malerpalette in der Hand, überblickt. Hier steht auch der Palazzo der *Magnifica Comunita' di Cadore* (Piazza Tiziano 2, www.magnificacomunitadicadore.it) von 1588 mit seinem von Zinnen gekrönten Turm. Wie in Cortina verwaltet die Comunita' die Weiden und Wälder der Umgebung im Namen der örtlichen Bauern. Im zweiten Stock ist eine Schau zur Regionalgeschichte zu sehen.

Weil Pieve lange Jahre ein bedeutender Standort des Brillenbaus war, wurde das *Museo dell Occhiale* (Via Arsenale 15, Tel. 04 35 32 29 53, www.museodellocchiale.it, Sept.–Juni Di–Sa 9.30–12.30 und 15.30–18.30, Juli/Aug. tgl. 9.30–12.30 und 16–19 Uhr) etwas außerhalb der Altstadt jenseits der Nationalstraße eingerichtet. In einem lichten Bau zeichnet es den Weg von den ersten Sehhilfen zu den Brillen der Gegenwart nach. Auch opulent verzierte Brillenetuis, etwa aus China, gibt es zu sehen.

i Praktische Hinweise

Information

Azienda Promozione Turistica N° 1 Dolomiti, Piazzetta San Francesco 8, Cortina d'Ampezzo, Tel. 04 36 32 31, www.infodolomiti.it

63 Gadertal
Val Badia

In diesem Tal der Ladiner hat jeder Ort drei Namen.

Das Gadertal wird vorwiegend von Ladinern bewohnt. So tragen die Ortsschilder nicht nur deutsche und italienische, sondern auch ladinische Namen. Vom Taleingang bei St. Lorenzen im Pustertal bis zum Talschluss am Campolongopass (1875 m) sind es gut 35 km, durchflossen wird es von der Gader, die bei St. Lo-

Zum Baden viel zu kalt, doch zum Tretbootfahren ideal ist der Misurinasee

renzen in die Rienz mündet. Ihr verdankt das Tal seinen deutschen Namen.

Der ladinische und italienische Name geht auf den Umstand zurück, dass das Tal bis zur Säkularisation zur Benediktinerinnenabtei (Badia Benedettina) Sonnenburg gehörte.

Fünf Gemeinden teilen sich das Tal. Von Nord nach Süd aufsteigend sind dies – die ladinischen Namen in Klammern – Enneberg mit St. Vigil, Wengen (La Val), Abtei (Badia, Verwaltung in Pedraces) mit St. Leonhard (S. Linart), Stern (La Ila) und St. Kassian (S. Ciascian) sowie Corvara und Colfuschg (Colfosch).

Die Straße durchs Tal überwindet vom Pustertal aus zunächst die Mündungsschlucht des Gaderbachs und erreicht dann Zwischenwasser. Hier bietet sich ein Abstecher ins nach Südosten abzweigende und vom Vigilbach durchflossene **Rautal** an. Erster Ort ist *St. Vigil* mit seiner sehenswerten Pfarrkirche (Franz Singer, 1781/82), einem prächtigen Barockbau, dessen Deckenfresken Spätwerke von Matthäus Günther sind (im Chor ›Glorie des hl. Franz Xaver‹, im Langhaus ›Steinigung des hl. Vigilius‹).

Eine Nebenstraße führt von dem Weiler St. Vigil hinauf nach *Enneberg* (ladinisch Mareo), dessen hübsches Dorfbild von touristischen Bauten weitgehend verschont blieb. Die Pfarrkirche trägt prächtige Fassadenmalerei. Im barocken Hochaltar steht eine früher viel verehrte Madonnenfigur, um 1430.

Wieder zurück im Gadertal, wird als nächstgrößere Ortschaft **St. Martin in Thurn** (ladinisch S. Martin de Tor) erreicht. Dominante des Ortes ist Schloss Thurn mit dem *Museum Ladin Ciastel de Tor* (Torstr. 65, Tel. 0474524020, www.museumladin.it, Ostern–Okt. Di–Sa 10–18, So 14–18, Jan.–März Mi–Fr 14–18 Uhr), das Kultur und Geschichte der ladinischen Volksgruppe dokumentiert. Zugleich ist St. Martin Sitz des Ladinischen Kulturinstituts *Micurà de Rü* (Stuflesstr. 20, Tel. 0474523110, www.micura.it, Mo–Do 10–12 und 15–17, Fr 10–12 Uhr), in dessen Ausstellungsräumen und Bibliothek man das ladinische Wesen näher kennen lernen kann.

Von St. Martin in Thurn entführt nach Südwesten ein Sträßlein in das recht stille Tal von *Campill*, während nach Westen die Straße zum *Würzjoch* (2006 m) abzweigt. Unterwegs wird Untermoi mit **Bad Valdander** passiert, einem echten Südtiroler ›Bauernbadl‹. Familie Planatscher von der *Albergo Bagni Valdander* (Untermoi, Tel. 0474520005, www.valdander.com) erwärmt das nur 5 Grad kalte Quellwasser auf gut 39 Grad und leitet es dann in eine Holzwanne, in der der Badegast eine gute halbe Stunde verbringt.

Jenseits der Passhöhe kommt man ins Gebiet der Plose bei Brixen [Nr. 6]. Diese ›Brixner Dolomitenstraße‹ mit ihrem in

Hoch über Wengen stößt man immer wieder auf typisch rätoromanische Weiler

das Tal von Villnöß [Nr. 8] abzweigenden Ast erfreut sich wegen der landschaftlichen Schönheit großer Beliebtheit.

Wieder zurück im Gadertal erreicht man **Wengen** auf einer in Pederoa abzweigenden Straße. In diesem abgeschiedenen Winkel hat sich die rätoromanische Siedlungs- und Bauform in zahlreichen ›Viles‹ erhalten, den an sonnseitigen Hängen verstreuten Weilern. Diese Anwesen – meist ›Paarhöfe‹ mit nebeneinander liegendem Wohn- und Futterhaus – drängen sich dicht an dicht. Dem aus Stein gebauten Unterstock ist ein weit auskragender Oberstock aus Holz aufgesetzt, Balkone und Gebälk sind mit schönen Schnitzereien, die Mauern mit Fresken verziert.

Mit einigen Serpentinen überwindet die Gadertalstraße dann die Geländestufe ins **Alta Badia**, das Hochabteital. Besonders in den Wintermonaten herrscht hier reger Betrieb. Sein erstes Dorf ist **St. Leonhard**. Die dortige *Pfarrkirche* wurde ab 1776 von Franz Singer errichtet und mit reichem Stuck versehen. Zwei Jahre später fügte Matthäus Günther die Ausschmückung in Form von Fresken hinzu. Mit dem Gondellift gelangt man von St. Leonhard zur Wallfahrtskirche *Heiligkreuz*. Dort oben steht man dann unmittelbar unter den schroffen Kreuzkofelwänden (Heiligkreuzkofel, 2908 m).

Unbestrittenes touristisches Zentrum des Alta Badia sind **Corvara** und **Colfuschg**, beide in einem von der Sellagruppe und dem Sas Songher (2665 m) überragten Talkessel gelegen, aus dem Straßen über das Grödner Joch einerseits und den Campolongosattel andererseits führen. Corvara besitzt in der alten Pfarrkirche *St. Katharina* den einzigen Flügelaltar (um 1520) des Abteitales. Von außergewöhnlicher künstlerischer Qualität ist das Flügelgemälde ›Enthauptung der hl. Katharina‹. Die Dramatik der Szene wie auch der Landschaft lassen in dem unbekannten Künstler einen hoch begabten Meister aus dem Kreis Albrecht Altdorfers und der Donauschule vermuten.

Auf die Fanesalpe

Am Ende der Straße durchs Rautal, das bei Zwischenwasser vom Gadertal abzweigt, befindet sich das Berggasthaus Pederü (1548 m, Val dai Tamersc, www.pederue.it). Von ihm aus kann man in den großartigen **Naturpark Fanes-Sennes-Prags** aufbrechen. Erstes Ziel ist die *Faneshütte* (Tel. 0474501097, www.rifugiofanes.com, ca. 2 h) auf der Kleinen Fanesalpe (2038 m). Dort befindet man sich im Reich des Sagenkönigs Fanes, das der Legende nach unterging, weil sich die Ladiner von den als heilig geltenden Murmeltieren abwandten.

Von der Faneshütte aus ist die Gipfelregion des *Monte Castello* (2760 m, einfach 2,5 h, 800 HM) auf gutem Weg zu erreichen, der letzte Anstieg bleibt allerdings ausgewiesenen Kletterern vorbehalten. Unterwegs zeugen in den Fels gehauene Schützengräben von den Kämpfen zwischen Österreichern und Italienern im Ersten Weltkrieg. Den Gipfel des *Monte Casale* (2894 m, ab Faneshütte einfach 3,5 h, 920 HM) erschließt auf den letzten Metern gar eine einstige Militärstraße, befand sich dort doch ein Stützpunkt.

Praktische Hinweise

Information

Tourismusverband Alta Badia, Col Alt 36, Corvara, Tel. 0471836176, www.altabadia.org

Tourismusverein St. Martin in Thurn, Tor 18, St. Martin, Tel. 0474523175, www.sanmartin.it

Tourismusverein St. Vigil/Enneberg, Catarina-Lanz-Str. 14, Tel. 0474501037, www.sanvigilio.com

Tourismusverein Wengen, San Senese 1, Wengen, Tel. 0471843072, www.laval.it

Sport

St. Vigil in Enneberg hat mit Sesselbahnen Anschluss an das Wintersportgebiet **Kronplatz** [vgl. Nr. 16], das ebenso wie das **Hochabteital** mit Corvara/Colfuschg und Badia zum Skizirkus *Dolomiti Superski* (www.dolomitisuperski.com) gehört. 130 km Piste verbinden 2 Großkabinenbahnen, 1 Gondelbahn, insgesamt 58 Schlepplifte. Für die winterliche Umrundung der Sella, die 26 km lange **Sellaronda**, stehen mehrere Aufstiegshilfen zur Verfügung. Die Liftkapazität beträgt 65000 Personen/Std.

64 Grödner Tal
Val Gardena/Gherdëina

Berühmte Holzschnitzereien und beträchtlicher Touristenrummel.

Gröden, ladinisch ›Gherdëina‹, ist neben dem Gadertal das zweite der beiden ladinischen Täler Südtirols. Es zählt zu den meistbesuchten **Urlaubs-** und **Wintersportgebieten** in den Alpen.

Zwei Straßen führen vom Eisacktal ins Grödner Tal, die eine beginnt in Waidbruck [Nr. 10] und zwängt sich durch die Schlucht des wilden Grödner Bachs zu lichteren Höhen empor, die andere hat Klausen [Nr. 9] als Ausgangspunkt und zieht am sonnigen Hang als Höhenstraße nach Pontives, wo sich beide Straßen treffen. Hier ist die ›Ladinische Pforte‹, der Eingang ins Land der Ladiner.

Wer von Gröden spricht, denkt natürlich an die in aller Welt bekannten Erzeugnisse der **Grödner Holzschnitzer**. Als Begründer dieses Erwerbszweiges im Tal gilt der um 1580 geborene Christian Trebinger aus St. Christina. Ihm folgte Melchior Vinatzer (1622–1689), Stammvater einer Schnitzer-Dynastie, aus der an die 20 Bildhauer hervorgingen. Später wurden Namen wie Ferdinand Demetz

(1842–1902) oder Hans Perathoner (1872–1946) bekannt, und die Familie Moroder hat bis in unsere Zeit herein immer wieder begabte Künstler hervorgebracht. So stammt auch der Elektro-Musik-Pionier Giorgio Moroder aus dem Grödner Tal.

Seit dem 18. Jh. sorgten Grödner Wanderhändler und in großen Städten niedergelassene Kaufleute für den Vertrieb der Grödner Ware. 1872 wurde die noch bestehende Holzschnitzschule in St. Ulrich eröffnet. Gelegentlich wird die Industrialisierung der Grödner Holzschnitzkunst kritisiert. Man sollte aber bedenken, dass jeder Schnitzerort seit Alters her eine Art Fließbandarbeit kannte, bei der in Heimarbeit jedes Haus bestimmte Stücke oder sogar Teile nach Schablone anfertigte. Das Grödner Gütesiegel ›hand-carved‹, ›handgeschnitzt‹ bezeugt dem Käufer echtes einheimisches Kunsthandwerk.

St. Ulrich (Ortisei) ist der Hauptort im Grödner Tal. Der Markt hat das Gesicht eines internationalen Luftkurorts und Wintersportplatzes, mit all der dazugehörenden Geschäftigkeit. Seilbahnen erschließen die herrliche Bergwelt rundum – Raschötz, Seceda und die Seiser Alm [Nr. 11].

Mitten im Ort steht die Pfarrkirche *St. Ulrich*, ein 1797 geweihter und 1906 erweiterter Barockbau mit üppiger Ausstattung, von der die Deckengemälde (1795) von Franz und Josef Kirchebner hervorzuheben sind.

TOP TIPP Das **Museum Gherdëina** (Reziastr. 83, Tel. 0471797554, www.museumgherdeina.it, Mitte Mai–Okt. Mo–Fr 10–12 und 14–18 Uhr, Juli/Aug. Mo–Sa 10–12 und 14–18 Uhr, Jan.–März Di–Fr 10–12 und 14–17 Uhr) in der *Cësa di Ladins* dokumentiert 300 Jahre Holzschnitzkunst, Archäologie, Geologie, Fauna und Flora des Tales. Eine Dauerausstellung widmet sich Luis Trenker (1892–1990), der von hier stammte. Das Denkmal zu Ehren des Bergsteigers, Schauspielers und Schriftstellers steht an der nach ihm benannten Promenade.

Jenseits des Grödner Baches befindet sich das Schwimmbad *Mar Dolomit* (Promenade 2, Tel. 0471797131, www.mardolomit.com). Mit Freibad und Saunen sowie einer rasanten Wasserrutsche sorgt es für reichlich Abwechslung.

Oberhalb der Gondel-Talstation Seceda (Annatalstraße, www.seceda.it) kann man außerdem auf dem abenteuerlichen **Erlebnis-Hochseilweg Col de Flam** (Tel. 0039/3338806080, www.coldeflam.it) die eigene Schwindelfreiheit einer ernsten Prüfung unterziehen.

Ein Sträßlein führt hinauf zu den wenigen Häusern von **St. Jakob**, von dort ist es nicht weit bis zur Kirche *St. Jakob*, dem ältesten Gotteshaus im Tal, wunderhübsch vor den Zacken der Langkofelgruppe gelegen. Der Chor ist außen und innen mit Fresken der ›Bozner Schule‹ geschmückt. Den barocken Hochaltar ziert ein Gemälde von Franz Sebald Unterberger (1751) und Kopien (Originale im Museum) von Skulpturen, die wohl Kassian Vinatzer schuf.

Über **St. Christina** baut sich im Norden die Geislergruppe und im Süden die Langkofelgruppe (3181 m) auf, ein großartiges Panorama, das man gut von der Hochterrasse Monte Pana (Sessellift, Straße) aus genießen kann. Talaufwärts gegen Wolkenstein bietet der Renaissancebau der in Privatbesitz befindlichen **Fischburg** (1622–41) ein pittoreskes Bild. Zu besichtigen ist nur der Arkadenhof. Den Namen hat die Burg von einer Fischzucht, die der Bauherr, Engelhard Dietrich Graf von Wolkenstein-Trostburg, anlegen ließ. Erlebnisreich ist ferner die Auffahrt mit dem Gondellift zum Col Raiser (2106 m). Von der nahen Fermeda-Hütte kann man mit einem Sessellift noch weiter bis zur Seceda (2518 m) gelangen und von dort nach St. Ulrich hinabschweben.

Wolkenstein (Selva) verdankt seinen touristischen Aufstieg den Dolomitenriesen rings um die Talmulde. Seilbahnen bringen Skifahrer und Wanderer auf den Hausberg Ciampinoi (2255 m). Die Gondelbahn Danterceppies endet auf 2343 m in Cir, unter dem Kamm der Cirspitzen (Tschierspitzen, 2592 m).

Am Eingang zum Langental klebt die Ruine der **Burg Wolkenstein** an einer Felsenwand. Von den Herren von Maulrappen erbaut, kam Wolkenstein 1291 an Randolt von Villanders, den Ahnherrn derer von Wolkenstein. Das Langental selbst bietet viele Wandermöglichkeiten.

i Praktische Hinweise

Information

Tourismusverband Grödnertal, Tel. 0471777777, www.valgardena.it

Tourismusverein St. Christina, Chemunstr. 9, St. Christina, Tel. 0471777800

Tourismusverein St. Ulrich, Reziastr. 1, St. Ulrich, Tel. 0471777600

Tourismusverein Wolkenstein, Mëisulesstr. 213, Wolkenstein, Tel. 0471777900

An warmen Sommertagen scheint die Bergbauernwelt im Grödner Tal noch in Ordnung

Einkaufen

Nach Souvenirs muss man in Gröden nicht suchen. Überall wird geschnitzt, auch auf Wunsch und Bestellung. Grödner Spielwaren aus Holz z. B. sind heute auch bei Erwachsenen beliebt. Einen Überblick über das geschnitzten Angebots bietet die **Musterschau des Grödner Kunsthandwerks** (Weihnachten–Ostern und Juni–Okt. Mo–Sa 10–12 und 15–19 Uhr) im Kongresshaus St. Ulrich.

Sport

Das ausgedehnte Skigebiet **Gröden** reicht von der Seiser Alm (Großkabinenbahn von St. Ulrich) bis hinauf zum Grödner- und Sellajoch. Jedem der drei Talorte kann man ein eigenes Gebiet zuordnen. **St. Ulrich** bietet neben der Seiser Alm die Gebiete Seceda und Col Raiser (auch von St. Christina zu erreichen), **St. Christina** hat seine Pisten auf Monte Pana und Mont de Seura, in **Wolkenstein** werden vor allem die Pisten Danterceppies und Ciampinoi geschätzt, doch kann man hier auch in die Sella Ronda einsteigen [vgl. Nr. 63]. Langläufer bevorzugen die Loipen auf der Seiser Alm und im Wolkensteiner Langental. St. Ulrich hat ein Eissportstadion, Wolkenstein die **Eishalle** Pra Nives, und der Sessellift St. Ulrich-Raschötz erschließt neben Pisten auch eine 8 km lange **Rodelbahn**. Umwelt- und gästefreundlich verkehrt linienmäßig zwischen St. Ulrich und Wolkenstein der Skibus **Gherdeina Ski Express**, der auch Zubringerlinien hat und für Feriengäste kostenlos ist.

Hotels

*******Adler Dolomiti Spa & Sport Resort**, Reziastr. 7, St. Ulrich, Tel. 0471775000, www.adler-dolomiti.com. Das ›erste Haus am Platze‹ wird seit 1810 von der Familie Sanoner geführt. Um das Hotel erstreckt sich ein eigener Park.

**** **Luna-Mondschein**, Purgerstr. 81, St. Ulrich, Tel. 0471796214, www.hotel-luna.com. Traditionshotel, seit 1870 unter Leitung der Familie Perathoner. Das hauseigene Erlebnisbad mit Wildwasserkanal, Grotte, Wasserfall und Whirlpool steht gegen Gebühr auch außerhäusigen Besuchern offen.

**** **Nives**, Nivesstr. 4, Wolkenstein, Tel. 0471773329, www.hotel-nives.com. Ganz auf der Höhe der Zeit und unmittelbar am Dorfplatz. Moderne Architektur, Wellness und ein Restaurant.

Restaurant

Medél, Mëisulesstr. 22, Wolkenstein, Tel. 0471795235. In der rustikal eingerichteten Weinbar-Pizzeria finden sich neben italienisch inspirierten Gerichten auch heimische Spezialitäten wie Speckknödel-Suppe oder Schlutzkrapfen.

Reisefilm:
Val Gardena
QR Code scannen [s. S. 5]
oder dem Link folgen:
www.adac.de/rf0008

Südtirol aktuell A bis Z

Vor Reiseantritt

ADAC Info-Service:
Tel. 018 05 10 11 12 (0,14 €/Min. aus dem dt. Festnetz, max 0,42 €/Min. aus Mobilfunknetzen).

Unter dieser Telefonnummer können ADAC Mitglieder auch kostenloses **Informations- und Kartenmaterial** anfordern. Außerdem ist im ADAC Verlag der Reiseführer Italien erschienen.

ADAC im Internet:
www.adac.de
www.adac.de/reisefuehrer

Südtirol im Internet:
www.enit.it
www.suedtirol.info

Informationen erteilt das **Italienische Fremdenverkehrsamt ENIT**:

Call Center innerhalb Italiens,
Tel. 800 117700 (gebührenfrei)

Deutschland
Barckhausstr. 10,
60325 Frankfurt/Main,
Tel. 069/237434, frankfurt@enit.de

Österreich
Kärntner Ring 4, 1010 Wien,
Tel. 01/5051639, vienna@enit.it

Schweiz
Uraniastr. 32, 8001 Zürich,
Tel. 043 466 40 40, zurich@enit.it

Allgemeine Informationen

Reisedokumente

Reisende aus Deutschland, Österreich und der Schweiz benötigen einen gültigen **Reisepass** oder **Personalausweis,** Kinder bis 12 Jahre können auch einen Kinderreisepass benutzen.

Kfz-Papiere

Führerschein und Zulassungsbescheinigung Teil 1 (vormals Fahrzeugschein) sind mitzuführen. Die Mitnahme der Internationalen Grünen Versicherungskarte wird empfohlen.

Krankenversicherung

Die Europäische Krankenversicherungskarte ist in die übliche Versicherungskarte integriert. Sie wird in ganz EU-Europa anerkannt und garantiert die medizinische Versorgung. Sicherheitshalber empfiehlt sich jedoch der Abschluss einer zusätzlichen Reisekranken- und Rückholversicherung.

Hunde und Katzen

Für Hunde und Katzen ist bei Reisen innerhalb der EU ein gültiger, vom Tierarzt ausgestellter EU Heimtierausweis vorgeschrieben, ebenso Kennzeichnung durch einen Mikrochip.

Zollbestimmungen

Reisebedarf für den persönlichen Gebrauch obliegt **innerhalb der EU** keinen Beschränkungen und darf abgabenfrei eingeführt werden. Richtmengen für den Privatreisenden: 800 Zigaretten, 400 Zigarillos, 200 Zigarren, 1 kg Tabak, 10 l Spirituosen, 20 l Zwischenerzeugnisse, 90 l Wein (max. 60 l Schaumwein), 110 l Bier.

Bei Reisen in und durch die Schweiz dürfen zollfrei mitgeführt werden: 1 Stange Zigaretten, 1 l Spirituosen über 15 % und 2 l Wein oder andere alkoholische Getränke bis 15 %, andere Waren bis zu einem Gesamtwert von 300 CHF.

Geld

Die gängigen *Kreditkarten* sowie die EC-/Maestro-Karten werden in Banken, fast allen Hotels und Geschäften akzeptiert. An allen *EC-/Maestro-Geldautomaten* kann man rund um die Uhr Geld abheben.

Tourismusämter im Land

Spezielle Informationen für den Zielort sind bei den örtlichen Tourismusvereinen [s. **Praktische Hinweise** im Haupttext] erhältlich. Umfassende Auskünfte erteilt:

Südtirol Information, Pfarrplatz 11,
I–39100 Bozen, Tel. 0471 99 99 99,
www.suedtirol.info

Notrufnummern

Einheitlicher Notruf: Tel. 112 (EU-weit, auch mobil: Polizei, Unfallrettung, Feuerwehr)

ACI-Pannenhilfe (Soccorso stradale): Tel. 80 31 16, Mobil-Tel. 800 11 68 00. Man beachte die gelben Notrufsäulen auf Autobahnen (ca. alle 2 km).

ADAC Notrufstation Monza:
Tel. 039 21 04 1 (rund um die Uhr)

ADAC Notrufzentrale München:
Tel. 00 49/89/22 22 22 (rund um die Uhr)

ADAC Ambulanzdienst München:
Tel. 00 49/89/76 76 76 (rund um die Uhr)

Österreichischer Automobil Motorrad und Touring Club
ÖAMTC Schutzbrief-Nothilfe:
Tel. 00 43 (0)1/251 20 00, www.oeamtc.at

Touring Club Schweiz
TCS Zentrale Hilfsstelle:
Tel. 00 41 (0) 224 17 22 20, www.tcs.ch

Bei Unfällen mit Sachschäden sollte man die Versicherungsnummer des Unfallgegners notieren. Bei Personenschaden muss die Polizei verständigt werden. Da landwirtschaftliche Fahrzeuge und Mopeds in Italien nicht versichert sind, sollte eine *Vollkaskoversicherung* für die Reisedauer abgeschlossen werden. Bei Autodiebstählen wende man sich an die nächste Polizeidienststelle.

Besondere Verkehrsbestimmungen

Tempolimits (in km/h): Für Pkw, Motorräder und Wohnmobile gilt innerorts 50, außerorts 90, auf Schnellstraßen 110 und auf Autobahnen 130, bei Regen jedoch nur 110. Für Wohnmobile über 3,5 t gilt außerorts 80, auf Autobahnen 100; Pkw mit Anhänger dürfen außerorts und auf Schnellstraßen max. 70, auf Autobahnen 80 fahren.

Motorrad- und Mopedfahrer müssen auch tagsüber immer mit *Abblendlicht* fahren, Autofahrer auf allen Straßen außerhalb von Orten und Stadtzentren.

Das *Nationalitätenkennzeichen* am Fahrzeug ist Pflicht, es sei denn, es besitzt ein EU-Kennzeichen.

Die *Promillegrenze* liegt bei 0,5.

Parkverbot besteht an schwarzgelb markierten Bordsteinen sowie an gelb gekennzeichneten – z. B. für Taxi und Busse reservierten – Parkflächen. Parken in Landschaftsschutzgebieten ist untersagt. Öffentliche *Parkplätze* sind durch weiße oder blaue Markierungen gekennzeichnet. Die ›blauen‹ Parkplätze sind gebührenpflichtig.

Linienbusse haben auf Pass- und Bergstraßen *Vorfahrt*, unabhängig davon, ob sie berg- oder talwärts fahren.

Die Innenstädte von Bozen und Brixen dürfen von Autos der Klassen Euro 0 und Euro 1 nicht angefahren werden.

Wichtig: Eine reflektierende *Warnweste* muss im Auto griffbereit mitgeführt und beim Verlassen des Fahrzeugs auf offener Straße – bei Pannen oder Unfällen – getragen werden. Ladung, die nach hinten überragt (Surfbretter, Boote, Fahrradständer) muss mit einer 50 x 50 cm großen rot-weiß-roten reflektierenden *Warntafel* (ggf. mit Rückstrahlern) versehen sein. Keine Ladung darf über die Vorderkante des Fahrzeugs hinausragen..

Gesundheit

Erste-Hilfe-Stationen *(Pronto Soccorso)* gibt es in größeren Städten:

Krankenhaus Sterzing, Margarethenstr. 24, 39049 Sterzing, Tel. 04 72 77 41 11

Krankenhaus Brixen, Dantestr. 51, 39042 Brixen, Tel. 04 72 81 21 11

Krankenhaus Bruneck, Spitalstr. 11, 39031 Bruneck, Tel. 04 74 58 11 11

Krankenhaus Bozen, Lorenz-Böhler-Str. 5, 39100 Bozen, Tel. 04 71 90 81 11

Krankenhaus Meran, Rossini-Str. 5, 39012 Meran, Tel. 04 73 26 33 33

Anreise

Auto

Hauptroute von Norden nach Südtirol ist die gebührenpflichtige Brenner-Autobahn, parallel dazu verläuft die Bundes- bzw. Staatsstraße. Von Landeck im oberen Inntal gelangt man über den *Reschenpass* in den Vinschgau, den Besucher aus der Schweiz über den *Ofenpass* und das Münstertal erreichen. Das österreichische Osttirol hat eine gute Straßenverbindung in das Pustertal. *Timmelsjoch* (aus dem Ötztal), *Staller Sattel* (Osttirol-Antholzer Tal), *Stilfser Joch* und *Umbrailpass* sind nur im Sommer befahrbare Hochgebirgsstraßen.

Die **Autobahngebühren** in Italien werden nach Fahrzeugklasse und zurückgelegter Strecke berechnet. Die Maut wird bei der Autobahnabfahrt bar in Euro oder

Die Brennerautobahn: Europas Nadelöhr

Kaum ein Italienurlauber, der nicht leidvolle Geschichten über seine sommerliche Brennerpassage zu erzählen hätte: endlose Staus, Slalomfahrten an den zahllosen Baustellen, und dann noch die von Innsbruck aus den Berg hinaufkriechenden LKWs! Wundern muss man sich nicht über diese Beschwernisse, überqueren doch alljährlich gut 14 Mio. Fahrzeuge den Brennerpass – und ständig werden es mehr.

Schon seit Jahrtausenden bildet der nur 1375 m hohe Pass über die Alpen die wichtigste Nord-Südverbindung Europas. In der Frühzeit transportierten Bernsteinhändler ihre Preziosen hier über die Alpen, später schickten die römischen Kaiser ihre Soldaten über den Brenner gen Germanien, und im Mittelalter zogen die deutschen Könige auf diesem Weg gen Rom, um sich dort zum Kaiser krönen zu lassen. Die vielen Burgen entlang der Autobahn zeugen von der enormen strategischen Bedeutung des Weges.

Seit der Teilung Tirols im Jahr 1918 markiert der Brenner die Grenze zwischen Österreich und Italien. Mit dem rasanten Wachstum des Verkehrs nach dem Zweiten Weltkrieg zeigte sich rasch, dass die alte Brennerstraße den Ansprüchen des 20. Jh. nicht mehr genügte, und so begann in den 1960er-Jahren der Bau der Brennerautobahn, der 1974 abgeschlossen wurde. Inzwischen ist die Autobahn, ganz zu schweigen von der bereits 1867 eingeweihten Eisenbahnlinie von Innsbruck nach Bozen, dem enormen Verkehrsaufkommen bei weitem nicht mehr gewachsen. Deshalb begannen 2006 die Arbeiten am Brennerbasistunnel (BBT), der Innsbruck auf einer Länge von 55 km mit Franzensfeste in Südtirol verbinden wird. Er soll den Brenner ab 2025 vom Güterverkehr entlasten.

per Kreditkarte bezahlt. Besitzer der *Viacard* (beim ADAC; in Italien an den Autobahnstationen erhältlich), die mit einem Guthaben aufgeladen ist, werden an vielen Mautstellen auf eigenen Fahrspuren bargeldlos schneller abgefertigt.

Autobahn-Tankstellen sind durchgehend geöffnet, die meisten übrigen Tankstellen Mo–Fr 7–12.30 und 15.30–19.30 Uhr, am Wochenende im Schichtdienst. Auf Hauptstrecken gibt es *SB-Tanksäulen*, die Geldscheine zu 5 €, 10 € und 20 € sowie Kreditkarten annehmen.

Bahn und Autoreisezug

EC-Züge mit Ziel Verona verkehren ab München mit Halt in Innsbruck, Brenner, Franzensfeste, Brixen und Bozen. *Autoreisezüge* nach Bozen gibt es ab Berlin, Düsseldorf, Hamburg und Hildesheim.

Fahrplanauskunft:

Deutschland

Deutsche Bahn und **Deutsche Bahn AutoZug**, Tel. 018 05 99 66 33 (0,14 €/Min. aus dem dt. Festnetz, max 0,42 €/Min. aus Mobilfunknetzen), www.bahn.de, www.dbautozug.de

Österreich

Österreichische Bundesbahn, Tel. 05 17 17, www.oebb.at

Schweiz

Schweizerische Bundesbahnen, Tel. 09 00 30 03 00 (1,19 CHF/Min. aus dem Schweizer Festnetz), www.sbb.ch

Bus

Fernbusverbindungen bestehen vor allem von München und Innsbruck aus. Informationen erteilen die meisten Reisebüros, von denen viele auch eigene Busreisen nach Südtirol anbieten.

Der **Meraner Land Express** (Mitte März–Mitte Nov. Mi/Sa 14 Uhr ab München ZOB, www.meranerland.it) verbindet Bayern mit mehreren Orten um Meran. Der **Südtirol Express** (www.suedtirolexpress.ch) kommt aus der Schweiz.

Bank, Post, Telefon

Bank

Banken sind in der Regel Mo–Fr 8.30–13.30, manche auch 15–16 Uhr geöffnet.

Post

In fast jedem Ort gibt es ein Postamt. Die Öffnungszeiten Mo–Fr 8.30–14, Sa 8.30–13 Uhr werden in kleinen Orten nicht immer eingehalten. Briefmarken gibt es auch in Tabak- und einigen Souvenirläden.

Telefon

Internationale Vorwahlen:
Italien 00 39
Deutschland 00 49
Österreich 00 43
Schweiz 00 41

In Italien ist die Ortsnetzkennzahl fester Bestandteil der Telefonnummern und muss **immer** (inkl. der 0) mitgewählt werden. Dagegen fällt bei der Handy-Nr. die 0 weg.

In den Telefonzellen verwendet man Telefonkarten (*Scheda telefonica*; perforierte Ecke abreißen), die man zu 1 €, 2,50 €, 5 € und 7,50 € in Tabakläden, Kiosken oder Bars kaufen kann.

Die Benutzung handelsüblicher **Mobiltelefone** ist in ganz Italien möglich. In den Bergen sollte man damit rechnen, dass es keinen oder schlechten Empfang gibt.

Einkaufen

Geschäfte haben in der Regel Mo–Sa 9–12.30 und 15.30–19.30 geöffnet. Große Supermärkte und Läden in Touristenzentren haben oft durchgehend, am Abend länger und am Wochenende geöffnet. Südtirol ist kein billiges Einkaufsland, aber es bietet ein breit gefächertes Angebot an Landestypischem, das aus dem nivellierten ›Euro-Level‹ hervorsticht.

Antiquitäten

In den Städten gibt es Antiquitätenläden, und auch auf dem Land findet man Angebote, meist aus dem Bereich der Volkskunst. Gewarnt wird vor dem Kauf außerhalb von Geschäften, da gerade Südtirol von Kunstdieben heimgesucht wird. Im Oktober findet in Bozen eine Kunst- und Antiquitätenmesse statt.

Bücher

Buchhandlungen, zum Teil mit Antiquariaten, gibt es vor allem in Bozen, Brixen, Meran und Sterzing. Bücher und Informationen über Geschichte und Kultur des ladinischen Teils von Südtirol erhält man in der **Cesa di Ladins**, Rezia-Str. 83, St. Ulrich im Grödnertal.

Märkte

Märkte finden in zahlreichen Orten statt. Der bekannteste ist der tägliche **Obstmarkt** in Bozen, der ursprünglichste der **Sarner Kirchtagsmarkt** in Sarnthein. Er wird am Montag nach dem Sarner Kirchtag (1. September-Wochenende) abgehalten. Der größte ›Markt‹ ist freilich die **Internationale Herbstmesse** in Bozen im September. Im September gibt es auch alljährlich in Dorf Tirol eine **Mineralienbörse**.

Mode

Modische Eleganz ist in erster Linie in den Nobel-Ladenzeilen von Bozen und Meran zu Hause. Doch hat der Tourismus auch in kleineren Orten Läden und Boutiquen gefördert, in denen man gemütlich aussuchen und einkaufen kann. Hier liegt der Schwerpunkt bei Trachten-, Wander- und Sportbekleidung. An einigen Orten verkaufen handwerkliche Webereien direkt an den Kunden. Loden spielt eine große Rolle. Die **Tuchfabrik Moessmer**, Walther-von-der-Vogelweide-Str. 6. Bruneck, der bekannteste Hersteller, unterhält Ladengeschäfte im Stammhaus sowie in Bozen, St. Ulrich und Cortina d'Ampezzo. Eine bekannte Schneiderei traditioneller Trachten ist **Runggaldier**, Laubengasse 276, Meran.

Souvenirs

Das Angebot reicht von Kitsch bis zum traditionsreichen Kunsthandwerk. Einen guten Überblick bieten die **Südtiroler Werkstätten**, Lauben 39, Bozen, Tel. 0471 97 85 90. Gut bedient ist man mit bäuerlicher Keramik, handgewebten Textilien (Tisch- und Bettwäsche), Klöppelspitzen, Drechselkunst, Holzspielzeug, Trachtenpuppen und natürlich den Gedulds-Erzeugnissen der im Sarntal heimischen Kunst des Federkielstickens. Über das Riesenangebot an Grödner Schnitzkunst verschafft die **Musterschau des Grödner Kunsthandwerks** im Kongresshaus von St. Ulrich in Gröden den besten Überblick.

Lebensmittel

Der bäuerlichen Tradition Südtirols entstammen vor allem die dauerhaften Lebensmittel, etwa der viel gerühmte **Speck**, der freilich zu einem nicht geringen Teil industriell geräuchert wird, die **Kaminwurzen** und andere geräucherte Wurstwaren, dazu aber auch dauerhafte Brotsorten, wie **Vinschger Paarl** oder das **Schüttelbrot**, dessen Teig in der Tat zu dünnen Fladen ›ausgeschüttelt‹ wird.

Ein großes Kapitel ist natürlich das **Obst**. Trauben kann man nicht nur in Meran kurmäßig essen. Die hauptsächlich angebauten Apfelsorten sind *Golden Delicious* gefolgt von *Morgenduft*, doch gibt es auch altvertraute Sorten wie den *Gravensteiner*. Viele Obstbaugenossenschaften haben eigene Direkt-Verkaufsstellen.

Wein

In Südtirol werden im Jahr rund 400 000 Hektoliter Wein erzeugt, überwiegend Rotwein. **Vernatsch** mit seinen Varianten ist die am meisten angebaute Rebsorte. Bekannte Weine sind Kalterersee, Bozner Leiten, Meraner Hügel oder der um Bozen wachsende St. Magdalener.

Vernatsch-Weine sollten nicht lange gelagert werden. Dazu eignet sich eher der Wein aus der Rebsorte **Lagrein**. Der Lagrein-Kretzer, eine Art Rosé, trinkt sich leicht, steigt aber auch rasch zu Kopf. Einheimisch sind außerdem die weißen Rebsorten **Traminer**, **Gewürztraminer** und **Terlaner**. Kenner trockener Weißweine schätzen die Lagen im unteren Eisacktal um Neustift und Brixen.

Die meisten Weine dürfen die Bezeichnung DOC (Denominazione Originale Controllata) tragen, was sie als Qualitätsweine mit kontrollierter Ursprungsbezeichnung ausweist. Viele Kellereien, ob klein oder groß, kann man besichtigen und dabei auch einkaufen. Im Mai bietet die **Bozner Weinkost** mit der Landesweinausstellung eine gute Gelegenheit, Weine aus allen Südtiroler Lagen probieren zu können. Den jeweils neuesten Jahrgang bekommt man als ›Nuien‹ beim herbstlichen Törggelen [s. S. 39] auf den Tisch. Empfehlenswert ist auch der Besuch einer der Vinotheken in der Region.

Essen und Trinken

Die Südtiroler Küche ist in ihrer Tradition mit österreichisch-wienerischen Kochkünsten verbunden, hat aber auch Eigenes hinzugefügt und sich in der besten Weise mit der italienischen Küche verbunden und die Entscheidung im Kampf ›Knödel gegen Pasta‹ dem Gast überlassen. Schließlich sind Schlutzkrapfen, gefüllte Teigtaschen, nahe Verwandte der Ravioli, und den italienischen Gnocchi stehen die einheimischen Spinat-, Pilz- oder Käsnocken gegenüber. Die **Knödel** hingegen sind nach wie vor ohne südländische Konkurrenz, bilden noch immer eine wichtige Suppeneinlage und die wichtigste Beilage zum Braten. Man könnte die Knödel (keine ›Klöße‹!) auch als Gradmesser der Kochkunst des jeweiligen Hauses nehmen, je nachdem, ob man schwere Batzen, Weich-Schwabbeliges oder eben lockere Wunderwerke kredenzt bekommt. Berühmt ist der Speckknödel. ›Schwarzplentene‹ werden aus Buchweizenmehl bereitet, und eine der süßen Varianten ist der Marillenknödel, eine von Kartoffelteig eingehüllte Aprikose. Andere Süßspeisen sind die **Strudel**, ein Geschenk aus Wien, mit Äpfeln oder Topfen (Quark) gefüllt. Dazu kommt noch das Fettgebackene, als da sind Krapfen und **Tirtlan**, letztere als köstliche Nachspeise meist mit Topfen, als Vorspeise aber mit Sauerkraut gefüllt.

Nicht nur die italienische Speisekarte hat eine Übersetzung nötig, die tirolische kann so etwas mitunter auch gebrauchen, damit man weiß, dass etwa mit **Schöpsernem** Hammelfleisch gemeint ist und

Potpourri Südtiroler Köstlichkeiten: Schüttelbrot, Speck und frische Tomaten

Die Weinauswahl ist groß in den Bauernstuben Südtirols

dass man unter **Hirnprofesen** zwischen Brotscheiben gestrichene und in Fett gebackene Masse aus Hirn, Eiern und Zwiebeln versteht.

Und eine **Marende**? Nun, das ist keine Speise, sondern steht für die nachmittägliche Brotzeit oder Jause, die so umfangreich sein kann, dass sie das Abendessen ersetzt. Ihre Hauptbestandteile sind Speck, Kaminwurzen, Brot und Wein. Der wahre Liebhaber der Marende wird dabei den Speck in hauchdünne Scheiben schneiden und vielleicht zu diesem Tun am liebsten sein eigenes Taschenmesser benützen, natürlich kein Spielzeug, sondern ein Arbeitsgerät.

Die einheimische Kost wird bei den ›kulinarischen Wochen‹ in den einzelnen Talschaften gebührend herausgestellt. Das **Völser Kuchlkastl** im Oktober ist die bekannteste dieser Veranstaltungen.

Zum Essen gehört das **Trinken**. Alkoholfreies wird in großer Vielfalt angeboten, wobei die Südtiroler *Fruchtsäfte* besondere Beachtung verdienen. Zum Thema Wein wäre zu beachten, dass der so genannte *Hausschoppen* keineswegs ein Südtiroler sein muss. Wer als Südtiroler Rebensaft verkosten will, sollte von der Weinkarte wählen. Ein Südtiroler ist das *Bier* von ›Forst‹ aus Forst bei Meran. Hat man reichlich und vielleicht auch etwas schwer gespeist, trinkt man am Ende einen *Schnaps,* einen der wunderbaren Obstbrände etwa von Pircher oder einen Grappa, den aus Weintrester gebrannten Schnaps.

Das **Rauchen** ist in Restaurants und Bars verboten, es sei denn, sie verfügen über abgetrennte, mit einer Lüftung versehene Räume.

Feiertage

Gesetzliche Feiertage in Italien sind 1. Jan. (Neujahr), 6. Jan. (Dreikönig), Ostermontag, 25. April (Tag der Befreiung), 1. Mai (Tag der Arbeit), 2. Juni (Tag der Republik), Pfingstmontag, 15. Aug. (Mariä Himmelfahrt), 1. Nov. (Allerheiligen), 8. Dez. (Mariä Empfängnis) 25./26. Dez. (Weihnachten). Die Südtiroler gedenken am Herz-Jesu-Sonntag (3. Sonntag im Juni) ihres Treuegelöbnisses im Kampf gegen Napoleon. Viele kirchliche Feste, die auf einen Werktag fallen, sind aus wirtschaftlichen Gründen auf den darauf folgenden Sonntag verlegt worden, so z. B. Fronleichnam und Christi Himmelfahrt.

Festivals und Events

Der Südtiroler Festkalender ist dicht gefüllt, feiert doch jedes Dorf ein Volks- oder Vereinsfest, dazu noch Kirchweih, eventuell auch ein Weinfest.

Informationen über größere Feste, Festspiele und Konzertreihen erteilt *Südtirol Information* [s. S. 178]. Im Folgenden sind die wichtigsten regelmäßigen Veranstaltungen aufgelistet.

Januar

Pustertaler Skimarathon von *Innichen* nach *Antholz* (www.ski-marathon.com)

Kirchenfeste bestimmen noch heute den Südtiroler Jahreslauf

Februar/März

Auer (*Rosenmontag*): Faschingszug

Tramin (Faschingsdienstag in ungeraden Jahren): *Egetmann-Umzug*

März/April/Mai

Meran (Ostermontag): Traditionelles *Bauerngaloppрennen*

Bozen (Ende April/Anf. Mai): Großer Blumenmarkt

Juni

Seiser Alm (Wochenende am Monatsanfang): Haflingerturnier *Oskar-von-Wolkenstein-Ritt*

Juli

Glurns (Beginn der Freilichttheater-Saison): *Laubenfest* mit Umzug

St. Pauls/Eppan (Ende Juli/Anf. Aug.): Wein-Kultur-Wochen (www.weinkulturwochen.com)

August/September

Bozen: *Internationaler Klavierwettbewerb* um den Ferruccio-Busoni-Preis (www.concorsobusoni.it)

Meran: Internationales Pferderennen um den ›*Großen Preis von Meran*‹ (www.meranomaia.it)

Ritten: *Bartholomäusmarkt* und *Almabtrieb*

Sarnthein: Sarntaler Kirchtag

Oktober

Völs am Schlern: ›Kuchlkastl‹ – gastronomische Woche (www.voelserkuchlkastl.com)

Meran (3. Oktober-Wochenende): Traubenfest

November

Bozen: *Internationale Herbstmesse* (www.herbstmesse.messebozen.it)

Dezember

Sterzing (5. Dez.): Nikolausumzug

Klima und Reisezeit

In Südtirol sind die klimatischen Verhältnisse höchst unterschiedlich. Keine 25 km Luftlinie sind etwa das Blütenmeer von Meran und der ewige Schnee im Sommerskigebiet Schnalstal voneinander entfernt. In jedem Fall ist Südtirol reich an sonnigen Tagen. Im Kessel von Bozen ist es viel wärmer als in den übrigen Tälern.

Klimadaten Bozen

Monat	Luft (°C) min./max.	Sonnen-std./Tag	Regen-tage
Januar	-3/ 5	3	4
Februar	-1/ 9	4	3
März	3/14	5	6
April	8/19	6	7
Mai	11/22	6	10
Juni	15/27	7	9
Juli	16/29	8	8
August	16/28	7	8
September	13/24	6	8
Oktober	8/18	5	7
November	3/11	3	7
Dezember	-1/ 6	3	5

Reisezeit ist das ganze Jahr über, wenngleich der August überlaufen ist, da in diesem Monat auch Italiener aus südlichen Regionen anreisen. Schönster Monat ist der Oktober. Im November machen viele Gastbetriebe Betriebsferien und die Bergbahnen betreiben die notwendige Generalüberholung.

Kultur live

Theater gibt es in Bozen und Meran. Dort finden Gastspiele namhafter Ensembles statt. Die Konzertprogramme beschränken sich nicht auf die Städte, Freilichtaufführungen finden sogar bevorzugt in der ländliche Region statt. Über das gesamte kulturelle Angebot informiert *Südtirol Information* [s. S. 178].

Museen, Sammlungen, Kirchen

Die wichtigsten Sehenswürdigkeiten sind in den Ortsbeschreibungen angeführt. Zum Schutz vor **Diebstahl** sind viele Kirchen verschlossen, doch bekommt man den Schlüssel meist im Pfarrhaus oder beim Küster (*custode*). Die **Öffnungszeiten** der Museen sind oft Änderungen unterworfen.

Sport

In Südtirol sind die sportlichen Möglichkeiten umfangreich. Die meisten größeren Orte verfügen über **Tennisplätze**, **Frei- und Hallenbäder** (oft hoteleigen). und **Reitmöglichkeiten**. **Golfplätze** gibt es in herrlicher Lage am Karersee und in Petersberg bei Deutschnofen.

Wandern mit dem ADAC

Für alle, die Südtirol erwandern wollen, hält der ADAC Verlag ein vielfältiges Angebot bereit. Die Wanderführer *Südtirol – Brixen & Dolomiten* und *Südtirol – Meran & Vinschgau* versammeln Touren in allen Schwierigkeitsgraden, bieten Karten mit den Wanderrouten, Höhenprofile sowie Einkehrtipps. Ganz am Puls der Zeit sind die gleichnamigen *ADAC Wander-Apps* fürs iPhone. Sie verbinden topografische Wanderkarten mit GPS-Navigation. Abgerundet wird das Angebot des ADAC Verlags vom ADAC *Reisemagazin Südtirol*. Es stellt Menschen und Landschaften ganz intensiv vor.

Rad fahren

Südtirol ist ein Paradies für Radfahrer: In den Tälern geht es gemächlich dahin, in den Bergen werden auch erfahrene Mountainbiker fordernde Strecken finden. Infos zu Touren geben die örtlichen Fremdenverkehrsverbände (s. Praktische Hinweise).

Wandern und Bergsteigen

Dem Fußwanderer stehen alle Wege in Berg und Tal offen. In mehreren Tälern Südtirols gibt es Alpin- und Kletterschulen, die auch erfahrene Bergführer vermitteln. Zentrale Auskunftsstelle:

Verband der Südtiroler Berg- und Skiführer, Weintraubengasse 9, I–39100 Bozen, Tel. 0471 97 63 57, www.bergfuehrer-suedtirol.it

Viele Wandervorschläge bieten die ADAC Wanderführer **Südtirol – Brixen und Dolomiten** sowie **Südtirol – Meran und Vinschgau**.

Wintersport

Südtirol ist ein Dorado des Wintersports. Detaillierte Information bietet der jährlich erscheinende **ADAC SkiGuide Alpen**, und das stets aktuelle Internetportal www.adac.de/skiguide. Skigebiete: Brixen-Plose, Cortina d'Ampezzo, Gröden, Hochabtei, Hochpustertal, Kronplatz, Latsch, Meran, Ortler-Region, Ritten, Rosengarten-Latemar, Sarntal, Schlerngebiet mit Seiser Alm, Schnalstal, Tauferer-Ahrntal, Vinschgauer Oberland, Wipptal.

›*Dolomiti-Superski*‹ ist mit fast 500 Aufstiegshilfen, einer Liftkapazität von 500 000 Personen in der Stunde und über 1200 Pistenkilometern das größte Skikarussell der Welt.

Statistik

Lage: Südtirols Grenze verläuft im Norden über den Alpenhauptkamm (Ötztaler Alpen–Brennerpass–Zillertaler Alpen), im Westen wird das Land von der Linie Reschenpass–Münstertaler Alpen–Ortlermassiv gerahmt. In Ausbuchtungen zieht sich die Südgrenze entlang der deutsch-italienischen Sprachgrenze über die Salurner Klause zu den Pragser und Sextener Dolomiten. Im Osten überquert die Grenze gegen Österreich das Drautal und zieht zur Rieserfernergruppe hinauf.

Fläche: Von 7400 km^2 Gesamtfläche Südtirols liegen 78 % höher als 1200 m, nur 14 % unterlaufen die 1000 m-Grenze.

Einwohner: Etwa 69 % der 500 000 Einwohner gehören zur deutschen, rund 26 % zur italienischen und gut 4 % zur ladinischen Sprachgruppe.

Provinzhauptstadt: Bozen

Verwaltung: Südtirol, ital. Alto Adige, ist eine Autonome Provinz mit 116 Gemeinden und bildet zusammen mit der Autonomen Provinz Trient die Region ›Trentino-Südtirol‹. Seit Jahren regiert die konservative Südtiroler Volkspartei (SVP).

Wirtschaft: Die Arbeitslosenquote lag 2011 bei nur 3,3 %, das Wirtschaftswachstum ist höher als im Rest Italiens. Das Dienstleistungsgewerbe spielt wirtschaftlich bei weitem die größte Rolle. 11 % des BIP werden im Tourismus erwirtschaftet, pro Jahr werden etwa 5 Mio. Touristen mit 26 Mio. Übernachtungen gezählt. Das produzierende Gewerbe, vornehmlich im Raum Bozen angesiedelt, steht an zweiter Stelle, während nur relativ wenige Südtiroler von der Landwirtschaft leben. Viehzucht, Wein- und Obstanbau sind die wichtigsten bäuerlichen Einnahmequellen, nur gut 1% der landwirtschaftlichen Nutzfläche ist Ackerland.

Unterkunft

Camping

Das Angebot an Campingplätzen ist groß. Eine Beschreibung geprüfter Anlagen bieten der **ADAC Camping-Caravaning-Führer Südeuropa** und der **ADAC Stellplatzführer Deutschland/Europa**, die jährlich erscheinen (www.adac.de/campingfuehrer).

Hotel

Die Gastbetriebe in Südtirol sind in fünf Kategorien unterteilt, die mit 1–5 Sternen gekennzeichnet sind. 3- oder 4-Sterne-Häuser, deren Standard zwischen zwei Kategorien liegen, tragen mitunter den Zusatz ›S‹ (Super). Südtirol Information [s. S. 178] verschickt auf Anfrage Verzeichnisse von Hotels, Familienhotels, rauchfreien Gastbetrieben, mit dem *Umweltsiegel* ausgezeichneten Hotels und Gasthöfen sowie von Bike-Hotels.

Jugendherbergen

Über Jugendherbergen informieren:

Associazione Italiana Alberghi per la Gioventù (AIG),
Via Cavour 44, Rom, Tel. 064 87 11 52,
www.aighostels.com

Deutsches Jugendherbergswerk,
Bismarckstr. 8, 32756 Detmold,
Tel. 052 31/740 10,
www.jugendherberge.de

Urlaub auf dem Bauernhof

Ein Verzeichnis der fast 2000 Land- und Bergbauernhöfe, die Privatunterkünfte anbieten, erhält man beim:

Südtiroler Bauernbund, K.-M.-Gamper-Str. 5, I–39100 Bozen, Tel. 04 71 99 93 25,
www.roterhahn.it

Verkehrsmittel im Land

Mobilcard

Die Mobilcard ermöglicht ihren Besitzern an drei (13 €) bzw. sieben (18 €) Tagen freie Fahrt auf allen öffentlichen Verkehrsmitteln des Südtiroler Verkehrsbundes. Dazu gehören neben Bahn und Bus auch die Seilbahnen auf den Ritten, nach Meransen, Jenesien und Mölten sowie die Trambahn Ritten und die Standseilbahn auf die Mendel.

Infos: www.mobilcard.info,
Tel. 0039/84 00 04 71

Bahn

Regionalzüge verkehren auf der Brennerlinie (Brenner – Bozen – Ala), der Pustertalbahn (Franzensfeste – Bruneck – Innichen), der Meraner Linie (Bozen – Meran) und der Vinschgerbahn (Mals – Meran).

Infos: www.vinschgauerbahn.it,
Tel. 0039/84 00 04 71

Bus

Südtirol hat ein engmaschiges Netz von Linienbussen, das jedes größere Dorf einbezieht. Fahrscheine sind an Bahnhöfen, Busstationen, Kiosken, Tabakläden erhältlich.

Infos: wwww.sii.bz.it,
Tel. 0039/84 00 04 71

Mietwagen

Autovermieter gibt es in den Städten und größeren Orten. Für Mitglieder bietet die **ADAC Autovermietung GmbH** günstige Bedingungen. Buchungen über die ADAC Geschäftsstellen, unter Tel. 089/76 76 34 34 oder auf www.adac.de/autovermietung.

Zeitungen

Die führende deutschsprachige Tageszeitung heißt ›Dolomiten‹ (www.dolomi ten.it). Das konservative Blatt bietet Urlaubern einen ausführlichen Veranstaltungskalender. In deutscher Sprache erscheint außerdem die ›Neue Südtiroler Tageszeitung‹, die ebenfalls Veranstaltungshinweise enthält.

	ADAC Reiseführer	ADAC Reiseführer plus
Ägypten	■	■
Algarve	■	■
Allgäu	■	■
Alpen – Freizeitparadies	■	
Amsterdam	■	■
Andalusien	■	■
Australien	■	■
Bali & Lombok	■	■
Baltikum	■	■
Barcelona	■	■
Bayerischer Wald	■	■
Berlin	■	■
Bodensee	■	■
Brandenburg	■	■
Brasilien	■	
Bretagne	■	■
Budapest	■	■
Bulgarische Schwarzmeerküste	■	■
Burgund	■	
City Guide Germany	■	
Costa Brava und Costa Daurada	■	
Côte d'Azur	■	■
Dänemark	■	■
Deutschland – Die schönsten Autotouren		■
Deutschland – Die schönsten Orte und Regionen	■	■
Deutschland – Die schönsten Städtetouren	■	
Dominikanische Republik	■	
Dresden	■	■
Dubai, Vereinigte Arab. Emirate, Oman	■	■
Elsass	■	■
Emilia Romagna	■	■
Florenz	■	■
Florida	■	■
Franz. Atlantikküste	■	■
Fuerteventura	■	■
Gardasee	■	■
Golf von Neapel	■	■
Gran Canaria	■	■
Hamburg	■	■
Harz	■	■
Hongkong & Macau	■	
Ibiza & Formentera	■	■
Irland	■	■
Israel	■	■
Istanbul	■	■
Italien – Die schönsten Orte und Regionen	■	■
Italienische Adria	■	■
Italienische Riviera	■	■
Jamaika	■	
Kalifornien	■	■
Kanada – Der Osten	■	■
Kanada – Der Westen	■	■
Karibik	■	■
Kenia	■	■
Korfu & Ionische Inseln	■	■
Kreta	■	■
Kroatische Küste – Dalmatien	■	■
Kroatische Küste – Istrien und Kvarner Golf	■	■
Kuba	■	■
Kykladen	■	
Lanzarote	■	■
Leipzig	■	■
Lissabon	■	■
London	■	■
Madeira	■	■
Mallorca	■	■
Malta	■	■
Marokko	■	■
Mauritius & Rodrigues	■	■
Mecklenburg-Vorpommern	■	■
Mexiko	■	
München	■	■
Neuengland	■	■
Neuseeland	■	■
New York	■	■
Niederlande	■	■
Norwegen	■	■
Oberbayern	■	■
Österreich	■	■
Paris	■	■
Peloponnes	■	
Piemont, Lombardei, Valle d'Aosta	■	■
Polen	■	■
Portugal	■	■
Prag	■	■
Provence	■	■
Rhodos	■	■
Rom	■	■
Rügen, Hiddensee, Stralsund	■	■
Salzburg	■	■
St. Petersburg	■	■
Sardinien	■	■
Schleswig-Holstein	■	■
Schottland	■	■
Schwarzwald	■	■
Schweden	■	■
Schweiz	■	■
Sizilien	■	■
Spanien	■	■
Südafrika	■	■
Südengland	■	■
Südtirol	■	■
Sylt	■	■
Teneriffa	■	■
Tessin	■	■
Thailand	■	■
Thüringen	■	■
Toskana	■	■
Trentino	■	■
Tunesien	■	■
Türkei – Südküste	■	■
Türkei – Westküste	■	■
Umbrien	■	
Ungarn	■	■
USA – Südstaaten	■	
USA – Südwest	■	■
Usedom	■	■
Venedig	■	■
Venetien & Friaul		■
Wien	■	■
Zypern	■	■

■ **ADAC Reiseführer**
144 bzw. 192 Seiten

■ **ADAC Reiseführer plus**
(mit Extraplan)
144 bzw. 192 Seiten

Mehr erleben, besser reisen ... mit ADAC Reiseführern!

Register

H

I

J

K

L

M